W・K・フォン・ノハラ 著
高橋輝好 訳

黄禍論

Gelbe Gefahr

日本・中国の覚醒《めざめ》

まえがき

日本とは何か、日本人とは何か。考古学や民族（俗）学、あるいは人類学の本を調べる中で、「日本人の生地は海賊」と明解に答えてくれたのが「野原駒吉」だった。それは、野原の最初の著書で、初めての本格的な日本人論とされる『日本の素顔』の中の一節だった。同書を読み終え、野原の二番目の著書『黄禍論』に当たるうち、それが一種の「世界史」であることが分かった。「日本」からいつしか「世界」へと舞台は広がっていた。

野原はこれまでほとんど誰にも注目されなかった人物である。アメリカ人の人類学者ルース・ベネディクト女史が『菊と刀』で野原の著書から引用したのが唯一の例外で、私も『菊と刀』を通じて野原の存在を知った。野原を追っ駆け始めて、彼が当時の日独関係の裏面史に重要な関わりを持ったことが分かってきた。日独合作映画『新しき土』との関わりが浮上した時は、わくわくしながら調べを進めた（詳しくは「解説」で）。全く先行する研究がないというハンディが一転、調べたこと全てがオリジナルになるという醍醐味《だいごみ》に変わった。

『日本の素顔』が英語版とドイツ語版で出ていて、内容、表現も比較的平易なのに比べ、『黄禍論』はドイツ語版だけだった。そのドイツ語もいわゆる亀の甲のドイツ流アルファベットで、単語一つ、文字一つの判読も容易ではなかった。内容的にも四世紀から二十世紀までという長大な時間軸と、ほとんど全世界を視野に入れるスケールの大きさを持っていた。分相応に、「軽めの人物」を扱ったつもりだったのに、こんなに歯応えがある世界が広がっているとは思わなかった。自らの非力を痛感しつつも、半面、思わぬ豊かな世界に触れる喜びもあった。これも、「野原」にのめり込む強い動機となった。

野原は日本人の父とドイツ人の母の間に生まれた。フルネームは「ウィルヘルム駒吉フォン野原」である。純粋の日本人には見通せなかった「日本の素顔」を見た国際人・野原はまた、彼にしか書けなかった「世界史的仮説」を遺してくれた。私がこの翻訳に挑んだのは、私以上に野原を知る者がいないという確信だけはあったからだ（そんな物好きが私以外にいなかった、ということだ）。

歴史の研究では偉人、賢人の発掘・研究だけでは足りないような気がする。野原のように学識も教養もある人たちが、ナチズムに巻き込まれていった状況に目を凝らすこともまた、禍々《まがまが》しい時代の教訓を真に引き継ぐことになるのではないか。巨大な隣国・中国がますます存在感を増す現下の世界情勢もまた、この本の今日性《こんにちせい》と関わるかも知れない。読者諸賢のご批判を待望するものである。

訳者　高橋　輝好

翻訳にあたって

翻訳の底本は、*Die "Gelbe Gefahr" Japan und die Erhebung der farbigen Völker* を使用した。本には出版年月日の表示はないが、引用された新聞記事、言及された事象、さらに他の書誌データなどから判断して、一九三六年中に出版されたものと思われる。出版はシュツットガルトのドイツ連合出版会社（現存しない）。原著には注がなく、文中（　）内の割注も、項末にまとめた（注）もすべて訳者が付したもの。この本は厳密に言えば抄訳であるが、訳出しなかったのは全体の一割に過ぎないので、敢えて抄訳としなかった。省略したのは、引用されていた『ニーベルンゲンの歌』の大部分と『日米戦未来記』、その他若干の部分である。『ニーベルンゲンの歌』は史実と必ずしも一致せず、あくまで史実を主題とする本書では省略するのが適当、と判断した。その代わり、『ニーベルンゲンの歌』については（注）で必要な説明をほどこした。『日米戦未来記』は本来、日本語で書かれたもののドイツ語訳だから、これを私が日本語に戻しても意味がないと考えた。これらを省略するに当たっては、文意の流れを損ねないようにと配慮したつもりだが、もし不自然なところがあれば訳者の責任である。

装幀　柴田淳デザイン室

目次

目　次

目次

第一章

「黄禍」説

夏至（あるいは冬至）の午後――我々はそのように聞いている――彼らはエツェルの大広間、彼の王城にやって来た。主人は客をこの上もなく優しく迎えた。そのあと、主人はうれしそうに彼らと一緒に食卓に着いた。

（『ニーベルンゲンの歌』＝冒険二十九）

　我々が住んでいる地球という中程度の大きさの天体は西から東に自転している。慣性の法則は大地のかたまりをぐいと反対の方向に引っ張る。それはゆっくりと、力強く、しかし、何千年も何百万年も経つと、大地のかたまりが堰《せ》きとめられてたまっている河や海の東岸は西岸に比べて高くなるという具合に、目に見える結果となって現れる。そして人もまた、この神秘に満ちた道に従うかのように、何百年かの間隔を置いて、巨大な民族集団も、大きく、平凡で、救いのない大地・アジアから、明るい湾と湖とフィヨルドによって上品な陸地と岬と島々に分解されたヨーロッパという半島に向かって、東から西へと押し流されて行った。土地に飢え、食料にこと欠き、金を求め、また冒険心から、あるいは信仰心や、彼らの好む、必要な形式を他所に運ぼうとする衝動はまた、白色人種たちをも遠方へと駆り立てた。しかし、東方の民族は、どう見ても秘密めいた、より高度な強い衝動に動かされていた。それはあたかも、地球が東へと向かう強力な自転の力で、彼ら東方の民族を西方へと旋回させるかのようだった。幾度も幾度もその巨大な肩で強く揺さぶり、西へと旋回させるかのように。

　加えて、アジア人種の移住には、秘密の感情的な動機があった。太陽は東にのぼり、アジア東端の国・日本は、「日出づる国」で、日本語のニッポンは、「日の本」という意味があり、太陽は西に沈む。夜が来るのを見た人々は、太陽が沈んだ西方に思い焦がれた。光への渇望、暖かさへの衝動は、彼らを東ではなく西へと向かわせた。東に向かっての自然な衝動はなく、あくまで西に向かっていた。というのは、アジアは既に死を思わせる影のなかに沈もうとしているのに、より明るく気楽な西の土地の向こうに太陽が留まっているように見えたからだ。西に向かっての行軍は、太陽の道への、太陽を追っての行軍でもある。

早い時期に馬の飼育に習熟し、その結果、力強く騎行できた民族が黄褐色の顔色をしていたので、西暦三五年以降、(後世のいわゆる)「黄禍」が言われるようになった。今日、アビシニア(エチオピア)で白人と有色人種が戦っているのは驚くべきことだが、折も折、エジプトやシリアで有色人種の国民的反乱が燃え上がり、他方、ソビエト・ロシアの指導的支配の傘下、西南アジアの民族の統一が目前に迫り、次の瞬間には、日本のアジア政策がいよいよ見通せないものの、西側に向けられていることがわかったので、「黄禍」「有色禍」の問題は白人に認識できる火急の興味の対象として浮上した。この炎は大火災の始まりだろうか。これは、「細い目をした暴力的な軍団によってヨーロッパにもたらされ、町を瓦礫と灰と化し、人々を殺しあるいは奴隷にし、女を辱め、国土を略奪し、ヨーロッパ文明を墓場に放り込むのだろうか」。かつて何百年も昔、アッチラ[1]やチンギス・ハン[2]によって行われたように。

西方の聖職者は早くから、アッチラ(『ニーベルンゲンの歌』[3]のエツェルまたはエゼル)に、「神による禍」(「神の鞭」)の別名を与え、注意を向けた。それは、単に彼に対する警告を与えるためでなく、ヨーロッパ人が不信心と思い上がりの故に「神による禍」を受けるのを自覚させるというやり方で、キリストへの信仰を促すためだった。フン族の王は、そうして単にヨーロッパ人の観念生活における一つの像となり、信者の悪魔、子供が怖がる妖怪となっただけでなく、ヨーロッパの政治においても、『ニーベルンゲンの歌』が実証するように、知られた存在となった。人々は好みか必要に迫られて、不快な敵やライバルと戦うために、アッチラと共同作戦をとった。

説教や、政治的企ての成果か、エツェルはチェスの駒からチェスのプレイヤーになり、西側民族のもつれたゲームは、自らを貫徹するために利益を得ただけでなく、彼・アッチラもまた、自ら占領した土地に定着し、被占領者の民族の中に溶け込むことができた。その方法は、「神による禍」という言葉を採用し、人々にこう暗示したのだ。すなわち、「(彼ら自身の聖職者が言ったように)彼が人々を統治すれば、それは神の望んだものであり、彼は神の作品だ。彼は、人々を罪と思い上がりから救い、正しい道に導くために来た」と。

彼を前にしてひるむ敵が、フン族の族長と騎馬軍の行う残虐行為を生々《なまなま》しく吹聴することは当然のことだし、戦略的にまさに必要なことだった。それ(フン族の残虐行為を吹聴すること)は理解できることだった。子供を槍の穂先に刺し、妊婦の腹を割って引き出した胎児を切る残虐で暴力的な種族から、未占領の土地を守るため、出来るだけ早く、最高に強い軍隊を調達するためにほかならなかったとしても。

フン族というのはそもそも何者だろう。中国人によれば、ゴビの北の騎馬民族、匈奴《きょうど》の子孫で、この民族はゴビ砂漠を横切って北中国に押し入った。それは秦の始皇帝が紀元前二五〇年頃、有名な長城を築いて彼らに備えるまで続いた。（その結果）波はぶつかって、逆方向に跳ね返った。匈奴の一部は西に向かい、自分たちの前方にいた民族を追いたてながら、南・東欧に侵入し、そこで西側諸国のモデルに合わせて国を作った。ハンガリーは、アジアから見れば、フン族の子孫になるが、彼らは（多分、体面上の理由から）その発祥がモンゴル人起源になることはしぶしぶ認めるだけだ。

彼らによれば、エツェルは生まれ年も分からず、モンゴル人ではない。また、黄色人種ではなくて、ドナウ河中流にあった古代ローマの属州・パンノニアの人だった、というのだが、今日、我々はそれをマジャール人[4]と呼ぶ。そうだとすれば、フィン・ウゴル語派民族群に属し、それは我々には科学者が困惑の果てに編み出した構築物にすぎないように見える。というのは、そこにはマジャール人やフィンランド人、トルコ人、時には日本人のように基本的にバラバラな民族が属しているからである。それでもこれらの民族はフィンランド人を除いてみな（もっともこれは、この関係では重要なことではない）一つの共通点がある。彼らは傑出した占領者と占領軍をもたらした、という一点だ。

西暦四三三年、エツェルは彼らの種族の領主となり、彼が統治した最初の八年間は主に他の蛮族との戦争に費やされ、それを通じて自身を中欧の本物の支配者たらしめた。それは、いつもは大陸のことを決して高く評価せず、本当に低く見るイギリス流で鳴る『ブリタニカ大英百科事典』でさえも素直に認めている。エツェルの故郷はハンガリーと七つの城で、その首都はオーフェン[5]、あるいはグランだった。[6] 征服の途上でエツェルはまた、東ゴートや東ゲルマンの一種族であるゲピーデ人のようなゲルマン人を倒し、彼らを仲間に加えた。

(1) フン族の支配者。ローマ帝国に侵入し、「神による禍」と恐れられた。四〇六?―四五三年。

(2) モンゴル帝国の創設者。モンゴル高原のモンゴル族を統一し、一二〇六年ハンの位に就いた。金《きん》を攻略する一方、西夏に侵入、一九年以降、西征に着手し、ホラズムを滅ぼし、二七年西夏を滅ぼしたが、負傷がもとで死亡。征服した地域を諸子に分封、諸汗国の基礎を築いた。一二二七年没。生年については諸説ある。

(3) ドイツ中世の英雄叙事詩。民族大移動時代の伝説を素材にして一二〇〇年頃、ドナウ河流域で成立したと推定されている。作者不明。全三十九章。英雄ジークフリートとブルグンドの姫クリームヒルトの結婚、姫の兄のブルグンド王ギュンターがアイスランドの怪力女王ブリュンヒルトと結婚できるようにジークフリートが魔法を使って手助けしたこと、ハーゲンによるジークフリート暗殺、最後にクリームヒルトがフン族の王エツェル(=アッチラ)の助けを得て夫殺害の復讐を果たすが、ブルグンド族も滅びる、というストーリー。前半の「ジークフリートの暗殺」の部分は諸種の説話《サガ》に伝えられる古い英雄歌謡を素材とし、後半の「クリームヒルトの復讐」の方はブルグンド族滅亡に関わる史実を利用している。

(4) 今日のハンガリー人の自称。ウラル山脈地帯からヴォルガ河流域付近にわたる原住地から、九世紀末に民族移動によって現在地に至った。言語上はフィンランド人に近い。ハンガリー平原を根拠地にドイツ、イタリア、ギリシャに頻繁に侵入、やがて北、中部フランス、さらにはアルプスを越え、ヴェネツィアを襲ったこともあった。狂暴さ、残忍さはヴァイキングにまさるとも劣らなかった(堀米庸三責任編集『世界の歴史3　中世ヨーロッパ』=中公文庫)。

(5) ハンガリーの首都ブダペストのドナウ河をはさんで対岸「右岸」にある町。

（6）　エステルゴムとも。ハンガリー中北部のスロバキア共和国との国境に近いドナウ河沿いの都市。ハンガリーで最も古い町の一つで、五世紀にアッチラの居城があったとされる。

エツェルのライン渡河

エツェルの統治が始まった頃、東ローマ帝国の皇帝テオドシウス二世の孫娘ホノリア(1)がエツェルに使者を送り、指輪を一つ贈って求婚した。ホノリアは戯れの恋をした罪で祖父から一人の従者と共に監禁されていた。彼女はエツェルに求婚すると同時に、軍隊を送って、自分を監禁場所から解放するよう頼んだ。『ニーベルンゲンの歌』の中でジークフリートの未亡人クリームヒルトもフン族の王と契りを結んで耐えがたい不正に復讐するとともに、政治的利益を勝ち取ろうと望んだ。ホノリアの助けを求める叫びはエツェルにとって好都合だった。エツェルは結婚には大した価値を置いていなかった。実際、それはうまくいかなかった。しかし彼はその機会をとらえて、コンスタンチノープルの宮殿とラベンナに挑戦的な使者を送った。（そういうわけで）彼の生涯の初めと終わりには、一人の黒髪の妻と一人のブロンドの妻が決然と立っている。コンスタンチノープルからの返しの使者と一緒に、雄弁家のプリスクス(2)がやってきたのは後世の歴史研究家にとって好都合だった。彼は四四八年にエツェルの宮殿に来て、交渉の詳細な報告とともに「偉大なフン族」とその宮殿、更にフン族の生活についての報告を遺産として残した。同じこの帰りの使者とともに、ビギラスという通訳もいた。彼は五十ポンドの金と引き替えに交渉の過程でエツェルを殺すよう密命を帯びていた。毒とナイフは当時、大きな政治には当たり前の手段で、特に東ローマ帝国の皇帝は、それらを巧妙に用いる術に長けていた。幸か不幸か襲撃は露見し、ビギラスは排除された。[3] さもなければ、世界史は違った経過をたどっただろう。

テオドシウス帝の死後、後継者マルシアンの時代に、エツェルは男らしく決然とした交渉相手を派遣し、彼は脅しに屈したり、妥協するつもりはなかった。エツェルはホノリアの名誉を回復して解放を勝ち取るという倫理的な建前を意識して、西ローマに反論し、当時の（西ローマ）皇帝バレンティニアン三世[4]にホノリアを解放し、帝国の半分を新婦（ホノリア）への贈り物とするよう要求した。ローマの断固とした拒否に対し、エツェルはフランク族やバンダル族と連合を組むなど多くの民族を糾合し、大軍勢を以って、四五一年、ライン河を渡り、ガリアの都市を略奪し、ロアール河に達し、オルレアンを包囲した。

ニーベルンゲン伝説にある首都ヴォルムス（ウォルムス）に拠るブルグンド王国[5]は四三七年、エツェルによって破壊された。ブルグンドの遺民がフン族の動きに伴って南に進み、ローヌ河畔に新しい国を建てたのは疑いなく、それが今日、ブルゴーニュ＝ブルグンドという地名として残っている。エツェルの助けがなかったら、「ブルゴーニュ産ワイン」は今日、ラインワインの一種であっただろうし、南仏のワインではなかっただろう。それはまた、陽気な気分にさせる典型の、南方の真っ赤なしつこさではなかっただろうと想像してみるのも面白いものだ。

オルレアンはアニアヌス司教のもとで勇敢に防戦したが、アエティウスと西ゴートの王・テオデリヒ一世指揮下のローマ・ゴート連合軍が援軍を差し向けた頃には、陥落間近となっていた。エツェルは北東方向に軍を引き、シャンパーニュ北部のトゥロンに近い古戦場「カタラウヌムの野」で一戦に及んだ（四五一年）。戦いは世界史上、最も恐ろしく、血生臭いもので、丸一日続いた。テオデリヒは倒されたが、その死を代償として勝利を得た。エツェルとその軍は粛々とラインを越えて撤兵し、パンノニアの故郷に戻った。

しかし、四五二年、エツェルは直接、西ローマを攻撃した。彼はイタリアに侵入し、ベネチア地方の首都アキレイアやコンコルディアの都市群、アトリニウム、パタビウム（パドバ）と他の幾つかの都市を占領、破壊した。彼はそうすることによって、ベネチアの創立に手を貸した。ベネチアのために全ての新婚旅行者は彼に感謝すべきだ。というのは、エツェルを前にして、沼地やアドリア海の潟湖の間に逃げ場所を探した者が入植地を作り、それが今日のベネチアに成長したのだから。

ミラノとロンバルディアは占領、略奪されたが、破壊はされなかった。そしてついに、「野獣」だったら尚更奇妙で理解し難いことだが、エツェルは教皇レオ一世の願いを容れて、アルプスを越えて軍を引いた。それはエツェルとその軍を真実、野獣と考える者にとっては奇妙なことで、それはまた、剣では勝てないアジア人に対して、精神と精神性と聖職者がどれほど大きな影響力を持つか知らない者にとっては理解できないことだ。それは彼らが信仰しない聖職者に対しても同様であった。というのは、何回も強調すべきことだが、アジアの占領者は政治的な独裁者ではあっても、それは必要性からそうなのであって、決して精神の専制者ではなかった。

彼らは寛容で、被占領民族に対しては信仰の自由を与えた。それは今日、日本では当たり前のことで、アジア人にとっては一言も説明の必要がないほど、自明であるのと同じだ。暴行を止めるエツェルに特徴的なのは、彼がイタリアから撤収する時、ホノリアに対する不正が埋め合わせられなかったら再び襲うぞと脅かしたことだ。

エツェルは今日の日本の生徒よりも芸術に熟達し、それを外交官として進軍のための倫理的な理由づけに活用した。彼は芸術を自身の幕僚として政略上必要と見ていた。四五三年、イイデイロ[10]という若い娘との結婚祝いの熱狂的な宴の後、彼は急死した。

『ニーベルンゲンの歌』は当代一の美女として有名なクリームヒルトに対するエツェルの求婚について語っているが、彼女は最初、現実の政治的熟慮からしぶしぶその申し出を受けた。『ニーベルンゲンの歌』の、古く成立したこの部分は明らかに歴史的な事実を踏まえていて、王の花嫁の旅について述べている。それは、ライン河からドナウ河に出て、ドナウ沿いにウィーンまで行って、そこで反対方向からやってきたフン族の王と出会った。『歌』は花嫁のエツェルの城までの道行きを歌う。その城は今日のグランかあるいはオーフェンに立っていた。

『歌』はジークフリートの妻クリームヒルトの貞節と悪魔的意図に促された計画を詩に詠む。計画というのは、親類と夫の敵・ハーゲンをフン族の地に招き、そこで夫の敵を討つ、というものだ。ブルグンド族は招待に応じた。ここで（確かな根拠でフン族の「粗暴さ」と「野蛮さ」に対する議論を引き合いに出すために）『歌』からハーゲンをエツェルの宮殿に迎える部分の詩連の幾つかを引用することにしよう（次項冒頭に『ニーベルンゲンの歌』からの引用があるが、省略する。また、更に次の【信頼に足る証人…】中の二カ所の「中略」も同様である）。

（1）　ギボン著中野好之訳『ローマ帝国衰亡史　VI』（筑摩書房）は、ウァレンティニアヌス三世帝の姉（四一八年生まれ）として述べていて、それによると、ホノリアは女帝の称号を与えられて祭り上げられたが、十六歳に達すると自然の衝動に身を委ねて、管財係だった男と関係して身籠った。母后は娘をきびしい屈辱的な監禁の揚句に、コンスタンティノポリスに追放してしまった。焦慮の中でホノリアは、事もあろうに蛮族王アッチラその人の腕にわが生身を委ねたいと申し入れ、自身の愛情の保証として指輪一個をアッチラに届けた。フン族の王はしばらくしてから、ガリア進攻（四五〇年）に先立ち、その侵入を正統化するために、公女ホノリアが正式に要求され、同時に帝室財産の半ばも要求された。フン族王との関係が露見して、この罪深い公女はコンスタンティノポリスからイタリアに追い払われた。ガリア遠征に失敗したアッチラは翌年春、ホノリアと彼女が父祖から受け継いだ財宝とを改めて要求して、それが拒否されるとアルプスを越えてイタリアに侵入した。

（2）　ビザンチンの歴史家。ビザンチン帝国の五世紀半ばの約四十年間を扱った同時代史は唯一のものとされる。フン族の歴史資料として貴重な「アッチラの宮殿」などの断編が皇帝コンスタンス七世の抜粋集に含まれている。「プリスクスの記録によると、アッチラは……フン族のあらゆる肉体的特徴をそなえていた。だが、ちがうのは、彼が周囲のあらゆる豪奢のなかにあって……ひとり質素であり、周囲の喧騒のなかにあってひとり林のように静かだった……物腰には威厳があって、その知恵は人を射抜くようなするどさがあった」（前掲『世界の歴史3　中世ヨーロッパ』）

（3）　ウィギリウスとも。前掲『ローマ帝国衰亡史　V』によると、フン族の一派らしいスキュリ族の首領エデコはビギラスを介してローマ帝国の宦官侍従長と秘密の会談を持ち、そこで宦官侍従長は、アッチラの殺害を提案した。ところがこの計画はエデコの変心で露見し、ビギラスは逮捕され、身代金あるいは没収の名目で黄金二百ポンドと引き換えに助命された。

（4）ローマ皇帝。四二四年に皇帝になったが、東ローマ皇帝テオドシウス二世の影響下に留まり、ブリュターニュ地方を蛮族のために放棄せざるをえなかった。四五四年、将軍アエティウスを暗殺し、数カ月後、自身も自殺した。四一九―四五五年。

（5）東ゲルマンの一種族ブルグンド人は四〇六年ライン河沿岸に王国を建て、四三六年フン族に滅ぼされたのち、四四三年南フランスのローヌ河沿岸に再び王国を建てた。この王国は五三四年フランク王国に併合された。ブルグンド王国滅亡に関しては、「『ニーベルンゲンの歌』の後半……のクリエムヒルトの復讐の方は、四三七年にブルグンド族がフン族に攻められて滅亡したという史実を利用している」（相良守峯訳『ニーベルンゲンの歌』＝岩波文庫）とされている。次項のアエティウスの注参照。

（6）ローマの将軍。フン族に対抗してゴール地方（現在のフランス）のゲルマン人の小部族を連合して、カタラウヌムの戦いでアッチラを破った。しかし、彼の栄光と能力を恐れた西ローマ皇帝バレンティニアヌス三世に暗殺された。四五四年没。『ニーベルンゲンの歌』の「クリームヒルトの復讐」をあつかった第二部で「ブルグンド王国の勇士たちが、フン族の王アッティラの宮廷で全滅するいきさつは、ライン中流のブルグンド王国が、ローマの将軍アエティウスにより、フン族の傭兵をもちいて滅ぼされた事件を反映したもの」（前掲『世界の歴史3　中世ヨーロッパ』）。

（7）アッチラに対する連合軍に参加したが、カタラウヌムの戦いで戦死した。四五一年没。

（8）紀元前一八一年、ローマの植民市として始まり、北部ヨーロッパと西南アジアとの通商により帝政時代におけるイタリア最大の都市の一つとなった。四五二年、アッチラにより破壊され、住民は潟湖地帯に逃げた。

（9）教皇レオ一世がアッチラと会ったのは事実だが、アッチラが軍を返したのは食糧の欠乏、軍隊内の疫病の発生、それに東ローマ軍の救援によるものと見られている。

（10）イルディコとも。アッチラは「何番目かの妻イルディコと結婚の式をあげた夜に突然血をはいて死んだ。イルディコはクリームヒルトの愛称である。叙事詩ニーベルンゲンで……エッツェル王（アッティラ）の妃となったクリームヒルトは、このイルディコが原型である」（前掲『世界の歴史3　中世ヨーロッパ』）。

ニーベルンゲンの歌はエッツェルの名誉を救う

……中略……

自分の馬の背で持ち運んだ腐りかけの生肉で栄養を取り、常にヨーロッパ文明の危険となった、この上ない有能な遊牧的騎士の群れの一つ、野蛮なフン族の伝説は、その布地をフランスから、キノコをシベリアから取り寄せる波瀾にとんだ領主の描写の前には（それは四四〇年頃のことだが）生彩を失う。しかし『ニーベルンゲンの歌』は誰が作ったのか。我々の時代には失われた頭韻を踏んだ最初の草稿は多分、既にエッツェルとブルグンドの同時代人かその直近の世代には間違いなく書かれていた、ということを思い出す。その頃の人々はブルグンドの悲しい歴史を直接伝え聞いて知っていたのだ。最初の編者は、親類や祖先が殺され、フン族とその王について好意的に潤色された報告をする理由はなかった。今日、我々が目にする『ニーベルンゲンの歌』の草稿は、キューレンベルガー[1]というオーストリアの詩人によって、第二次十字軍の時代の十二世紀半ばに成立したものである。

その時代、もし異教徒の多神教による支配者の評判やしきたりを賛美などしたら、最大限嫌悪されることを覚悟しなければならないし、その時代はまた、編集者に、自らの陣営に最大限都合よく書く分別が働いたに違いないのである。というのは、『ニーベルンゲンの歌』の最終稿には、ブルグンドは敬虔なキリスト教徒として描かれ、キリスト教の守護者として描かれているからである。忘れてならないのは、その写本は、チンギス・ハンとその息子、将帥たちによって、全ヨーロッパが席巻された、続くモンゴルパニックの時代を経たのである。

(1) 最も古く(一一六〇年)名前の知られた叙情詩人。オーストリアの下級貴族の一人ではないかと推定されているが、確証はない。『鷹の歌』の作者で、フランス風の叙情詩の影響が見て取れる。『ニーベルンゲンの歌』を構成する詩連(節)は各四行から成り、規則的に韻を踏むが、その特徴は、キューレンベルガーのものと同じと指摘されている。

信頼に足る証人としてのキューレンベルガー

『ニーベルンゲンの歌』とキューレンベルガーは信頼できる証人として引き合いに出していいだろう。三十一番目の冒険の中で、極め付けの異教徒・エツェルはドナウ河岸にある宮殿の敷地に大聖堂を建て、ブルグンド族の客をミサに招いたと詩人は伝えている。ハーゲンと民衆は、クリームヒルトが何の下心もなく彼を招くことはないと自らに言い聞かせ、彼らが大聖堂に入る際、行く手を遮って挑発しようと決心した。ブルグンド族は、万一に備えて、他の武装したブルグンド族を連れて教会に来た。

……中略……

そしてとうとう壮大な悲劇の終幕に向けて、事件は起こった。それはしかし、ブルグンド族の大虐殺の原因ではなく、きっかけであった。友好的な馬上槍試合で一つの殺人が起こり、それが残虐な大量殺戮の合図となった。

……中略……

「黄禍伝説」は、『ニーベルンゲンの歌』から明らかなように、五世紀に初めて形成されたのではなく、また、キューレンベルガーによって十二世紀にできたのでもない。『歌』から与えられるようなフン族の領主の性格は、粗暴で好戦的な騎士の隊長の像には当てはまらない、その像は今日の通俗的な表現の中に幽霊となって現れる。それはカルカ河の戦い[1]に先立つ三十五年程前に出来上がった。この河はマリオポルでアゾフ海に注ぐが、歴史的に重要なのにほとんど知られていない。ここでチンギス・ハンの前衛部隊は、ロシアの連合軍を破り、モンゴル皇帝の重い黒い影はヨーロッパを覆った。それは、巨大なアジアの占領者としては二つ目の影で、その軍を押し流したのは西側世界への秘密の衝動だった。

（1）一二二三年、チンギス・ハンの忠臣のジェベ、スブタイの両将軍が率いるモンゴル軍と、キエフ、スモレンスク、ノブゴロドなどのロシア諸侯とトルコ系部族キプチャクの連合軍の間で行われた戦いで、ロシア等の連合軍はモンゴル軍に惨敗した。モンゴル人は捕虜にしたロシア人をすべて殺した。

モンゴル人でありかつ日本人でもあるチンギス・ハン

多くの占領者については、死んだ日は知られていても、誕生日は分からないことが多い。死ねば彼らは大地に刻み付けられるが、その誕生は重要ではなく、テムジンについても同様だ。イェスゲイの息子で、イェスゲイの父カブール[1]はタタールの統治者・汗であり、ヤッカ・モンゴルの家系を束ねていた。中国人は彼の誕生を一一六二年とし、日本人は何らかの意図があってか、一一六五年とする。モンゴル人自身は、モンゴル暦の神聖な法則に基く複雑な計算をして一一五五年という生年を出している。テムジンの故郷はオノンとキュリュルン河に挟まれた地で、今日、キュリュルン河沿いに数百キロにわたってロシアと中国の国境線となり、また、両河は合流してアムール河となっている。彼は決して野蛮人ではなかった。彼の彗星のような上昇ぶりを見ても、成り上がり者と考えるべきではない、というのは、彼の一族は輝かしい過去の後、むしろ下降したからだ。

彼の祖父は領主だったが、父は単なる部族長だった。とはいえ、彼は有力な「灰色の目をしたキウト」一族（「キヤト」族とも）を支配し、傘下に四万家族を数えた。

テムジンが九歳の時、嫁探しのため、今日の中国の金との境にあるツュンギラーテン王国[2]に行った。そこで黄色人種世界の大きさと文明に初めて対し、決定的な印象を受けた。彼は絹や錦、漆、象牙製品を見た。南方の産物を毛皮や獣、塩と交換するため広域を旅する商人の伝手を探し、彼から、金は全てのモンゴル人を合わせたより強力で、大きな城壁で囲まれた都市に住み、何世代にもわたって富と工芸品が山と積まれていることを聞いた。彼は三、四年の間、ツュンギラーテンに留まり、部族長の娘と婚約した。

彼については次のようにも言える。チンギス・ハンの父は、ドイツ人の父親が第一次大戦前に子女にしたように、チンギス・ハンに外国での教育を授けた。おかげで彼は、人生の決定的な年月を洗練され刺激に富んだ環境で過ごすことができた。こうしてテムジンは生まれながらではなく、教育によって同輩たちより優越した、と。

彼が十三歳の時、父が死んだ。相続争いの中でテムジンは捕えられ、カングという中国風の重い木の責め具を首にはめられたが、幸い、それから脱することができた[3]。彼の勇敢で冒険的な逃走の歴史はモンゴル人の間に彼の名を広め、愛好者を作った。

モンゴルの伝説によると、一度、彼は敵から逃れて、よそのテントに入り、刈り取られた羊毛の山の中に隠れた。追手はテントの中を探し回り、一人が羊毛の山に槍を突き刺した。穂先はテムジンを突いたが、彼は苦痛を我慢して、動かなかった。追手は空しく引き揚げた。

日本の歴史は、偉大にして支配欲の強い源頼朝の弟、義経について語るが、義経は彼の命を狙う兄の軍勢から逃れて、とある民家に逃げ込んだら、そこでは葬儀が行われていた。棺があって、遺体が入っていた。義経はそこに入り込んで、蓋を閉めた。追手は家の中を捜し、一人が棺を開けようとした。しかし、読経していた仏僧がそれを止めた。そこで兵士は槍で棺の薄板を突き刺し、それが義経の脇腹を深く傷付けた。しかし彼は苦痛を我慢して、兵が槍を抜く時、穂先を衣服の垂襞で拭いて、追手が槍の血に気がつかないようにした。

「中にあるのは遺体だけだ！」。追手はそう言って、空しく引き揚げた。二つの話の類似が目に付く。一方はモンゴル人の間にテムジンの勇敢さの概略を述べるために語り伝えられ、多くの徳の故に彼は、既に英雄となる道を歩んでいた。他方は、我々が日本の学校で習うように、少年・義経は我々日本人にとっては一種のジークフリートで、その姿を美化するのを助ける。

義経の生年は一一六五年で、日本の年代記編者はテムジンの生年を同じ年に持ってくるが、既に述べたように、意図なしとしない。彼がチンギス・ハンになるからだ。日本では義経とチンギス・ハンは同一人物とされている。日本ではこの点に関して単に伝説と歴史だけでなく、近代科学の結果まで持ち出す。

義経と兄・頼朝の属する一族は源氏、あるいは源という。ゲンジはモンゴルでチンギスと発音される中国語の日本語読みで、あるいは英語では、モンゴル人の占領者の名前を今日なお、「ゲンジス」と書く。(4)

今日の研究者は、当時のモンゴルの年代記編者同様、なぜテムジンはモンゴルでは全く正当とはいえない「チンギス」という名前を授けられたかを明解に答えられない。

(1) チンギス・ハンの曽祖父にカブル（カハン）という人物がおり、これ以降チンギス一家の王は全て「カハン」の称号を持つ。野原が祖父としたのは誤りか。
(2) テムジンが父に伴われて母方の里に嫁取りに行く途中、ウンギラト部族の長の娘ボルテに会い、父は彼女の非凡さを認めて婚約する。「ツュンギラーテン」はこの「ウンギラト」を指すと思われる。
(3) ライバルのタイチウト族に抑留された際の逸話。
(4) 「チンギス」の称号には諸説があり、チュルク語の「大海」*tengiz* から出たとか、シャーマニズムにおける「光の神」*Hajir Chinggis Tengri* から出たともいわれる（『ブリタニカ国際大百科事典』）。

東洋出身の三人の王がケルンに向けて馬を進める

灰色目のキウト族の軍旗はチンギス・ハンが後に中国や西アジア、更にキエフまで持っていったもので、鷹を象《かたど》り、鷹はカラスを咥《くわ》えていた。(1) モンゴル人の原始的な手法で刺繍されている旗の中の鷹は羽を広げ、モンゴル支配下の仏教徒の民族からは卍、つまりひっくり返した鉤十字と見なされていた。カルカ河で打ち負かされたロシア人からはX字型十字架と見られた。

チンギス・ハンの軍隊に接した西側の民族は、鳥を斜めの十字架と取り違えた。その結果、十字軍への参加を勧める説教師ヤコブ・フォン・ヴィトリ[2]は一二二一年、第四次十字軍のさ中、チンギスが強力なホラズム帝国[3]とペルシャを破った時、法王ホノリウス二世へ喜びに満ちた報告をあげ、その中で次のように書き送った。必死に聖地獲得を目指すキリスト教徒にとって、新しい強力な保護者が現れた。それは

　インドのダビッド王で、無数の軍隊を率いて、不信心者に対して突然姿を現したキリスト教徒の王は既にバグダッドの王に使者を送り、その王宮を明け渡してカトリックの大司教の所在地とするよう要求し、

　それに加えて（キリスト教徒の）王がエルサレムの壊された城壁を全部、金と銀でまったく新たに建て直させるため必要な大金を与えることを要求した

この報告は、イングランドの王ヘンリー三世（在位一二一六―一二七二年）にも、オーストリアのレオポルト（六

世）公にも、更にパリ大学にも写しが齎《もたら》され、ヨーロッパ中に言葉では尽くせない程の歓喜を呼び起こした。しかし、人々はこの新しい王、ダビッドのいるインドという国がどこにあるか知らなかったし、その王が占領したに違いない「ホラズム」という帝国についても何も知らなかった。それが今日のペルシャ、トルキスタン、アフガニスタン、ベルチスタンを合わせた強大な帝国だとしても、それがどうしたというのか、人々は神の摂理について語り、それを確信していたのだ。
イタリア領リビア、キレナイカの港湾都市プトレマイの司教ヤコブ・フォン・ヴィトリの興奮した報告の中で申し分なく当てはまるのは、チンギス・ハンに関する次の補足だけだ。

彼の力は世界中の全ての王のそれを凌ぐ

そんなわけで、やっぱり失望も必至だ。十字軍は行き詰まり、敗北を余儀なくされた。ダビッド王は救援に来なかった。(4) 反対にアルメニアやグルジアやコーカサスのキリスト教の侯国からこんな報告が届いた。

ダビッド王の軍隊が彼ら侯国の軍を破り、都市を略奪し、城を壊し、ついに彼らはコーカサス山脈を越えて黒海の北側の平原、今日のロシアに侵入したそれに続く一二二二年、クリミア半島スダク[5]にあるジェノバの要塞を発ったガレー船がジェノバに着き、斜め十字の旗を持つ異国の軍隊に要塞が占領され、焼き払われたと報告した。そしてヤコブ・フォン・ヴィトリの夢のような報告から二年後、異国人がキリスト教徒のロシアの侯国を打ち破り、その国々を突き進んで、殺し、略奪し、焼いて回った、という噂が西ヨーロッパに伝わった。彼ら異国人は足が短く、大きな力の強い胴体を持ち、顔が黒く、生肉を食べながら馬に乗り、血を飲む、という。

そして政治的なことについては決まり切った道筋以外で考えることが西側民族にはいかに難しいかということが再び見えてきた。彼らは、異国人は東方の三博士の子孫で、ケルンに向かって軍を進め、少し前に建てられたばかりの大聖堂[6]に置かれている三博士の聖遺物を自分のものにしようとしている、と思い込んだ。モンゴル人という概念は当時まだなかった。クリスマスのお伽噺《とぎばなし》としての世界史は、それを見て、考えるだけなら気楽かもしれないが、危険な方法だ。それはあたかも、暴力的な母なる大地が反対側に動こうとして、それに伴って民族の巨大な波が東から西に動くならば、この民族集団は他ならぬ自国で恋人に見せるためにケルンの壮麗なドームにある愛らしい思い出の断片を取ってくることをもくろんでいるのだ。

今日、我々は、当時の西側の東方問題に対する世界政治的な単純さを笑うことはできる。しかしアジア人は、西方と東方の外交的結びつきや関係は本質的には改善しておらず、西側の政治家や更に一般に西側の人はもっぱら、東方のことを西側の目で見ている、ということを常に確信している。

一二二二年のヨーロッパ人が、モンゴル人の民族移住の中に最初は伝説上のキリスト教徒の王ダビッドの援軍を見て、次に深い失望の末に、クリスマスツリーの微光に照らされたオリエントの三人の王の略奪行を見た時もまったくそうだった。その際、ヤコブ・フォン・ヴィトリは少なくとも伝説の形成を書き加える責任があるのだが、一般人ではなく、司祭であって、そしてそれによって政治的に信用できる人物で、極めて西側的な法王権力の代弁者で、とても高い地位にいた。今の時代でいうなら、ローマ教皇大使という立場で、東方問題の専門家だった。

ヨーロッパの中世は、一方では一致団結に向かい、他方では狭い考えから他に目を転ずることがない巨大な制約の中で、高みに向かいながらも周囲を見回すことなく、初めて黄禍の亡霊を生みだし得た（もっとも「黄禍」という名称はまだなかった）。青白い顔をした、血まみれのその亡霊は聖遺物を追い求める。なぜなら文化をたっぷり所有するものはこの当時、文化を問題にしなかったからだ。

今日、物事がどれほど異様に見えようとも（それを詳細に調べれば尚更異様なのだが）、アジア人は笑って済ますわけにはいかない。もし彼・アジア人が、アジア民族についての伝説がいかに簡単に、軽率に形作られるかはっきり思い浮かべるならば、苦々しい思いに襲われることだろう。今日も昔と変わらず、どんな方法で黄禍伝説が他ならぬ自身の周囲に徐々に強まっているのかを思い浮かべるならば。

もし日本の情報源を信じるならば、チンギス・ハンの現象にはアジアの三つの大きな民族が参加していた。まずモンゴル人は征服者の仕事に適した土地と民族を提供した。次に中国人はモンゴル人とそのリーダーに手工業者と戦略家、それにとりわけ政治を取り仕切る宰相を用意した。日本人は大事業の指導者を提供した。彼が暴力的な運動を呼び起こしたと言わないにしても、彼らがうまく活動できるような軌道の上にあるように操った。

　チンギス・ハンの素朴な十字架のような紋章は、敵には傾き具合いによって、卍、あるいは斜め十字と解釈されたが、日本人は源氏の紋章を作り直した、と解釈した。当初の姿の白い鷹は口にカラスを咥えていた。日本の研究者は、チンギス・ハンの昔の王都カラコルムにある墓地に源氏の紋章を発見したと主張している。カラコルムはチンギス・ハンが中国人の顧問で宰相の耶律楚材《やりつそざい》[7]の勧めによって設置させた唯一の堅固な村落だった。モンゴル人自身はしかし、チンギス・ハンはカラコルムに葬られなかった、と主張する。むしろその兵士はチンギスをデリューグン・ボルドク[8]のブルカン・カルドゥンという名前の山[9]に埋葬したはずだと言うのだ。その山は全面に木を植えられたので見通しの効かない森になったのだ、と。ブルカン・カルドゥンの山はどこにあるのかと聞かれても人々は肩をすくめるだけだ。更に突っ込まれると、彼らは「知っているが、言わない」と言い張った。本当のところは、彼らは知らないのだ。

　しかしチンギス・ハンの息子や後継者は耶律楚材の影響もあって、宮廷風の落ち着いた生活をおくって、カラコルムに長い間、居続けたから、彼らが偉大な祖父の遺体をカラコルムに持ってきた可能性は極めて高い。それが当初、どこに葬られたかに拘わらずだ。そうすることによって彼らは中国の風習に倣って遺骨を身近に置くことになる。そして彼らは今日の中国を作り上げた秦と宋の占領者としてまさに中国の習俗と儀礼を受け入れたのだ。

（1） 小澤重男訳『元朝秘史』（岩波文庫）によると、チンギス・ハンの祖先のボドンチャルが放浪中、雌鷹が「えぞ山鳥」を捕えて食べているのを見て、その雌鷹をとらえて養い、鷹狩をして飢えをしのぐ逸話が出て来る。

（2） 年代記作者・説教者。一二四〇年没。一二一六年から二一年までの間の七通の個人的な書簡は同時代の貴重な史料とされている。

（3） 中央アジアのアム河下流域を中心とした王朝。十世紀末、サマーン朝から独立したが、一二二〇年、チンギス・ハンに敗れ、三一年滅亡。

（4） プレスター＝ジョン伝説　これに関連して、「モンゴル人が中央アジア、西アジアのイスラム教国を征伐すると、……ヨーロッパではチンギス・ハンはキリスト教徒で、プレスター＝ジョンの子で、父の遺業を継ぎ、イスラム教徒を退治するために……西アジアに攻め入ったとされた」（岩村忍責任編集『世界の歴史5　西域とイスラム』＝中公文庫）という。ちなみに、プレスター＝ジョンは伝説的な東方のキリスト教国の君主で、キリストの誕生を伝えた東方の三博士の子孫とされた。イスラム教徒との苦闘に悩まされたヨーロッパが、「プレスター＝ジョン」伝説に希望を託したについては、それなりの根拠があったと見られる。『東方見聞録』にも、モンゴル族内の最も激しい戦いの当事者の一人として、「プレスター＝ジョンの孫ジョルジ」の名前が登場する。愛宕松男によると、この人物は、オングート部長アラクシュの曽孫ギオルギスに当たる。

（5） クリミア半島の黒海沿岸にある小都市。半島の大都市シンフェロポリの東約百キロ。十三世紀前半、二度にわたってモンゴル人が侵入、攻略された。十三世紀中葉、この地にベネチアの商館が設置され、後にそれが領事館に昇格した。
(6)　ゴシックの代表的建築として名高い。巻末に写真。
(7)　遼の王族の出身で、チンギス・ハンに降り、西域遠征に従った。一一九〇―一二四四年。
(8)　デリウン・ボルダグとも。チンギス・ハンの生地とされる土地で、探索の結果、オノン河とバルジ河の合流点付近に古い地名として残っている。
(9)　チンギス・ハン一族の族祖の起こった地とされる山。現在のイフ・ヘンティー（大ヘンティー山群）に比定されるが、真正の位置は不明。前掲『世界の歴史5　西域とイスラム』によると、同山は、オノン、ケルレン、トラの三河の河源に近く、生前、狩りに出たチンギスがここで休息した時、側近に対して、死後ここに自分を埋めよと命じた。しかし、その地点はいまだに知られていない。チンギスだけでなくモンゴルの諸帝の墓が一つも発見されていない理由は、匈奴以来、北方の遊牧民は墓を地下深く埋め、地上に何の標識もつくらないためだという。

二人の皇子の夢

日本創立から十代目の天皇・崇神[1]には、伝説によれば、二人の皇子がいた。彼にとっては二人とも大事で、一人を不利にして、もう一人を後継者として名指しすることは心苦しいことだった。それ故、崇神はある日、二人に向かって、「次の朝、どんな夢を見たか、物語れ」という課題を与えた。崇神は夢判断で相続者を決めようと考えたのだ。皇子たちは沐浴して新しい服に着替え、寝床に入った。翌朝、年長の皇子はこう言った。「夢の中で私は高い山に登り、顔を東に向けて、空を剣で断ち切り、槍で八回突いた」。若い皇子はこう語った。「私も夢の中で同じ山に登り、穀物を食い荒らす鳥を捕えるため、紐で罠を作り、あらゆる方角に置いた」。

天皇は夢を判断して、年長の皇子に言った。「お前は一か所だけ見た。だからこれから行って、まだまつろわぬ野蛮人と戦え」。若い方に向かっては「お前はあらゆる方角に心を配った。だからお前は四方を治めよ」。

世はその通りになって、若い皇子が垂仁天皇となり、年長の皇子は摂政となって、まつろわぬ国々で強力な戦争指揮官となった。彼の肩書きは征夷大将軍、つまり野蛮人を懲らしめる偉大なる指揮官だった。将軍は続く数百年の間に単なる軍事的な高官となり、常に天皇の支えとなった。

その後、三百年にわたって将軍職は誰にも与えられず、一一八三年、源氏出身の木曽義仲が白河天皇を幽閉して将軍職をかすめ取った。しかしそれも束の間だった。なぜなら、義仲は源氏の中の小競り合いで、義経（将来のチンギス・ハン）に殺されたからだ。

一一九二年、義経の兄・頼朝が将軍になった。彼は国内の全ての軍事力を独占し、将軍職を源氏一族に限って相続される位階とした。人気のある弟・義経に対し頼朝は、自分の地位と命を狙うと疑って、彼を捕えるよう命じた。義経は必死に逃げ、森の中や炭焼き人の家に潜み、それでも探し出され、更に逃亡を続けた。義経は京の都に帰って、頼朝の許に出頭して話し合おうと決心した。

三条大橋には当時、恐ろしく大きくて怪力の暴れ僧・盗賊僧が悪事をはたらいていた。悪僧は刀を千本集めると誓いを立て、そのために、旅人が大橋を通り抜けるのを妨げ、大きな金棒で打倒し、刀を奪っていた。この簡単明瞭なやり方で、弁慶は若い義経もやっつけようとした。しかし義経は恐れず、扇一つで練達のフェンシング選手のように戦い、からかいながら恐ろしい僧の襲撃を防いだ。すさまじい一撃を受けて、弁慶（悪僧の名前）は金棒を落とし、負けを認めた。

弁慶が若者から蒙《こうむ》った敗北が余りに強い印象を与えたので、弁慶はひれ伏し、家来として付き随うことを願い出た。義経はこれを寛大に受け容れた。この場面は日本の歴史と文学で有名で、それはドイツのジークフリートと竜の闘い(2)と同様に大衆に人気がある。その際、日本人の理解では、大《だい》力《りき》が笑い者にされる一方で、巧妙さ、しなやかさが驚嘆を呼ぶのが特徴だ。義経は日本人にとってジークフリートであるとすれば、弁慶はハーゲンに対応するだろう(3)、本当に信じられないほどの忠誠を尽くす不気味な勇士だ。弁慶はこの忠誠を、義経主従が頼朝の迫害に包囲された時に見せた。先行して見張りに出た家来が、街道は大勢の取り方に固められている、と報告した。彼らは義経を生死に拘わらず捕えろと、命令されていた。逃亡者たちは勧進僧に身をやつしていた。義経が見咎《みとが》められるのを防ぐためだった。弁慶は全ての荷物を義経に負わせ、彼らが番卒《ばんそつ》に近付いた時、義経を叱り付けて、打ち据えた。義経があたかも単なる荷担ぎであるかのように。日本人は、これは家来が負うことができる最高の自己犠牲だということを知っている。弁慶は主君を助ける為に敢えて主君を侮辱し、打ち据えた。それは命を差し出すよりも重い自己犠牲だ。生命は日本人にとってはそんなに重くない。

関所を守っていた将校は、荷運び人夫が義経と知りながらも、弁慶のやり方に強い感銘を受け、捕捉命令に違反して一行を通してやった。義経は地方に逃れ、頼朝とその支配に不満を持つ若者を集め、大陸に渡った。一一八六年に千人規模で満州の海岸に上陸し、船を焼き、「運命を手中にした」。日本と中国の年代記編者は一一八八年を、モンゴル族に対する最初の勝利の年としている。一一九四年、テムジン（日本人の理解では義経）はシナの帝国と同盟してタタールに当たり、これを支配下に置いた。一二〇一年から〇六年の間のいずれかの年に、隣の民族を征服し、その上で「王の中の王」に推され、チンギス・ハンの名を得た。中国の北半分を占める金に対し一二一一年に始まった戦いで、一二一五年に、初めて北京を占領した。平原で至るところ敵なしのモンゴル軍も、要塞化した都市にはほとんど無力だった。チンギス・ハンは三十人の技術者と戦略家を配下に入れて初めて要塞都市の攻略に成功した。チンギス・ハンが強力な帝国の征服という大事業に投入した兵力は二十万人で、ほとんど全員が騎士だった。彼が一二一九年に西方世界の征服に着手した時は二十五万人の兵を動員した。これは当時のヨーロッパでは計り知れないほどの人数だった。しかし、隣国・日本では、この時代、既にこの規模の歩兵が存在し、そこではローマ帝国崩壊から普仏戦争までの間で最大級の軍事作戦が行われたということを忘れてはならない。

モンゴル人が二十五万の兵と同数の馬で外征することは可能だったとしても、それらに食料を供給し、武装させ、何千キロも行軍させ、敵を整然と攻撃することは不可能だ、という日本の歴史家の主張は真実と思われる。侍の家系から出た、列島が生んだ最大の民族的リーダー、戦略家の弟・義経にして初めてそれは可能だった。

(1) 上田正昭によると、崇神天皇を事実上の初代天皇と見る説があるが、これも直ちに史実とみなすことはできない。崇神天皇の伝承などに見られる三輪山を中心とする勢力を三輪王朝と呼び、河内を基盤とする新たな政治勢力を河内王朝とする説もあり、また、北方大陸系の騎馬民族が征服王朝を樹立したとする騎馬民族征服王朝説では、騎馬民族の後裔である崇神天皇に象徴される勢力が北九州に入って第一回の「建国」をなし、北九州から畿内に進出した応神天皇によって第二回の「建国」がなされたと解釈する。崇神天皇とその時期については、文献伝承だけでなく考古学の研究成果および東アジア情勢のなかで総合的に考察する必要がある、とする(『國史大辞典』=吉川弘文館)。

(2) 『ニーベルンゲンの歌』では、ジークフリートはある時、竜を退治してその血を全身に浴びて、そのために肌が不死身の甲羅と化し、どんな武器でも傷付けられないようになった、と述べられている。

(3) 『ニーベルンゲンの歌』では、ハーゲンはジークフリートを裏切って殺した「悪役」で、弁慶が最初は悪僧でも義経に対する忠義を貫いたのとは本質的な部分で性格が違う。だから、原文のこの対照表現は疑問だ。

チンギス・ハン 戦略家にして政治家

チンギス・ハンの偉大さは、彼が無秩序なモンゴル人を一つの軍隊に統合したことではない。それならば彼の前にも後にも実現した者がいた。そうではなくて、この軍隊を平時にも維持し、それを一つの完全な機能的な道具にして、欧亜の旧大陸全体を第一級の、全時代を通じて最大の秩序ある国家に結び合わせるという野心的な計画実現のために使った、ということにあるのだ。

彼の孫クビライはやはり祖父と息子の遺産を受け継ぎ増やして一つの帝国に君臨した。それは人類がかつて見たことがないような西欧と日本を除く、当時知られていた全ての世界を包含するものだった。

チンギス・ハンの真の意味は大陸を略奪し尽くし占領したことにあるのではなく、戦略家にして組織者という資格にある。確かに、彼の騎士連隊は略奪し、強姦し、焼き払った。しかしそれは、それが彼らの性向だったからではなく、その必要性があって、モンゴル流の戦略として、指導者から強く勧められたからだった。彼らは略奪した。なぜならチンギス・ハンは彼らの攻撃力が輜重隊《しちょうたい》や反抗心によって妨げられることのない機動的な騎士軍を作ったからなのだ。モンゴル兵は乗馬と替え馬と、その二匹が運べる限りの武器とテント素材と食糧しか持たなかった。彼は、後のナポレオンの兵士と同様に「大地の糧」で生きた。大地というのは彼が占領し、通り過ぎた土地だ。彼はその土地で見つけたものを奪った。もし彼がそれをあきらめたら、彼はその指導者の軍隊を操縦不能にしてしまうだろう。なぜなら、ここかしこに現れ、不意に攻撃し、四散し、また集まるという中にこそ彼らの力があるからだ。食糧が枯渇した時、モンゴル兵は馬の血管を切って新鮮な血を飲み、また傷を閉じた。しかし、彼が、通過した別の土地で食糧を見つけたら、当然、馬の力と健康を大切にした。

ついでに言えば、チンギス・ハンの略奪技術は最大級の厳密さと規則と秩序で統制されていた。抵抗することなく降参した地方は決して略奪されず、放火もされなかった。反抗的な地域からの略奪品は集められ、均等に、あるいは寄与の度合いに応じて分配された。個人的略奪はなかった。彼らは強姦した。なぜなら、一つの理由は、妻や女奴隷を同伴することが禁止されたから。というのは、夫が不在の間も故郷の規則的な生活、つまり経済は運営されなければならないからだ。また、もう一つの理由としては、状況により軍団の機動性と自由行動の必要性からもそのように要請された、ということだ。

彼らは放火した。なぜなら、要塞化された都市を攻める時、壁を壊し、家を焼き払うことなく次に転進しようとすると、そこはまた敵の新たな防衛施設になってしまうのだ。そこから敵は出撃して背後を突き、作戦をかく乱するのだ。

一つの軍団が戦力の必要性に百%応えると反対陣営からは邪悪とみなされるかもしれないが、歴史はアレキサンダー大王の遠征から第一次大戦のフランスの作戦に至るまで、後になって正当性を証明したのだ。

全般的な兵役と軍事再訓練

チンギス・ハンの積極的な特性と業績を挙げると、モンゴル人に全般的な兵役を導入しただけでなく、軍事再訓練と独特な演習の課程を作ったことにある。当初から彼の指揮下にあった一万三千人を十三のグラン(1)、あるいは千人隊に分け、それぞれの隊を強固な単位として、攻撃、旋回、方向転換させた。チンギス・ハンは敵を凌駕《りょうが》し、包囲し、その中心を突く、という野戦のあらゆる演習をし、訓練した。彼は後にもっと大きな軍団を手にした時も同じようにした。

彼は九人を一つに束ねて仲間とし、十人目の男の命令下に置いた。この分隊は攻撃の単位ではなかった。仲間の一人が捕虜になったら、残りの仲間は虜になった者を取り返すまで戦った。仲間の一人が戦いに倒れたら、残りの者はその場に留まって、仲間の遺体を見つけて復讐するまで戦わなければならなかった。仲間という概念はここで高度に発達させられた。十人の分隊が十集まって百人隊となり、百人隊が十個でグラン、千人隊となった。チンギス・ハンはグランを「伝統の連隊」とすることによって、戦闘的な伝統精神を発達させた。

連隊は同じ血族の構成員だけをメンバーとし、あるいは同じ血族、または同郷の士官、下士官の指揮下に置いた。連隊では兄弟やいとこ、友人が一緒に戦い、敗北は一族の名誉を汚すと受け取られた。

「テムジンが、決然として機動的な戦う騎馬軍団を作り上げるという考えをどこから得たかについてはこれまで確かなことは分かっていない」とロシア人の著述家はアジアの偉大な英雄的戦士の伝記の中で述べている。チンギス・ハンが子供のころ、ツュンギラーテンで見聞きした中国の戦争技術の話が後に影響した可能性はある。チンギス・ハンに日本人の血が流れているという理論はこのロシア人著述家には知られていなかった。その理論でハンの驚くべき組織的、戦略的能力について十分説明できると思われる。

王の中の王は戦争において偉大で、一万三千人の兵で南宋（九六〇―一二七九）を破って以来、常に自軍を上回る敵と戦い、勝利しただけでなく、とりわけ、平時において偉大な組織者だった。

自軍を常に攻撃可能な態勢に保つために、前述の軍事再訓練課程を作り、毎年、モンゴル軍は何週間も戦争同様の武装をして演習と狩猟に参加しなければならず、狩りはしばしば何千キロにも及び、その際、全土の野生動物、猪、鹿、熊、虎は取り囲まれて危険な戦いの末に仕留められた。

女も大きな軍事的、政治的組織に組み入れられた。男が用兵術に従事し、そして尚、税の負担にも耐えられるように、女たちは夫が家にいない間、安全にその代理を務める権限を与えられた。それによって彼女は、他のアジアは勿論、西洋にすら知られていない権利と自由を与えられた。彼女は家産を自由に処分できた、つまり売ったり、交換したりできた。彼女は常に夫の昇進に気を配り、その主たる義務は、いかなる時も、たとえ夜でも、夫が完全武装で馬に乗って、王の中の王の軍に馳《は》せ参じることができるように配慮しなければならなかった。武具や毛皮帽、首覆いの付いたフェルトのヘルメット、毛皮のマント、フェルトの靴、刺子縫《さしこぬ》いしたシャツは常に用意されていなければならず、鞍に付けるポケットには乾燥肉、乾燥乳、発酵乳が入っていなければならなかった。女が愚鈍でだらしなく、つまり理解力がなく、整理整頓できないと、人々はその原因は夫の劣った資質にある、と判断した、と「王の中の王の要求」の中に出てくる。反対にもし彼女が家事を上手に切り盛りし、客や使者を丁重に迎え、十分に馳走してもてなしたら、それは夫の声望を高め、夫はその集団内で良い評判を得た。人々は妻の良し悪しで夫の良し悪しを見分けた。

それは適温で平々凡々として、しかし役に立つ知恵で、儒教に源を持ち、その教えは中国の生活と家庭を作った（日本とはまったく異なる）。「王の中の王の要求」にしばしば出てくるほとんど小市民的な響きは、もともと粗野で血生臭い占領者の口から出ただけに驚きを与えた。「天は私が全民族を支配するように定めた」とチンギス・ハンはその使命を書き改めたことがある。というのは、ステップにはそれまで秩序がなかったからだ。子供は親の教えに従わず、弟は兄に服従せず、夫は妻を信用せず、妻は夫の命令に従わず、部下は頭《かしら》を尊敬せず、上役は部下に対する義務を果たさなかった。金持ちは為政者を支持せず、どこにも満足というものがなかった。一族には秩序も相互の理解もなく、至るところで不満が満ち、嘘つき、泥棒、暴徒、強盗が跋扈《ばっこ》した。チンギス・ハンが幸運の星のもとにあることが明らかになると、皆その命令に従い、彼は彼らの上にあって、しっかりした法則に則って統治することを望んだ、そうして平安と至福が地上に実現するようにした。それはあまりに近代的な感じを与える言葉なので、ここ二、三年で初めて聞くような感じだ。外国の学者の助けを借りて、王の中の王は「ヤサ」という法則集(2)を制定した。それによって彼の後継者が統治できるようにした。そこには次のような法則がある。

メッカや他の聖地への巡礼は意味がない。神は地上の至る所にいるから、神を礼拝するために決まった場所に旅する必要はない。きれいな動物と不潔な動物の区別は意味がない、全て神によってつくられ、誰でもその望むものを食べることができる。君たちは望むものを愛することができる。しかし、私が決めた物だけしか追撃し、殺してはならない。私の帝国では誰でもその望むどんな神でも崇拝できる。彼はただチンギス・ハンが作った法律に従えばよい。

それらのすべてのものから生まれるのは信仰の自由を促進し、強制と不自由を打ち破るという意図だ。もしこれが占領者を生み出した素材ならば、占領は解放への道のりだ、この意味で、チンギス・ハンが中東の国々にやってきた意味も理解できる。

ヨーロッパが当時、王の中の王の支配下に入らなかったのは単なる偶然にすぎないということは、歴史家たちの一致した見方だ。チンギス・ハンの副司令官スブタイがカルカ河でロシアの領主の八万に及ぶ大軍を大敗させた時、彼はたった三万の兵しか持たず、また単に偵察に来ただけだった。とはいえそれは「六千キロに及ぶ偵察行」だったが。

この後ろ盾もない三万の軍はモンゴルの基地から遠く隔たり、ヨーロッパを占領するには十分ではなかったので、スブタイは主君に報告すべく故郷に帰った。

彼のもたらした報告が正確だったので、チンギス・ハンの後継者は十数年後、そのデータを利用して、十八年以内にヨーロッパを占領する計画を作り、最初の六年間でスブタイの指揮下でヨーロッパ・ロシアとガリシアンとポーランドに侵入し、シュレジアのライプニッツの近くでテンペル騎士団の連合軍とポーランド、シュレジアを破り、クラカウ、ルブリン、ブレスラウ、ライプニッツを焼き払い、ザクセンとプロイセンを占領し、カルパチア山脈を越え、ブレーメンを通過し、ハンガリーを廃墟と化し、その王をアドリア海に追い、セルビアとブルガリアに侯国を建て、突然、ウィーンに現れた。それが二度目だったので、ヨーロッパの諸領主と民族はあまりの衝撃に驚き、最後の頼みとして神に祈るしかなかった。

そしてヨーロッパを救ったのはまたしても本当に偶然だった。チンギス・ハンの息子のウゲデイとオファタイが死んで、王の中の王の「ヤサ」の決まりによれば、大ハン（＝大王）の死に際して、一族の全ての領主はどこにいようとも、新しい支配者を選出するため故郷に帰らなければならなかった。モンゴル軍の隊長らはその無敗の軍を率いてステップにある故郷へと引き揚げた。その年一二四二年というのは、ドイツでチューリンゲン方伯ハインリッヒ・ラスペがヴュルツブルクで（国王と対立する）法王派にドイツ皇帝として告示され、ドイツ王コンラート四世を打ち負かした。

チンギス・ハンとその後継者を詳細に知った歴史研究者は、彼らはアジアとヨーロッパを統一的に統治する国家連合を作る能力があり、それは実際、彼らの念頭に浮かび、チンギス・ハンの孫クビライがアジアで実現させた、と確信している。

（1）　近代兵制の師団に当たる作戦の基本的単位。モンゴル語でミンガン、ペルシャ語訳のハザラあるいは、ハザリは部族名や地名として今でも中央アジア、西アジア、北インドに残っている。

（2）　チンギス・ハンの政治理念は、彼の残したヤサ（法令）とビリク（箴言）とに示され、その厳格な遵守が要求されたが、これらにはモンゴルの伝統的な慣習法がにじみ出ている。これらはナイマン討伐のとき捕虜としたウイグル人から取り入れたウイグル文字で書かれた（小学館『日本大百科全書』ほか）。

世界史上最大の帝国

クビライ・ハンとその後継者の帝国は最大の版図として北はシベリア、南はインド、西はロシアとトルコ、そして東は中国、朝鮮、インドシナに及んだ。ベネチア人マルコ・ポーロ(1)は一二七五年にこの帝国を訪れたが、ヨーロッパの故国にはない公共機関と業績をしっかり描けなかった。本当に現在の読者は（マルコ・ポーロの）物事を必死に把握しようとした試み、そのちっぽけな都市国家と領邦に分裂した母国が知ることができない大きな文明の機関を理解できなかったことを一種の同情をもって見守るだけだ。

蘇州(2)という都市からマルコはこう報告した。

もう一つの大きな、美しい都市・徐州は、その裁判管轄内に十六の大きく豊かな町があり、その都市の区域は二十マイルもある。住民はいずれにしても偶像崇拝者（つまりキリスト教徒ではない）で、大ハンの国民として紙幣を流通させている。そこではたくさんの生絹が生産され、自分たち用に加工されるだけでなく、皆が皆、絹の服を着るわけではないものの、他の市場のためにも供される。住人の数があまりに多いので、驚くばかりだ。中にはとてつもなく裕福な商人もいる。住人は商売や手工業だけで生活し、仕事では尋常でない熟練の技を見せる。

もし彼らが営業で見せる能力と発明の才を企画と攻撃に生かせば、その驚くべき数を以って、全満州にとどまらず、もっと遠くまで行けただろう。しかし彼らはまったく臆病なのだ。

これは傭兵隊長と冒険心に富んだ南欧の領主の時代にできた、国家という組織を知らない小さな国の民の視野の狭い見方で、営業的で発明的な平和とは即ち戦争であって、そこでは平和が勝ちを制するから、国家という組織は戦争用の企業を必要としないのだ。マルコはこう付け加える。

それは彼の不名誉ではあるが徐州には有利になることだ。徐州の住人の中には大変熟達した技を持つ医師もいて、病気の性質を知って、適した治療ができる。要するに大変賢い人がいて、哲学者もおり、更に魔術師もいる。

クビライはマルコより視野が広く偏見が少なかったので、マルコを蘇州の知事に任命した。蘇州は当時人口百万、今日は六十万いる。マルコはその職に三年いて、興味深いことに、今日、人々はその町を「百の橋の町」と呼ぶ。何百という運河が家々の間を巡る様は、マルコの故郷ベネチアと同じだ。ベネチアの大運河やリアルト橋、嘆きの橋に対応するものまである。「千人の神の寺院」には千人の細い眼をした神の間にいくつかのヨーロッパ人の丸い目と傭兵のような顎鬚の神もいる。マルコ自身、百番目の神として「中国化したベネチア人」の守護聖人となっている。それは宗教的寛容の記念すべき証拠で、「血に飢えた（残酷な）野蛮人」の甥の精神の自由の証拠でもある。「彼の巨大な帝国に属する全ての国民と宗教に対し、彼は完全な寛大さを見せた」と、マルコは認めている。クビライは、学問と経験のある人間を採用した。それがペルシャ人であろうとアラブ人であろうとヨーロッパ人であろうとかまわず。行政機関の部署の長には中国風の模範に従った技術と職業を助成した。中国とヨーロッパ間の通商が彼の治下ほど高度に発達したことはかつてなかった。

マルコの父ニコロと叔父マテオ・ポーロは既に一二六六年、商人として大王の宮殿を訪れ、大王は彼らに豊かな贈り物とともに法王への書簡を託した。その中で彼は法王に敬虔な人・百人を派遣するように要請している。彼らはアジアにキリスト教を輸入するのだ。法王はただ二人の修道士を派遣することだけを認め、二人はマルコ一行の後に続いたが、旅の苦労を思いやって心がくじけ、途中から引き返した。

クビライがその帝国での生活を至らしめた文明的な高さについて、また、彼が占領者、抑圧者として来たにも拘わらず維持することを理解した文明的な高さを、大ハンの冬宮・行在《キンザイ》、現在の浙江省の省都・杭州(3)を表現したマルコの筆は印象的に伝えている。それによると、杭州は百六十万という戸数をもって他に抜きん出た世界最大の都市だった。どの家の父親、または戸主は家のドアに名札を取り付け、そこに全ての同居人と家畜の数を表示しなければならなかった。誰かが死んだり、出ていったら、数は減らされた。子供が産まれたら、名前がリストに加えられた。こういう方法でその地方の高官や町の役人には住民の正確な数が分かっていた。同じような方法で宿屋の主人は宿帳に客が到着した日時と出発した日時を載せるよう義務付けられていた。その写しは毎日、市の役人のところに届けられ、市場警察が取り締まった。

町の一方の端から他方の端まで真っ直ぐメーンストリートが延び、それは四十歩の幅があった。毎日、昼間、この道をあまりにたくさんの人が通るので、全員に食料を供給するのは不可能に思えた。しかし、人がもし、全ての町の市場が小売商人によって賑わっているのを見たら、同じように目を覚まさせられただろう。行在のメーンストリートには四マイル間隔で十以上の主要な市場があった。この市場の広場はそれぞれ半平方マイルの広さがあった。このそれぞれで週三回、市が開かれ、大体四、五万人が買い物のため集まった。それぞれの市場広場の向かい側に大きな警察の建物があった。役人は外国の商人と内国商人の間に争いが起こったら直ちに断固たる措置を取り、更に彼らは地区内の橋を監視し、刑罰権を持っていた。一般的な意見によると、行在には一万二千以上の橋があった。大ハンの命令により、昼夜分かたず、それぞれの主たる橋には五人の監視が立った。

彼らは大きな音の出る木製の道具と金属製の道具を一つずつ持っていて、時刻を示す水時計もあった。夜の最初の一時間が経過すると、見張りは木と金の道具を叩いて音を出した。それは一晩中続いた。どこかで火事が出たら、見張りは信号を出し、決められた地区の全ての橋番人は消火のため急行し、商人の品物を石でできた建物や塔に移した。そこは大火災でも大丈夫だった。消防夫はしばしば千人から二千人もやってきた。

市場広場と関連している多くの街路には冷水の浴室があって、男女の召使いが主人や女主人を洗っていた。行在の住人は冷水浴を健康に良いと考えて子供のころから慣れ親しんでいた。彼らは毎日、特に食事の前に水浴した。外国人は冷水浴のシャワーを我慢できない。だから彼ら外国人のためには至る所に温水の出る小部屋がある。

ここに反映しているのは千年の歴史のある中国の優れた行政技術ではない。なぜなら、それは享楽的で退廃的で活力を失った最近の皇帝のもとで崩壊し、行政組織は堕落し、町は顧みられず、汚れ放題だったので、クビライは一二六九年に国土を占領した後、新たに区に分かち、行政を全く作り直し、新しい法律を定め、国勢調査を実施し、町の大部分をその行政システムと同時に新たに作らなければならなかった。マルコが感心した全ての行政機関の中に、理知的な組織者クビライの技を感じる人は多い。クビライはその占領した土地が彼に提供した価値の高い、重要なものはそのままにしておき、受け入れ、力強く助成した。チンギス・ハンはクビライが子供のころから彼を自分の真の後継者と見ていた。それは思い違いではなかった。

(1) 商人・旅行家。一二七一年、元《げん》を再訪する宝石商の父ニコロと叔父マテオに伴われて出発し、元支配下の全アジアを横切る大旅行の末、七四年フビライに謁見。その下で十六年間仕えて中国各地を見聞した後、スマトラ経由で海路帰国した。敵国ジェノバに捕われ、獄中で口述した『東方見聞録』は珍しい地理的な知見の宝庫として、ヨーロッパ人の東洋観に大きな影響を与えた。一二五四―一三二四年。

(2) 揚子江デルタの中心部に位置し、かつ江南運河の要衝を占める。愛宕松男訳注『東方見聞録』(平凡社東洋文庫)によれば、六千の石橋がある。

（3）浙江省杭州は唐以来の州で、五代十国の一つ・呉越国が浙江省の十三州を支配していた時代はその国都となったが、宋の天下統一と共に旧来の一州に戻った。北宋の滅亡に際して、江南によった南宋が興ると、一一二九年、ここに都して臨安府と改称した。しかし意識上は河南省開封府があくまでも国都との建前のため、臨安府は一時的な都であり行在所にすぎなかった。このため臨安府を「行在」と自称した。（『東方見聞録』）。日本語の「行在所《あんざいしょ》」も天皇行幸の際の「仮の」すまい、を意味する。

ポツダム新宮殿のタマーラン＝チムール

チムール・イ・レンクまたはタマーラン、「麻痺のチムール」はカラシャール・ネビアンの大伯父で、カラシャールは多くの非嫡出の息子の一人ではなかったが、大ハンの息子の一人、チャガタイの大臣で将帥《しょうすい》であった。チムールはイスラム教徒の占領者としては初めて、中東とヨーロッパの歴史と政治で大きな役割を果たす人物だった。というのは、彼はイスラムが攻撃的で拡張的な民族であることに早く気付いて、一族の中で初めてイスラム教に改宗したからだ。彼は前任者同様、西側の記憶では一種の血に飢えた戦争屋と見られているが、用意された軍事上の位を拒絶し、学問に専念したのは興味深いことだ。二十年間かかって彼は既にしてコーランの識者として知られた。東洋の新進の将帥、あるいは統治者の神聖な伝統に忠実に（今日の中国の統治者、蔣介石を見よ。彼は賢い婚姻によって人生の最初の階段を上がった）家族の連合を利用し、生まれ変わったつもりで、カザンの破壊者である領主で軍指導者のクルガンの娘と結婚した。そのようにして、戦争におけるよりも外交でより偉大で、クルガンの軍と一緒にベルラの連合一族でもって、コラサン、つまり今日のペルシャの北東部分とメシェド、メルブ、ヘラトの連合と対峙した。戦争の途中でクルガンは殺された。後継者争いの中で、カシュガルの領主でチンギス・ハンの子孫のトグルクは優勢な軍勢でいきなり飛び込んできた。チムールは武器よりも外交を頼りに、相手陣営に赴き、うまく自分をトランソクシアナの統治者に任命させることに成功した。そこはアムダリアとシルダリアの両河の間の土地で首都はブハラだった。トグルクの息子はその任命に異議を唱えたが、チムールははるかに少ない軍勢で彼を討った。トグルクが死んだ後、巨大な帝国が残された。

一三六九年、彼の義兄にして後継者のフセインが死んだ。チムールはいつものようにこの機を逃さず、支配を固めた。彼は昔の王都・バルヒに赴き、冠を戴き、サマルカンドに住んだ。三十年間、ほとんど絶え間ない戦争と探検の中で、彼はモンゴル軍をカスピ海やウラルやボルガ河で破り、クルディスタンとペルシャ、バグダッド、それにシーア派モスレムの聖地カルバラを占領した。

一三九八年、彼はインドで勃発した市民戦争の知らせを聞いた。そして直ぐインダス河流域に行き、三か月以内に全インド帝国を占領、支配下に置いた。これは軍事的、政治的離れ業だった。彼の何百年も後、世界帝国イギリスが何百倍もの期間をかけて完全に成し遂げなかったことだ。その際、忘れてならないのはインドにおける大ムガールの統治は一八〇三年まで（条件付きなら一八五七年まで）ほとんど五百年も続いた、ということだ。イギリスの統治は今日、たかだか八十年にすぎない。
彼はイスラム教徒の第一世代で十分、情熱的、戦闘的イスラム精神に溢れ、九十の実物大の石の像をインドから持ってきて、サマルカンドのモスクの飾りにした。そして、物知りの芸術コレクターとしても活動する後代の占領者のための手本とした。

インドへの軍事行動の後、彼はトルコとエジプトと戦って戦果を治め、アレッポとダマスカスを占領した。またアンゴラでの戦いでスルタン・バジャセット一世[1]を捕虜にして連行した。

彼は中国への出兵を計画した。その時、一四〇五年二月十七日、発熱にやられた。

その軍事的政治的企てと成果故に彼を最初の近代的な軍事的政治家と位置付けるのは確かに行き過ぎだ。しかしいずれにしても彼はナポレオン同様のタイプと規模の占領者であり、また精神的な占領者であって、暴力の行使と情報戦、精神戦を組み合わせ、その成功はこの技術のおかげであった。

彼は既にして占領者、統治者の長い連鎖に繋がる子孫で、若いけれども力のある伝統の継承者で、決して野蛮人でもなければ成り上がり者でもない。むしろ文明化された人間で、彼の中では健全な食欲と活動への衝動が死んでいない。また彼にあっては、行動は精神的熟慮の直接の反映だった。彼はボルガからウラル、ペルシャ湾まで支配し、ヘレスポントからガンジスまで統治した。

ポツダムの新宮殿には、サンスーシから真っ直ぐな豪奢《ごうしゃ》な小道（巻末の写真参照）が延びていて、そこに「タマーラン」部屋がある。なぜならそこにイタリア人のアンドレア・ゲレスティの大きな絵がかかっていて、そこに常勝のチムールが描かれているからだ。彼の後ろ、ラクダの背に結びつけられた鉄の檻の中に囚われのトルコのスルタン、バジャセットが入っていた。この不幸な者に対して、ヨーロッパの観察者の心が動くのは必然だ。捕《いけど》りのスルタンは青ざめ、絶望の様子で格子の桟にしがみつき、血に飢えたモンゴルの勝利者を前にして戦慄し、恐怖を感じている。白人のすぐかっとなる幻想、特にイタリア人のそれはまたしても間違いのもとだ。何百年にもわたって、ヨーロッパではチムールが敵を檻に入れて連れ帰ったという伝説があったのは事実だ。オリエントの同時代の歴史家はチムールが蹂躙した国の出身者を含めて、モンゴルの統治者が当時のヨーロッパ、とりわけ画家の故郷で尋常でない手段でバジャセットを扱ったという話を承知していない。むしろ彼らが一致して伝えるのは、チムールは捕虜を寛大に注意深く扱い、それは不幸な囚われの領主たちにも伝わったということだ(2)。

ポツダムの新宮殿の絵は黄色の占領者の残虐な習慣のドキュメントではなく、むしろ西側の人々の生き生きとした、しかし必ずしも責任を自覚したとはいえない幻想を表すドキュメントだ。他の絵と違って、遍く知られ、多くの不幸を惹起した絵ははずして他の絵と取り換えるのが一番いいことだ。

(1) 小アジアを占領し、一三九六年、十字軍をニコポリスに破ったが、アンカラの戦いでチムールに敗れ、捕われた(一四〇二年)

（2）前掲『ローマ帝国衰亡史　XI』は、チムールがバジャセット一世を檻に入れて虐待したか否かについて検討した上、チムールはバジャセットの場所柄を弁えない傲慢さを次第に疎ましく思うようになり、一層苛酷な拘禁を課す気持ちを起こした、と判断した。そして、車両の上に鉄の檻を載せるという考えは厳格な予防措置として浮かんだ。敗戦の約九カ月後というバジャセットの早い死去はチムールの残酷な処置のせいと考えてよかろう、と結論付けている。

黄色い幽霊が顔を持った

人類はこの百年間に成し遂げた技術的な進歩を誇り、大陸を結ぶ交通路の建設により、それと同時にあちらとこちらの理解と同情が通じる血管も通ったと信じた。船や鉄道や航空機が東西世界に行き交い、地球の部分同士の結び付きと関係が生き生きとし、相互の関係が近くなると、一方から他方への理解も増すと考え勝ちだ。人はたった今知ったばかりの人間に対しても、親密な行き来の後よりも親密になることができる。ツェッペリンや、大海を越えて人を運ぶ航空機、ますます速い船、快適な特急列車も、人々の心の中にまでは入り込めない。現在では一週間でヨーロッパから極東まで到着する。しかし、だからと言って、西洋の東洋に対する理解（疑いもなくその逆方向も）がヤコブ・フォン・ヴィトリや十字軍の時代よりも良くなったとは必ずしも言えない。

マルコ・ポーロはシナへの前代未聞の勇敢な旅で中世を終わらせ、新しい時代を開いたが、探してもいない土地を見つけるというクリストフ・コロンブスの記念すべき誤りと違って、クビライの秩序立った国家を多分、後代の人がしばしば十分体験したよりも、偏見なく十分理解した上で判断した。いずれにしてもそれは意図的なものではなかったが。アジア人は、ヨーロッパ人がアジアの問題について、未知の段階から一気に熟知の段階へと移行することを恐れている。

もし今日の日本人が、日本の古いことに多くの時間をかけることができず、あるいはそれがそんなに好きでなくて、手っ取り早く茶道について知識を得ようと思ったら、ドイツ語か英語の本に当たるのが一番いい。

そしてそれはそういう本の肯定的な側面だ。否定的な面は日本、あるいは中国に来るヨーロッパ人は誰も、先入観を一緒に持ってくるということだ。彼らにとって日本は生き生きとして、順応能力のある、軍事的で産業が発達した有能な国で、日本は、それがヨーロッパとアメリカによって形造られたように二十世紀の腕に身を投じるべく、全ての伝統の重しを投げ捨てた。これに対して中国はノロノロとして、救いようがなく、夢見るようで、産業化に適せず、軍事的でなく、近付きにくく不十分な国で、全てが旧態依然としている。この固く凍結した観念は何んな事実にも対応しない。旅人や研究者、ジャーナリストが大勢、最近の十年間、極東に満ち満ちて、観察したことを本国に報告した。しかしみんな本国を出る前から何を見て、何を観察するか分かっていた。彼らはあらかじめ決まった意見を持っていたか、あるいはあらかじめ何を見るか、そしてそれしか見ないかとはっきり決めていた。外交官と政治家はまったく確固とした、覆せない意図を持って旅行した。

その意図というのは、友人として、あるいは敵として、極東とそこにある国々との関係から最大限の収穫を得ることだった。そのようにして東洋の民族は氷のように冷たい真空の中に漂っている。それは友人の有頂天の賛美と、断固たる敵の憎しみの籠った批評の間にぽっかり口を空けている。

黄禍伝説は何百年も、いや千年もかかって作り上げられた。そして恐ろしい、黄色の、物騒な民族がいる。それを爆発させ、伝説から二十世紀の真実を作り出すには、ボタンを押して光を当てさえすればいい。こういう事態は二十世紀初め頃に起こった。

ウィルヘルム二世と恐ろしいタコ

ドイツ帝国が初めて日本に派遣した公使が最大級の日本嫌いだったことは不幸だった。それはマックス・フォン・ブラントで、彼は一八六七年から一八七五年まで、東京で公使を務め、その後、北京で十五年間公使を務め、ここで彼は主席外交官として大きな功績を立てた。彼は王政復古の最初のころの日本を知っただけで、その時代は権力が将軍から天皇に移り、天皇派と将軍派が戦った。その結果、全てが大混乱し、古いものが軽んじられるとともに、新しいものは、改良したつもりが反って悪いものとなり、または性格を変えて引き継がれた。

日本と日本人に対する嫌悪、日本人に対する低く、しばしばまったく誤ったフォン・ブラントの考えは、同じこのころ形作られ、強固となったドイツ帝国の代理人としての立場を考えれば恐らく故なしとしないが、彼が北京勤務を終えての帰途、日本を通過した機会を利用して、その間に日本がどれだけ進歩したか、その目で確かめ、少しはその見方を補正するチャンスがあったのに、敢えてそれをしなかった。彼は日本に立ち寄ったが、滞在しないことで日本社会を素っ気なく扱った。日本社会は彼の興味を信用していたのに、彼の好意を得られるとまでは考えていなかったとしても。

彼は長期にわたる中国での活動と日本駐在の経歴の結果、ドイツ帝国政府にあって当然ながら、この方面の権威とみなされたため、ベルリンの宮廷と政府にその意見を反映させることができ、成功がまったく覚束ないのに日本が差し迫った中国との戦争に乗り出し、それ故、ドイツの関心は日本より中国の側に志向すべきだ、という印象を強めた。

日本人は「無視できる量[1]」として扱われ、ここで多分初めて、西欧人にとって、中国と日本の政治的概念における分離が始まった。状況を真実知る者にとっては、それはドイツにも居るのだが、一八九四年の日清戦争の勃発、その十年後の日露戦争において、日本が勝つだろうことは、当然ながら疑う余地はなかった。私自身、その時代を経験した高位の責任ある地位のドイツ人と話したことがあって、彼は私にフォン・ブラントの意向に対し、またその勧めで織り込まれた政策に対し決して同意しなかった、と断言した。

日本独自の見通しの判断については、日本の格言を思い出して欲しい。「人はただ、戦争によって得ることのできるもののために戦争する」。ヨーロッパの公衆にとって意外なことだったが、それは実際に起こった。日本は中国を海陸から攻め、その際、中国はいずれにしても軍事的には全く頼りない印象を与えた。ヨーロッパの驚きと恐怖はいかばかりだったことか。文字盤の「黄禍」の上の針は日本を指し示した。次に一九〇〇年に中国で暴動が起こり（義和団事件）、ヨーロッパ人の老若男女が虐殺され、ヨーロッパ勢力は鎮圧のため少なからぬ苦労を強いられた。日本は中国に対する軍事的成果を評価されて西側諸国の仲間に入っていて、ヨーロッパ派遣軍の側に立って行動力のあることを示した。針は今度、中国に向いた。

イギリスの政策は既に日清戦争後から戦勝した日本に向いていた。日本は今や十分価値のあるパートナーとして、それどころか義和団事件では尊敬すべき盟友として扱われた。ドイツでは残念ながらそういう状況には進まなかった。そこではその間、フォン・ブラントの芯《しん》からの日本嫌いが支配し、若き皇帝ウィルヘルム二世(2)は一八八八年に政権を担ってから東アジア政策においてはフォン・ブラントによってもたらされた立場を目の当たりにして、日中問題の偉大な権威として推薦された外交官以外の報告から、もしかしたら皇帝を日本評価の方向に導いたかも知れないものを引き出すことができなかった。

島国帝国はその間、ドイツに対する連合の申し出を屈辱的に拒絶された後、一九〇三年にイギリスと同盟を結び、これが東アジア政策だけでなく、ヨーロッパ政策もその後十年間にわたって決定付けた。

一九〇四―〇五年に日露戦争が起こった。ヨーロッパは再び、小さな日本が大きなロシアの熊に対しまったく見通しのない冒険に打って出ようとしているという印象を持った。皇帝ウィルヘルムはいとこのロシア皇帝とその国民に対し明らかな共感を表明した。これに関連して、伸び盛りの列強日本をよく知る友人エルビン・ベルツが一九〇三年に記した日記の内容は興味深い。

> この二カ月来、満州と朝鮮をめぐる日露の戦争の危機が高まっている。最近、私は近衛連隊のロシア人士官と知り合いになった。何人かのロシア人は日本人に対し、無条件でそれほど優越しているとみなしていないということは興味深い。それどころか彼は最初の合戦で負けるだろうと認めた。そしてロシア側は旅順では包囲されても泰然としていられるとしても、日本は満州でのゲリラ戦でロシア側を疲弊させようとするだろう。

そのロシア士官と彼の周辺の社会（というのは、もし人がある使節の士官として参加し、あるいはそれ以外に外国に滞在する場合、彼はその国民を代表するとまでは言えないとしても、個人としてではなく、自分の周囲の社会の代表として参加するからだ）はそういうわけで、日本が第一級の、そしてアジアにおいて優越した軍事勢力と認められて以来、一九〇三年当時の日本という若い軍事的国家に対して、今日の中国社会に対するのと似た立場にあったので、中国が最近の満州問題で使った、あるいは再び使おうとしているのと同じ手段（「ゲリラ戦」のことか）を勧めたのだ。

一九〇四年から五年にかけて旅順港の奪取と遼陽、奉天（現在の瀋陽）におけるロシア軍の壊滅的敗北、更に、日本海海戦でのロシア艦隊の全滅という意外な出来事が起こった。驚きと恐れはこの間に、ヨーロッパで新たに黄禍の亡霊を再生させた。今度のそれは黄色人種一般ではなく、日本を意味した。振り子は最終的に日本に振れた。

当時のヨーロッパ、特にドイツの日本に対する支配的、あるいは優勢な意見は、皇帝ウィルヘルムがあの記念すべき絵(3)を描いた、あるいは描かせた時、彼が表現したと信じていた。その絵において、ブリタニア、ガリア、イタリアなどヨーロッパ民族は女性像として表現され、絵の一方の端の岩の高台に集まって描かれた。彼女たちの前にゲルマニアが立ち、白人の姉妹とともに鎧を着て、そこに光が指していた。そして深みを指差して、他のヨーロッパ民族に何事か呼び掛けているように見える。しかし底の方の平地では町が盛んに燃えている、そこから岩山の高台に向かってたった一本の避難路が延びている。硫黄色の薄明りの中から巨大なタコ、紛れもないアジア人の顔をした恐ろしいタコが滑るように進み出てきて、町を、家を、恐ろしい八本の足で巻き付け、むさぼり食った。足が届いたところは燃え上がり、全てが白熱と灰の中に崩れた。絵の下にはこうサインがあった。「ヨーロッパ民族よ、君たちの聖なる財産を守れ！」

それはドイツが白人の兄弟、英国へ与えた警告と考えられた。英国は一九〇三年以来、日本と同盟関係にあったからだ。それは他ならぬ日本に対して向けられたものだった。日本からもそのように解釈された。「黄禍」は「日本禍」になった。

事態が非友好の方向に、またドイツ同様日本でも、お互いの理解と共感を見つけた我々後の世代のためには喜ばしくない方向に発展したことを示す重要な証人として、日本人に言及するよりも、むしろ一人のドイツ人、それも良いドイツ人、ベルツその人に言及するのがいいだろう。彼は日本の友として日本通として名前が挙がる人だ。

（1）　原語はフランス語の *quantité négligeable*。本書の第五章最後の小見出しにも使われている。H・S・チェンバレンの『十九世紀の基礎』にも見られる表現で、訳者は、野原がチェンバレンの著書を参照した証拠の一つと考えている。チェンバレンについては「解説」の「『黄禍』とは」参照。

（2）　ドイツ皇帝。プロイセン王。一世の孫。ビスマルクを斥けて自ら国策を指導。世界政策を標榜、軍備を充実、特に海軍を増強、近東への進出を図ったため英仏露との対立を招き、一九一四年第一次大戦に突入。敗戦の結果、一九一八年十一月のドイツ革命により退位、オランダに亡命した。一八五九―一九四一年。

（3）　『黄禍の図』。解説の「『黄禍』とは」及び巻末の付図参照。

皇室付き外科医エルビン・ベルツの新聞記事

（エルビン・フォン）ベルツ（一八四九―一九一三年）は一八四九年、シュツットガルト近くのビーテスハイムで生まれ、医学生となり、一八七〇―七一年（普仏戦争）に軍医補として従軍し、一八七二年にライプチヒで最優等の成績で卒業した。その後、一八七六年、血気盛んなころ、その五年前にできた医科大学の教師として東京へ赴き、そこで後に皇太子、後の嘉仁《よしひと》天皇（大正天皇）の侍医に任命された。彼は二十九年間の勤めの後、諸々の栄誉と勲章を得て日本を離れた。ドイツへの帰路、対馬海峡を横切った。そこはその二週間前、ロシア艦隊が東郷の艦隊に敗れて沈んだところで、それによってロシア（そして恐らくヨーロッパ）がアジアにおいて力尽くで優位を獲得しようとする望みは打ち砕かれた。ベルツの日本滞在期間は部分的に、フォン・ブラント大使のそれと重なり、ベルツはその当時も、その後も機会をとらえては外交官フォン・ブラントの不幸な意見と有害な活動を遺憾とする意見を述べた。

一九〇六年にベルツは、ドイツに帰国した後書いた新聞記事(1)の中でこう言っている。

現在、深く根ざした不信、本当に日本におけるドイツに対する明白な憎しみに直面すると、その原因を探ることは我々にとって基本的な関心事だ。我々はドイツの新聞で日本新聞の怒りの爆発の記事を翻訳であるいは整理された形で読むけれども、その深い原因を分析した記事は一本も見たことがない。分析が試みられたことすらない。その特別な現象を理解するための基本的条件はそのようなものだった。なぜ特別かといえば、ドイツはほんの二十年前は日本国内でおおいに信用されていたからだ。どうしてそんな急変が起こり得たかと問うのが一番早道だろう。この関係をはっきりさせることは我々固有の利益になる。というのは、日本が今日占める地位において、ドイツと良い関係を維持し、不信を除いておくことは、我々にとって重要だ。しかしそのためには我々はまず日本の立場を知り、その考え方の由来を知る必要がある。この点に関し、日本の政治家・伊藤博文《いとうひろぶみ》(2)はある談話の中で次のように語ったが、それは印象的なことだった。

ドイツに対する非常に厳しい論調の新聞記事はまことに嘆かわしいと認めなければならない。そして政府はそれを歓迎しないのは勿論である。しかし、貴方の国（ドイツ）の人も次のことを忘れるべきではない。かつて日本はドイツに最大限の同情を持ち、いろいろな点で我々のお手本、先生とみなした。しかし、我々が中国に勝った後、上辺だけの友人（ドイツ）はロシア、フランスと一緒になって、我々が骨を折って獲得した勝利の果実をもぎ取ろうとした。[3]東アジアにおける日本の宿敵、ロシアが異議を申し立てるのは分かる。同じようにフランスが彼らの側に立つのも理解できる。しかし、我々の振る舞いのどの点においても是認され得ないようなドイツの態度は、厳しく、挑戦的な侮辱として、さらに我々固有の問題に対する決して正当化し得ない干渉と受けとめられた。日本はドイツのそんな態度をすぐには忘れない。ロシアがベルリン会議でドイツのそれを忘れたようには忘れない。加えるに、ドイツ政府の態度は政治的理由によるというよりはむしろ個人的な、我々日本人に対する反感が大きな役割を演じた、ということがあった。

ドイツ皇帝は一枚の絵を描いた。その絵において皇帝は、ヨーロッパ文明の神聖な獲得物がモンゴロイドに脅かされていることを示した。この場合、意味するところは特に日本人であることは疑いの余地はない。というのは、無力な中国ではなく、日本という上昇しつつある力こる。

そ危険だからだ。そして皇帝の絵の中で日本人は放火謀殺犯という高貴な役回りで描かれてい

今誰でも知っているドイツの外交政策は側近によって事実上決められている。というのは、日本の人民が、皇帝側近のその人物と、彼と結びついた政策に不信を抱いていることは本当に驚くに足らないからだ。本当にこんな侮辱《ぶじょく》があった後で新聞が粗野な方法で不信を表明し、皇帝側近の日本に対する個人的嫌悪感を示す他の証拠があればそれは尚更で、例えば我が皇帝（天皇）の従弟の小松殿下(4)が公務でヨーロッパに滞在した時、ドイツで受けた丁重ならざる扱いがある。彼は他のすべての国で考えうる最良の待遇を受けた、というのに。そして最終的にドイツは、遼東の占領を通して旅順占領の口実とした。日本が多大な犠牲を払って再び占領しなければならなかったまさにあの旅順だ。

我々はこの要塞を既に一度、奪取して占領したからだ。そして我々は次のことを決して忘れない（それを悪く言う者はいないだろう）。それは、我々が戦利品を再び返すよう強制されたのは他ならぬドイツによってなのだ、ということだ。なぜならこの干渉がなければ、我々の意見では当時、要塞を領有できたからだ。イギリスは我々に同情的だったし、アメリカは何も異議をさし挟まなかった。我々の目には、我々が今、旅順を巡って悩んでいる恐ろしい損失について責任があるのは、まさに最前線にいたドイツなのだ。ドイツが我々に対してこの種の政策を打ち出した後、我々はドイツに対しこの種のはっきり敵対的な扱いに感謝していないし、そ

れが一見、母国に無害な気分が待っているように見えても決して歓喜しないということははっきり分かった。更に二、三年後、この旅順が我々の敵、ロシアに占領された時、ドイツがそれに反対しない、という事態が起こった。もし、ドイツでこの過去について正しい認識を持っていないとすれば、嘆かわしい。しかし事実、何も変わらなかった。

もし一八七〇年の普仏戦争の勝利の後、それまで友好的な一つの国（それが場所的に遠く離れていても）が、しかもそれが反感以外の、何ら内的な正当性なしにまったく思いがけず他の勢力と連合して、アルザス・ロートリンゲン（＝ロレーヌ）の返還を強制してきたら、ドイツ国民の感情がいかばかりか、またドイツの新聞にどんな言葉が躍るか、想像してほしい。とりわけもし、何年も後、また新しい戦争をして、既に一度占領された土地をもう一度恐ろしい犠牲を払って占領しなければならないとしたら。この場合には古傷は再び腫れあがり、外国の干渉に対するその憎しみはあなたにはわかるようになるでしょう。

このように日本のある政治家が話した。彼の言葉はよく認識されるべきだった、とりわけその国民の大多数も同じように感じたのだから。残念ながらこの意見は言及されている覆《くつがえ》せない事実を根拠にしている。その事実というのは、それを再び取り戻すためには全く異常な労力を要し、しかもその際、何も新たに脱線してはならないということだ。

そうだ。それは我々の東アジアにおける利益に対し罪作りだった。人は三十年前をただ悲哀をもって思い出すことができる、その頃、ドイツは東アジアで非常に人気があり、同じように有能で活動的で常に好意的な（テオドール・フォン）ホールレーベン[5]に代表されるドイツ帝国は明らかに日本で外国勢力の中で高い地位を占めていた。しかしホールレーベンの退場で事態は急変した。彼の後任はその使命を根本的に違うように解釈した。ホールレーベンらは日本に対する同情を心に抱き、日本人の共感を得るべく努力した。反対に、後任は自身がその政府の代表として駐在する国において、その国に対する反感をはっきり見せた。何回も彼らは前任者と反対の政策を取った。とりわけ彼らは日本における世論の影響を低く評価した。更に多くの不愉快な外交上の出来事がこの時代に降ってわいた。その結果はドイツに対する全般的な深い猜疑心《さいぎしん》だった。これが当時、どんな段階まで達したかは、それ自身は重要ではない次のような事実がよく示している。

　周知のように、日清戦争後の仏独露による三国干渉に際して、ドイツ大使は日本政府に三国の決議を伝えるという厄介な役割を担った。その際、まさに技巧的でなく、本当に冷静に白状すると、際立って風変わりな技巧的でない形で片付けた。その結果、ドイツの行動に対する立腹に加えて、その代表に対する特に個人的な激怒が発展し、この憎しみを表すにはそれ自身笑うべき事実を示すだけで十分だ。

　公使は一頭立て二輪馬車で散歩の際、二、三人の運動家に皮鞭で触れた。しかし二人の若者は故意に殴られたと主張した。彼らは公使館に行き、公使が謝罪するよう求めた。（しかし）

大使は退去しないと放り出させるとぶっきら棒に告げた。そうしたら世論が爆発した。あらゆる新聞がこの事件を大々的に取り上げた。この件がそんな風に誇張して伝えられたので、国会で証言を求められ、日本国民と帝国に加えられた侮りとして扱われた。日本政府は力の限り事態の鎮静化に努めた。しかし無駄だった。興奮は更に大きな広がりを見せた。そういう状況になって突然、ドイツの公使は怯えた。彼は初め謝罪する考えなどないと侮蔑《ぶべってき》的に拒絶していたが、ついに、本当に「正式に謝罪する手紙」を書き、それは議員の歓喜と嘲笑の中、国会で読み上げられた。ドイツはその公使の人間性の故に辱《はずかし》められた。公使はその後間もなく休暇を取り、二度と戻らなかった。彼はいつも、前任者と反対のことをやった、と自慢していた。それは彼に悪く跳ね返って、残念ながら日本にいる全てのドイツ人にも迷惑が及んだ。嘆かわしいことに、彼の後任達の政策も実質的に変わらなかったので、ドイツに対する不満はその後も続いた。

そういう厳しい状況の中で新しい公使、アルコ伯爵が着任した。彼は、まったく反対の誤りを犯し、日本に対し友好的すぎると繰り返し言われた。彼は生来、誰に対しても好意的で公平無私で、彼の同僚がこう言ったぐらいだ。

この人物は誰に対しても献身的で人当たりがよく、気味悪いほどだ。

もしドイツに対する不信と嫌悪が戦争の間、不快な形で表明されなかったとすれば、それは大部分、アルコ伯の人間性のおかげだという主張は良心的なものだ。要するに彼は単なる外交使節で、政府の積極的な支持なくして何も達成できなかった。彼はあまりに妥協的だったので、日本人の間で段々、尊厳を損なった、というのは真実ではない。反対に彼は高い評価と信用を勝ち得た。だから彼は、日本の（対露）戦勝後新設された東京の大使ポストが委ねられなかったのは異常で惜しまれた。この部分で個人の問題がある役割を果たしたのは事実だ。

しかしそんな重要ポストの割り振りでは（まさにこのポストの重要性は外交使節を大使に格上げすることで印象的に認識される）、長年の場所的関係の認識が全く特別に本質的だ。新たに任命された大使は疑いもなく優秀な外交官だった。しかしその情勢では、支配的な勢力と必要な接触を得るのはとても難しくなった。日本の状況を知らないことは、ライバル、イギリスの大使との関係で大きな不利だった。イギリスの大使は最初はまったく人気がなかったが、その優れたテクニックで今日の影響力を勝ち得た。彼は不平等条約の見直しと連合を成立させ、その際、尋常でない技巧を見せた。彼は時代の兆候を正しく読み取る技を理解していた。彼は、英国人の間で特に語られている純粋の白人でない人種に対する嫌悪は今日、日本では相応しくないということを認識していた。彼はそれに従って行動した。彼は母国に大きな貢献をし、国家は確かに、彼をかつての公使から大使に格上げしてそのまま日本在勤とすることで報いた。

このようにして彼はドイツの新しい大使との関係で先んじて、日本の支配階級と政治家と親密な関係を築いた。実に、日本に対する英国使節団の登場は暴力的な急転回となった。二十五年前、当時のイギリスの全能の使節は、日本の大臣をその故国において愚かな子供のように扱った。彼は日本の大臣に面と向かって無作法な言葉を投げ付けた。彼は日本人が本当に進歩出来るとは思わなかった。それとは違う意見のドイツ人に対し、彼はこう言った。

どうしてあなたがこの日本人をそんなに大事に考えるのか、私は理解できない。私はあなたに言う。彼ら日本人は子供だ、子供以外の何者でもない。彼らが功なり名遂げたとしてもせいぜい、南アメリカの共和国の一つ程度だろう。

この誇り高いイギリス人がもし、彼の後任がいかにして日本人の意に沿って行動し、またいかにしてひどく侮辱されたこの同じ日本人が、日本国民に、その軍隊機構についての規定を作るまでになったということを知ったら、ウェストミンスター寺院の霊廟で寝がえりを打つことだろう。

更に日清戦争開始に際し、イギリス人は日本の力を信じていなかった。人々はかなりはっきり中国に味方して、日本帝国では当時、今日のドイツに対すると同じぐらいイギリスへの不満が支配的だった。しかし、イギリス人は現実的な国民だ。彼らはその陸軍と海軍の大使随行員を通じて戦争を精査し、日本人の功績を確信した後は、その政策を根本から変えた。彼らは遼東の干渉への参加は拒み、それによって直ちにかつての反感に代わり、共感を勝ち得た。彼らは信じられないぐらい有利な条件で日本との条約見直しの用意がある、と初めて宣言した。しかしこの譲歩は広い視野に立った政策の連鎖の一つに過ぎなかった。イギリスは今日、日本の真の友とみなされ、一九〇三年の国民的祝日、二月十一日に英国との同盟締結が日本政府から発表された時、東京ではかつてないほどの喜びで沸いた。新しい時代・明治になって以来、西側の国家から同等に、そして十分に認められることは全ての日本人の最大の目的だった。そしてこの目的はとうとうイギリスの助けで達成され、それ故、日本人は感極まってイギリスに対する感謝を表した。イギリスはただ日本人を喜ばすためだけにこの大きな一歩を踏み出したわけではないということを肝に銘じた。しかしそれは同じことだ。日本の人々は今、ロシアとの避けられない戦いを始めるために十分強く、また、保障された、と感じた。この戦争こそまさにイギリスが望んだものなのだ。イギリスは自身は指一つ動かさないで、そのアジアにおける危険な反対勢力ロシアは麻痺状態に陥った。日本がロシアに対して果たしたのと同じ役割をフランスが産業上のライバル・ドイツに対し行わないのかどうか実験するための時間とチャンスを、イギリスは今や手にしたのだ。

　ドイツでは当時、日本の進歩についてほとんど知られていなくて、また、人々は特に東京駐在の外交使節が報告することも信用しようとしなかった。ドイツは列強の中で唯一、一八九四年の日清戦争に際して日本の司令部に士官を派遣しなかった。しかし他のどの国もドイツほど専門家を派遣する理由のある国はなかったのである。なぜなら、ドイツ士官はまさに日本の生徒たちが何を学んだか、彼らが教えられたものに独創力で何を加えたか、更にドイツの機構（システム）が全く違う位置的状況下でどのように役に立つのか実証されるのを見ることは意味があった。日本陸軍は、彼らドイツ人の先生に対し感謝する義務を個人的に認めて、その結果ドイツの軍事使節は戦場において他の外国士官を背後に押しやるはずだった。彼は最大の敬愛の対象だった。そのはずだった。しかし彼はその場にいなかった！　彼は戦争の最中、東京に留まった。なぜ？　本当になぜ？

当時、東京には軍から外交官として派遣されたドイツ人の大使館付き専門担当官がいて、彼はドイツの外交慣例に従い、任務上の機会には士官の軍服を着用していた。日本側が、彼は今現在、外交官なのか、士官なのか問い合わせたところ、彼は公式には外交官である旨答えたので、日本側は純粋の軍事上の場合には最早、彼を呼ばなかった。それが、ドイツ軍側には異常なことと曲解された。そしてそれを懲らしめるために、（今度は）ドイツ側から日本に侮辱を加えるべく、戦争に際して一人の士官も派遣しなかった。気持ちのいい仕返しの方法だ。彼らはよく知られたことわざをまざまざと想い出した。

私の父にはそれが当然の報いだ。私の手が凍えている時、彼は私に手袋を買ってくれなかったから。

この出来事はほとんど信じられない話だが、それは現地で起きたことをはっきりさせている。そして、関係を知っている者にとっては、それらは実際、心理的にはさもありそうなことと思われた。ドイツ側のこの奇妙な行動を本当に分かりやすく説明するのはそもそも無理かもしれない。しかしこの行動の結果、ドイツは日本陸軍の戦争能力について情報が不足し、日本人はドイツ側が遠くにしかいないということで侮辱されたと感じた。そしてまた、ドイツが他国と比べて、より低い階級の士官を大使館付きとして日本に派遣したという事実の中にも、日本はドイツ側の日本軽視を見てとった（ベルツの記事ここまで）。

ドイツは黄禍伝説の形成に大いに手を借した。それがあまりにひどかったので、共通の利益と似たような政策を通じてとうの昔に生まれたかもしれない日独間の誠実な友好関係の形成を長い間、不可能にした。従って大気を汚染するその伝説をドイツが払拭するために背負わなければならないものもまた同様に大きなものになるに違いない。

戦前のありとあらゆる罪、誤りは地球に溢れた最大級の血の河によって埋められ、溺れさせられ、一掃された。世界戦争の中にまで広く、「黄禍伝説」は有害な種を運び、それによって日本は運命的にも政治的にも全ての西側の民族より極めて近い親類である国民の側に立って戦うことを妨げられた。新しい時代はそういう不幸な記憶を拭い去るために出来る限りのことをする。もし日本がこれをヨーロッパにおけるその最大の友人に感謝するとするなら、素晴らしいことだ。しかし良い記憶と誠実、そして感謝が大きな政治から消え去って以来、人はそのような民族相互間の積極的な、喜ばしい作用と反作用を勘定に入れなくなっている。

(1)　ベルツの子息トク・ベルツ編・菅沼竜太郎訳『ベルツの日記　上』(岩波文庫) 収録の「日本における反独感情とその誘因」と題する論文とほぼ同じだ。同文庫によると、この論文は、ドイツの新聞『ケルニッシュ・ツァイツング』に寄稿されたが、政治上の理由で掲載を拒否されたものの抜粋であるという。野原がこの論文を入手した経緯は不明だが、野原がベルツの周辺の人物と深い関係があった可能性を示すものと思われる。

(2)　討幕運動に参加し、維新後に藩閥政権内で力を伸ばし、プロイセン憲法にならった大日本帝国憲法(通称・明治憲法)制定の中心となる。四度組閣し、日清戦争などにあたった。一九〇五年、初代韓国統監。ハルビンで朝鮮の独立運動家安重根に暗殺された。元老、公爵。一八四一―一九〇九年。

(3)　一八九五年、日清戦争の講和条約(下関条約)締結後、ロシア、フランス、ドイツの三国が日本に干渉を加え、条約によって得た遼東半島を還付させた「三国干渉」のこと。日本は三国干渉によって日清戦争の成果の大部分を失い、台湾島と多額の償金を得ただけだった。日本国内には三国干渉を主唱したロシアに対する憤懣が高まり、また、日本のナショナリズムに点火し、大陸発展に加速度をつけた。

(4)　小松宮彰仁《こまつのみやあきひと》親王(一八四六―一九〇三年)のことと思われる。親王は国際親善に力を入れ、一八八六年にヨーロッパ各国を歴訪した。一九〇二年、イギリス国王エドワード七世の戴冠式に明治天皇の名代として臨席した。

(5)　一八三八―一九一三年。ドイツ帝国の官僚、外交官。

黄色あるいは有色の幽霊

東洋とドイツ帝国の関係は第一次世界大戦前に比べて戦後、目に見えて改善した。アジア人が簡潔に表現するところでは、それは「ドイツがアジアに領地や興味を持っていないから」だ。他方、協商国、つまり第一線にはイギリス、フランス、それにイタリアがいて、他方にはアジアがいて、双方の関係はかなり悪化した。その責任はとりわけ、東洋あるいは植民地が世界戦争に際して支え、あるいは軍事的に援助したことにある。それは植民地の宗主国から懇願され、強制され、約束を条件に買い取られたものだ。約束というのは、ドイツ軍がパリに迫り、Uボートがイギリスの島々の近くに姿を現した時、つまり協商国にとって緊急の時に持ちだしたもので、協商国家はしかし、一九一八年以降、自分たちの立場と存在が再び安全となった途端、直ぐに忘れ去った。有色人種の軍隊が協商側に立って戦線で一緒に戦う様は、ドイツ人の目には「有色の恥辱」と映った。協商側は、ドイツも有色人種の部隊を使える場所、つまりアフリカや後にアラビアで、そういう部隊を投入した、と示唆した。有色人種は当然、この闘争には興味がなく、せいぜい、次のように指摘できただけだ。それは彼らの立場から見れば、戦争は白人種によって、それに参加していない有色人種の地にもたらされ、そこで有色人種を動員して決着を付けられるもので、はっきり言って不正である、ということだ。

有色人種はしかし、素朴に首尾一貫性を求め、誠実さと信用に対する単純な考えを持っていて、西側の大きな父親のような国が第一次大戦中に行った約束を、平時においても守るよう求めた。インド人の兵隊が戦って倒れ、それによってフランドルはベルギー王と、その大きな隣人・イギリスによって維持された。ガンジーとネールが今日戦っている戦いは、基本的には、イギリスがインドに与えた約束がほとんど二十年後の今日、まだ果たされていないという事実に原因がある。エジプトのワフード党の蜂起は、イタリア・アビシニア紛争勃発に際して、イギリスに対し、ただ戦争中と戦争後の約束を思い出させるためだけに起こった。その約束はまだ果たされず、アビシニアで戦いが燃えている今、むしろより長期の約束に転換すべく模索されている。

安南（ベトナム）の歩兵、一般狙撃兵、アルジェリアのスパイ、それに中国人の労働大隊は、フランスがその首都を守るために戦い、そして死んだ。彼らの父なる国によって成された約束は今なお、守られていない。死者は最早、語らない。しかし、もし生きている者が黙っているとしたら、それは単に拳を固めて声を上げるチャンスを待っているだけだろう。

エジプト問題が最近浮上して、今まではるかに遠いトルコの背後にいる民族が決着をつけなければならないようなものに決して関心を寄せないような者（日本人のことか？）の心にも否応もなく浮かんでいる。エジプトは名目上、独立の王国で、イギリスとの関係で「降伏協定[1]」を通じて制限されている。これは昔、外国列強に対し、エジプトに住んでいる外国人の法律上、経済上、税制上に関して成されなければならなかった譲歩である。外国人とエジプト人の争いを調停する「混合裁判所」ではエジプト国王の名で判決を下すとはいえ、昔同様、決定的なのは外国人裁判官の影響と意見だ。その他の有色民族の中国、トルコ、ペルシャは「降伏協定」の鎖を払い除けた。エジプトはこれまでのところ、それに成功していない。というのは、イギリス内の有力な友人が、父親的な興味から降伏協定から解放されるようエジプトを助けるという決断ができないからだ。なぜならイギリスの影響と力の大きな部分はこの条約（協定）と結びついているからだ。十五年近く、エジプトはこの条約から解放されようと努力したが、駄目だった。それは幸いにも西側に強力なパトロンや友人がいなかった、苦境を共にする仲間（中国、トルコ、ペルシャなど）とは反対だった。いずれにしてももう何年も前から、エジプトは一九二三年憲法の再導入のために戦った。エジプトは、今や大英帝国はアビシニア紛争で再びエジプトの支持を取り付けようと努力しているから、全ての文明化された民族の特権である憲法を持つ時が来た、と信じた。エジプトはとりあえず、消極的な成果を得た。というのはイギリスの外務大臣、サー・サミュエル・ホアーレ(2)はこの要望に対し、一九三五年十一月十三日、ギルドホールにおける演説で外交的、かつ不明確にこう答えたからだ。

我々はエジプトが立憲制に復帰するのに反対していると主張するのは真実ではない。立憲制は特別な要請には対応しているだろう。しかしもし、助言を求められるなら、我々は一九二三年の憲法も一九三〇年のそれも再導入することには反対だ。なぜなら前者は役に立たず、後者は一般的に好まれていないからだ。

前者はエジプトが要求し、もう一つは皆が拒否した。なぜなら、それはイギリスの利益を代弁し、エジプト人のそれを代弁しなかったから。今や一九三五年の暮れにかけて、流血のデモとほとんどのエジプトの党派の統一戦線ができた後、国民憲法がナイルの国に労せずして転がり込んだ。それはまさにびっくりするようなクリスマスプレゼントだった[3]。イギリスは独自の国会を作る権利の再導入を認めた。エジプト人の中でなお個人的な復讐心に燃えている者も、ほとんど同時の大臣ホアーレの退任には満足した。ホアーレはアビシニア紛争解決のためのラバル・ホアーレ試案の中で古臭い帝国主義的精神に則《のっと》っていることを実証した。彼はまだ全ての民族をつかむ巨大な鐘を突いたものが何か知らなかった。

中東における「無視できる量」に数えられ、つまり西欧では一般に数に入らないエジプトが、部分的な成功によって証明したのは、アジア的民族がヨーロッパ内の紛争ではアジア的、アジア連帯的立場を「まったく情緒性を交えずに」勝ち取ることができる、ということだ。エジプトはこれにより日本にその道筋のある部分の手本を示した。その道は、日本が中国において、そして中国を越えてもう一方のアジア政策を決めたら直ちに進むべき道だ。

勿論、エジプトが自ら勝ち取った特権は、当然ながら最初のものにすぎなくて、エジプトはそれに関して高い階段の上の段にいとも簡単に登れるのだと主張する権利がある。事態の今日的状況は再三再四そういう階段を思わせる。例えばイギリスがイタリアとのもめごとを解決した後では。

オックスフォード大学教授で東洋学者のアーノルド・トインビー[4]は一九二七年にこう表現した。

イギリス政府の一方的な方法で作られたものは、同じ方法で再び無効にすることができる。もしエジプト側からの真剣な挑戦が問題になるか、事態の新たな進展が別の様相を呈するならば。

それでも国民を第一に考えるエジプト人は、その父親の様な友人の「植民地的なやましい心」を利用し尽くすことによって顕著な発展を狙った。イギリスはその際、そのような独立をした場合、エジプトが地中海で最も攻撃されやすい位置にあるという危険について指摘するのを止めなかった。

見てごらん、アビシニアはあれでも独立の国家だ、本当によく見てごらん……

だから事実上、エジプトは再び独立を勝ち得たにも拘わらず、少なくとも尚武の風があり、つまり今日も英国の植民地だったころと同様に軍事政治的だ。

植民帝国は植民地の家来に「白禍」[5]の亡霊を好んで仄めかす。「白禍」は反対側の隅から当然ながら常に脅威になっているからだ。彼はそうすることによって、植民地に関する「やましい心」を埋め合わせようとする。黄禍の亡霊が今日、まだ東洋に植民地や保護領を持っている国民の「やましい心」から精神の糧のある部分を得ているという疑いは明白である。良心、あるいは神経システムが正常でない者は誰でも多くの亡霊を見るものだ。

ホアーレのエジプト問題演説や、アジア的概念では驚くべきアビシニア分割のホアーレ・ラバル計画で表れたように、危機的な時代におけるイギリス政府の堅固さは驚きだが、同政府は植民地問題に関しては危機的でない時でもいかに堅固だったか、再びまたいかに固くなるかということについて、人々はかなりはっきり認識した。固さというのは美徳で、特に政治においてそうで、それが倫理的、道徳的に欠点のない人から発せられるものであると人々が知っている場合に、まず間違いなく効果がある。西欧列強はこの関係で明らかに欠点がない、それは確かだ。東洋の啓蒙されてない民族が残念ながらそれを信じないだけだ。彼らの西側についての知識は皮相で単に新しい資料だけだからだ。

それを知ろうとするのは奴隷商人で、彼らの後ろに少なからず怪しげな営業方針の商人、そして好意的だけれども武装の不十分な大金持ち、ついには破局的な成功裏に世界戦争時の新聞や扇動家が続く。私はアジア人として、この最後の点について、多くの中からただ一人の白人の証人を挙げるのは正しいと考える。「ベルリーナー・ターゲブラット」の主筆ポール・シュッファーは、ヨーロッパ版の論説委員で、その意見は極東でも尊重されているが、彼は一九三五年八月十八日付けの同紙上にこう書いた。

戦争になると全てが変わった。それは驚くほど変わった。新聞と世論と政府の意思はどの国でも合流して同じ推進力となった。人々の熱狂に対しては冷却作用がほしいところなのだが。今や新聞が全ての国で強調する方向で作用するだけに尚更だ。新聞はこの強調性の強度と、テーマの絶対性と、このテーマに対する反証の評価において世論と袂を分かち、テーマは常に早急な勝利だ。新聞は公衆の心を強く自身に引き付ける。これがその目的だ。批評は消える。これは味方に関してその通りで、更にはるかに多く敵に対しても当てはまる。そこでわずかの違いを残して皆意見が一致する。新聞は両陣営共に相手についてほとんど同じように書く。読者の階層と教育程度に応じて。しかしその方向と注意を払うことにおいて同じだ。そして中立性、つまり第三者的立場を目指すことに大差はない、そして第三者性は両側から強力に急《せ》き立てられる。そこではただ、集中性だけが問題だ。ノースクリフ[6]は個人的にアメリカに行って、そこで世論を動かそうとした。そこには既にドイツ人がいて、宣伝を駆使し、とうとう戦争になった。これはみんな単純な方法で起こった（両陣営ともに）。相手を釘で固定する最良の方法を見つけた者が有利になる。真実はその際、大した役目を果たさない。全てにおいていつもとても単純だ。この種の最も原始的な宣伝は平時には慣性の法則に従って効果を及ぼし続ける。連合国はこの方面のプロがいて、彼は止めようとしなかった。我々にもまたそのプロがいた。勝利しようと考えて全力を発揮した、内なる針をゆっくりと奪われ、大騒ぎは治まった。大洪水の中から、ヨーロッパが浮上したが、それ自身は、汚れていた。

アジア人はよく分かっていて、善意だったので、戦時と戦後に一方のヨーロッパ民族が他のヨーロッパ民族について言ったことが、今日、そう言った彼ら自身真に受けておらず、またそれは、事実にも合わない、ということを、蒙昧な自国民に説得するのは簡単ではないことはよく認識している。

しかし残念ながらアジア人は記憶力が良い。それは本当に重要な精神的な力だ。そして一度打撃を受けた信頼は、それが当初とても深く、無条件だっただけに、より一層傷つけられた。「戦争・精神異常の清算」は、それが西欧では成功したとしても、東洋ではすべてが成功したわけではなかった。

人々はこう判断した。「恐ろしい黄禍の亡霊は西側と東側に向けた二つの顔を持っている」。名指しされた三つの要素は、まず一つ目は、歴史と伝説によってしばしば曲解された三度に及ぶモンゴロイドの西側世界への襲撃、二つ目は皇帝ウィルヘルム二世の決然とした態度表明で、一九〇〇年から一九一四年にかけて全世界（恐らくドイツは例外）が精神錯乱のようにしてそれに熱中し、その言葉を神託のように聞いたものだ。最後は、植民地勢力のいわゆる「やましい心」だ。この三要素から黄禍の亡霊は生じる。それはヨーロッパがもう一度、しかも今度は幸運に恵まれないから最終的に黄色あるいは有色の民族の侵略の波をかぶるという恐怖だ。黄禍の作用は西側の観念では、有色人種の高揚であり、それまで抑制していた有色人種の復讐戦争である。その出口ははっきりしないが、成り行き次第では前代未聞の身の毛のよだつ恐怖と血なまぐさいものになるだろうと予測された。

こういう観念はごく最近、まだ中世の段階にある有色人種のアビシニアが近代的な白人の列強に対して起こした予想もしなかった賢明で広範囲かつ勇敢な蜂起の中に再度、その栄養源を見出した。ここに機械化され、高速化され、専門化されたイタリアの軍隊がいて、一方にほとんど組織されず、狩り集められただけのエチオピア皇帝の戦士がいて、イタリア軍が何カ月もかかって成功したのは、戦いもなく一つ半の砂漠を占領し、六個の村と地方都市を焼き払い、一人の反逆者を地方の首長に推戴しただけだった。もしアビシニアがそれに成功したら、最初はどうなっただろう。人は敢えてその考えを最後まで突き詰めようとしない。

そしてこの視点から見ると、このような戦争には、南米やアフリカ、ポルトガルの植民地の白人種の一部も間違いなく有色人種の側に立って闘うであろうが、そういう戦争は実際、単にあり得るだけでなく、ある程度成功する見込みがある。しかし、その際、忘れてならないことは、黄禍は極めて危険で、大動員となり、さらに多くの犠牲が生じる攻撃戦争になるに違いなく、決してエチオピアのような防衛戦争にはならないだろうと、いうことだ。

（1） 原語は *kaputulation* で、外国居留民や旅行者に治外法権その他の特権を与える協定で、特にヨーロッパの国とオスマントルコ帝国との同様趣旨の条約を意味する。十六世紀以来トルコの属領だったエジプトは第一次大戦とともにイギリスの統治下に置かれたが、戦後、独立を求める声が盛り上がり、一九二二年、イギリスは名目上の独立を与えた。しかし、都市および重要な地区にはイギリス軍が駐留し、経済の実権もほぼ完全に掌握した。その不平等な法的関係が「降伏協定」状態と見られる。このため再び反英運動が高揚した。エジプトの完全独立は第二次大戦後、ナセルによるエジプト革命による共和国宣言、さらに最後まで実質的なイギリスの管理下にあったスエズ運河の国有化まで持ち越された。

（2）英国の政治家。一八八〇―一九五九年。ボールドウィン内閣の外務大臣。エチオピアにおけるイタリアの行動を非難しつつ、当時のフランスの外務大臣ピエール・ラバルとの交渉で妥協を模索した。その後、チェンバレン内閣の内相として、ミュンヘン条約交渉を支えた。

（3）一九三六年にイギリス軍の駐留をスエズ運河地帯にのみに限ったイギリス＝エジプト条約が調印された。

（4）イギリスの歴史家。独自の史観で世界の諸文明の興亡の一般法則を体系づけた。主著『歴史の研究』。一八八九―一九七五年。

（5）白色人種が世界に跋扈《ばっこ》して、有色人種に加えられるというわざわい。白人禍。「解説」の「『黄禍』とは」参照。

（6）イギリスの新聞王。潰れかけた新聞を買収し、イブニングニュースやデーリーメールなどポピュラーな新聞に育て上げた。

第二章

日本と中国

我々は我々の地理的位置に基づき中国に特別の関心を持っている。また、いかなる勢力もそれを理解し、我々に口出ししないことは確かだ。もし別の考え方をする勢力があるとしても、それは我々に影響を与えないだろう。

（田中《たなか》義一《ぎいち》首相(1)）

天羽氏が情報を与える

政府の建物というよりはむしろすっかり老朽化した中世風で混合的な城を思わせる古風な日本の外務省は、今日の状況では実際は陸軍省と大本営の分局だが、その中に、外務省広報室のリーダー天羽《あもう》（英二《えいじ》）氏[2]の席がある。彼はヨーロッパの新聞には外務省のスポークスマンとされているが、その名称は誤解を招くものだ。

彼は良き時代の知性に富んだ紳士で、日本にとって重要な三つの国、米国とロシア、中国の参事官を務めたため、多くの言語をそこそこにしゃべることができた。毎日午前中、彼は日本人記者に応対する。記者たちは気軽に彼の周辺に出入りし、あたかもそれは自宅のようだ。月、水、金の午前十一時十五分から同三十分まで、今度は外国の新聞特派員に応対する。彼は記者たちと朝刊を綿密に調べ、その際、記者たちは質問ができる。その質問ははぐらかされることなく答えられることになっている。

目前の北シナ五省の独立宣言の噂[3]が流れた時、外国人記者は外務省と天羽氏のもとに殺到した。

「五省は中国本土から切り離され、日本の保護下で独立すると決まったのか？」

天羽氏はこう答えた。「私はまだ朝刊を読んでいない。だから何もコメントできない」。これが天羽流の答え方だった。

日本帝国が発展する前のように、外交官がロンドンやパリ、モスクワの外務省の次の間に控え、表明したり、宣言したり、説明したり、謝ったりと、卑屈に振舞っていた時代は去った。今日では、軍が完全に既成事実を作ってしまって、天羽氏が外国の代表（外国紙記者）に皮肉な情報を与えるまでになった。

北部五省については、彼は真実でないことを言ってしまう気遣いはなかった。

今日の日本の状況はまったく、外務省は陸軍省が五省でやっていることを何も知らず、陸軍省は、関東軍[4]と、そのよく知られた代表者・土肥原賢二《どいはらけんじ》少将[5]の意図を何も知らないという有様だ。

いずれにしても、日本は最早、ヨーロッパの強国とその世論に対し、世紀の転換時と第一次大戦に至るまでのようには重きを置かないという事実から明らかになる重点の移動は、黄禍の亡霊が現実性を持った、と信じる人々に真実性を与えるように見える。

（1） 軍人・政治家。一九二五年、政友会総裁。二七年組閣。対中国強硬外交を推進、山東出兵を行う。張作霖爆殺事件の処分問題で総辞職。一八六四―一九二九年。

（2） 列強に対し日中の特殊な関係を主張した外務官僚。後に内閣情報局総裁。『天羽英二日記・資料集』は第一級史料。日独防共協定について同日記の昭和十一年十月二十九日付けで「日独協定、伊独方面よりの放送により、ぼつぼつ世界に感付かる」（第3巻）とあり、秘密裏に進行していた協定締結の動きに触れている。水面下で動いたハックらの名前は日記にはない。

（3） 華北分離工作＝満州事変後、中国北部の五省（河北、山東、山西、チャハル、綏遠＝今日の行政区分では北京・天津両市、河北・山西両省と内モンゴル自治区）を国民政府から切り離して、日本の支配下におくために行われた工作。一九三五年、関東軍などが推進し、日中戦争の原因となった。

（4）日本が中華民国から租借した関東州（遼東半島）の守備と、南満洲鉄道付属地の警備を目的とした関東都督府（日露戦争後設置）の陸軍部が前身。司令部は当初旅順、満洲事変後は満洲国の首都新京（現長春）に移動。日本の満州支配の中核的役割をになった。

（5）関東軍による満州国建国や華北分離工作などを推進した。東京裁判で死刑判決。

鉄の輪の最も弱い点

注目すべき類似した事件がある。イタリアが柔らかく波打つ文明の揺り籠・地中海を巡る輪を、その最も弱いアビシニアの部分で突破しようと捨て鉢の試みをしている丁度同じ時、日本は北部中国において、力強い「決着の海」太平洋を巡る輪の最も弱い部分を突破しようと企てていた。この六千九百万の国民はほんの五十年前、欧米列強との競争を決心した時はほぼ半分の国民しかいなかったが、韓国と台湾と遼東半島南部の関東租借地を領有することによって、独自の政府のもとで悲劇的に軽んじられていた更に二千五百万人を養う義務を背負った。全体で九千四百万人となったこの日本は、北部中国以外のどこに向かったらいいというのか。問題は一般に考えられているように、余剰人員の入植地を得ることではなく、また、日本列島がたった十％の耕作地しかないという岩山の多い惨憺たる地理的条件を除去するため、米と大豆と大根という日本人の三大栄養源を植えられる新しい土地を求めることでもない。日本人は中国人と違って国外へ移住しない。あるいは好んでは移住しない。しかも、その故郷よりも北の気候の厳しい国には移住しない。たくさん余地のある韓国、さらに満州はこの観点から基準を満たさない。そして予備兵または武装農民による強制、半強制の入植もほとんど成果がない。中国人は一旦、移民に出ると、例外なく金箔飾りの棺桶に入った死体としてしか故郷に帰らず、物質的には自身の身を横たえる二m×〇・五m四方の土地しか必要としないが、日本人はそれと反対に、海外に移住しても生きている間に故郷に帰り、外国で稼いだ金を世界中で一番美しく、快適な母国で何か小さな商売をするために投資し、増やそうとする。だから日本人は庭のため、小さな家のため、米、大豆、大根のための場所を必要とする。この隣り合った、恐らく親縁の、しかし全く異なる二つの民族の海外移住者の観点から、東太平洋地区（西太平洋地区の誤まりではないか。）の国民経済的、国民政治的情勢が生じる。海外で生活する日本人の数は極めて少ない。その数は、ほぼ同数の国民のドイツの海外移住者の二十五分の一だ。

南方の快適な気候の地が開放されない限り、その数が大幅に増える望みはまずない。更にあるアメリカの航海の専門家が戯れに算出したところによると、毎年海外に出る百万人の余剰人員を作るためには、日本の太平洋上の全商船隊でも足りない、もしそれがその人員の輸送だけにたずさわったとしても。

地中海で似たような状態にあるイタリアでは、全てははるかに単純だ。イタリア人は熱狂的に海外に移住し、世代を超えてその選んだ新しい故郷に留まる。イタリア人は、この点でも中国人と格別似ていて、たとえ足の裏に母国を一緒に持っていくとしても、時が経つと直ぐに、移住先の国のよい息子になる、つまりその国を新しい母国にする。その証拠が、イタリア人の北、及び南アメリカへの移住で、ここでは周知のように、世界中のどこの国でも例外なく同様に彼らの移住は自由だ。一方でより幸福でない日本人には移住は実質的に妨げられている。

日本人にとって大事なのは、原材料の採掘が制限されていない国を見つけることで、それは産業を興し、それで生活することを可能にするようなどんな自然資源でもいいから所有するためなのだ。なぜなら、日本人は自身とその生活をきっちりと産業国家の役割に合わせているのだ。

日本人は何がしかの原綿を輸入し、それを製品化して、原料代金と製品代金の差額で生活する。日本人は幾許かの鉄鉱石と石炭を輸入し、それらを加工して鋼や機械、工具・道具に加工し、それを売って生活する。日本自身の食糧生産は周知のように不足していて、年々高まる国土の工業化の結果、ますます不足勝ちになる。日本は利益のかなりの部分を、追加の食糧を買うためにまた外国に与える。それは原料の供給が全く無条件に確保されなければならないという意味だ。それは外交的、あるいは経済政策的状況に左右されてはならない。木綿については、イギリスと英領インドの木綿生産との戦いが日本に示したのは、それは本当に危ない形で宙ぶらりんだ、ということだ。イギリスが安い日本の木綿製品の自国への輸入を英領インドに続いて規制すると（三億五千万から四億のインド人が模様織り込みのイギリス製腰ショールの代わりに日本製を使い始めた）、それは論理的には日本にとっては原綿を英領インドから輸入するのを規制することに対応することになる。

イギリスはそう脅かし、部分的にこの措置を実行した。しかし何のためにそれをやるのだろう？日本の木綿産業を休業させるためか？　それは目的ではなかった、むしろそれどころか、木綿生産は従来通り続けられなければならなかった。そうすることによって日本は、イギリスとインドで失われた市場の代わりのものを獲得しなければならなかった。ヨーロッパの仲介者の助けで南米と東アフリカでそれを得た。

石炭と鉄鋼についても状況は似ていて、その輸入が満州の中国人軍閥の勝手気ままに振り回されるというのは耐えられないことだった。同じことは大豆についても言える。そのために満州出兵が行われ、[1]そのために満州帝国が作られた。満州帝国の正体はとんだ失望となったのだが。

日本の経済の専門家は軍人ほどには根本的な働きをしなかった。満州国の原料鉱の産出は過大に見積もられたらしい。（鉱物の）質が悪くて、掘り出す費用と引き合わないか、鉱物はそもそも「存在しなかった」可能性があることが明らかになった。とにもかくにも（日本は）大豆の輸入は確保した。日本人は大豆から全てのものを作る。ソース（醤油）、スープ（味噌汁）、そしてチーズ（豆腐）も油も飼料も肥料も燃料も、更に数の上で劣勢だが、勝率の高い日本軍が背後に身を隠す砂嚢《さのう》の詰め物まで全て大豆から作られた。大豆がなかったら日本帝国は築かれなかった。

いずれにしてももう一回飛躍して、中国の南の省で幸運を探す価値はある。太平洋は堅固な列強とその従属国に取り巻かれ、ぐるっと大きな独立国に囲まれているが、有色人種がそこに移住することはほとんど遮られており、あるいは日本に原材料は喜んで売るが、製品はあまりに安いので厳として受け入れを拒むような国に囲まれている。中国内だけでも事態は日本にとって不安定で、加えて西欧の帝国主義の行動の中に、どんな対策でも恥じる必要がない十分な先例がある。その結果、最良の仲間といる、というわけだ。日本の政策の目的または要求は厳しく、最近は多分、過度に厳しく軍部によって代弁されているが、それは十分はっきりしていて、本来、新聞のどの二番手、三番手の短信にも明確に表現されている。原料と需要と支払いだ。存在する原料を最大限利用し、日本製品のボイコットを弾圧し、中国人商人に、購入した商品を売って支払うことを可能にするような静かで安全な状態が作りだされることが特に中国の場合、重要だ。

日本が所有し、平和に保つべく強いられる国を必要とするのは、政治的に必要だからでもなければましてや軍事的に必要だからでもない。満州を堡塁《ほうるい》などの斜堤《しゃてい》と言うとすれば何という馬鹿げたことだろう、うらやましい島国で安らう日本が満州に作り上げた斜堤は、選りによって、日本のそういう行為を怒りに満ち、かつ政治的に強く反対する列強に取り囲まれているそんな国に作ったのである。日本がそれを必要とするのはむしろ経済的理由によるのである。だから日本はこの国が裕福になるように心を配ることに現実的な利益があるのだ。満州国はそういう点からだけ見るべきだし、特に最近数年間の出来事はその必要性を示している。健康で平和な客だけが物を買うことができるのだ。

日本の大陸における行動に対する西側諸国の驚きと恐れは根本的な部分で、西側と東側の植民地主義の違いに基づいていると推測することは多分、無駄ではない。今日、人は「新植民地主義(2)」を口にする。例えばイギリスはまず最初に使節を送り、同時に精神的先駆者、信仰者、文化の代理人、商人を送り、最後にこれらの人々とその利益を守るため軍隊を送る。もし幸いにも、ナンバーワンの使節が襲われたらナンバーツーを飛び越して直ちにナンバースリーの使者、すなわち立派な英国とスコットランドの歩兵大隊を投入できる。

日本のやり方は違う。日本は最初に軍隊、次に商人、最後に教師や役人、技術者、つまり文明の代理人を送る。信仰者は自国内に留める。日本人のやり方は分かりにくいのだろうか。それはあまりに分かり易くて時代遅れなのだ。日本の政策ほどはっきりしているものがあるだろうか。あまりにはっきりしているので、野蛮だとされるのだ。それでは外国の記者はどのような目的で東京の外務省広報室のドアを開け、皮肉たっぷりの答えしかしない天羽氏に質問をぶつけるのだろうか。どのような目的で彼らは、日本が河北省や山東省、それに三つ、四つの地方を占領し、独立させるかどうか質問するのだろうか。日本が立つも倒れるも原材料の輸入と商品の売れ行き次第なのだ。日本は明らかに五省を占領し、もし可能ならばついでに南京政府から分離させるだろう。山西は同じような名前の陝西省の隣で、どう見ても中国で最も原料が豊富だ。特に石炭と鉄が豊かだ。両省は将来、極東のルールになるだろう。それらはチャハル[3]、綏遠[4]の線上にはないけれどそれは構わない。日本はそれらを占領するかしようとするだろう。その冒険は満州の例と同様に期待外れになるかもしれない。そうしたら日本は新たな跳躍のために助走するだろう。その際、一つ、あるいはもう一つが除外されるかどうか、あるいは寧夏が除外されないかどうかとヨーロッパの新聞で議論された質問は無駄になる。それは除外されないと信じるだけの理由がある。

しかし日本が近い将来、甘粛や新疆《しんきょう》、あるいはドイツの六倍の領土と推定三—五百万人が住む、いわゆる境界のない、可能性のある大地、中国・トルキスタンを占領し、かつ必要なら中国の他の部分から分離しなければならないだろうということは度外視していい。これを理解するにはアジアの地図を少し見るだけで十分だ。これを理解しようとしないためには、地政学[5]の全ての知識を捨てなければならない。

一つの政策は一つの線を持つか、さもなければ何の線も持たない。後者の場合、それは決して政策などというものではなく、当惑の流出したものだ。そして日本の政策から言えることは、それは困った状況下における政策ではない、ということだ。満州と内モンゴル、そして五つ、あるいは六つの北部中国の省における行動はまったく組織的に二つの目的を追ったものだ。それは政治的目的と経済的目的で、政治的には、新疆同様外モンゴルにおけるソ連の増大する影響に対し向けられている。

（1）満州事変＝一九三一年九月、奉天（今の瀋陽）北方の柳条湖の鉄道爆破事件をきっかけとする日本の中国東北侵略戦争。十五年戦争の第一段階。日本は翌三二年、中国の東北の遼寧・吉林・黒竜江の三省と東部内蒙古（熱河省）に傀儡《かいらい》国家・満州国を樹立。華北分離工作を経て、日中戦争に発展した。満州国では、もと清の廃帝・溥儀《ふぎ》を執政とし、溥儀はのち皇帝に即位した。満州国は一九四五年、日本の敗戦に伴い消滅。中国では偽満州国と言われた。

(2) 「第二次大戦後、植民地体制を脱却した新興諸国を、再び諸大国が政治・経済的に支配・従属させようとする外交上の方策」(『広辞苑』)。西側の植民地大国が、新興諸国の民族的高揚に直面して、旧来の露骨な植民地主義を表向き改め、実質的には引き続き支配・従属の関係を維持するために、いわば「洗練された」植民地主義に進化した。野原がここで槍玉に挙げている「日本の植民地主義」が「旧い」植民地主義の一典型。新しい植民地主義では、支配・収奪のメカニズムは見えにくくなっているが、植民地主義の本質は変わらない。

(3) もと中国の一省。一九五二年、内モンゴル自治区と河北・山西両省とに編入され、省を廃止。

(4) もと中国北部の一省。一九五四年、内モンゴル自治区に併合。

(5) 政治現象と地理的条件との関係を研究する学問で、特に後者が前者を決定付けると考える。主に第一次大戦後のドイツで発展し、ナチスによって支持された。

アジア人にとってソビエト・ロシアは西側だ

ヨーロッパ人はソビエト・ロシアの中にモスクワ・アジア人の国を見ており、その目的としては基本的に形のない、際限のないアジア的精神の志向を見ることに慣れているので、アジア人の目にはロシアが全く違う、帝国主義的ヨーロッパ国家として見えているということに奇異の感を抱く。ロシアの志向は、我々アジア人には西洋の産業や機械化、(アメリカ流)技術至上主義的経済学説を自らのために支配して、東方へ、アジアへもたらす試みのように見える。アジアの民族、つまりウズベク、タジク、キルギス、その他を解放し、共産主義という新しい論理によれば、解放と同じ意味を持つ、これら民族の支配、それらの可能性と源泉をヨーロッパの近代的機械と方法で大ロシアのために利用し尽くすこと、モスクワを中心に持つその国民、ロシアは我々にとってそれ以外の何に見えるというのか。それはインドにおけるイギリスの奮闘、フランスのインドシナにおけるそれ、オランダのインドネシアにおけるそれとどこが違うだろうか。

外モンゴルへのうまくいった浸透、目下進行中の新疆への浸透、この浸透はロシアの思想と武器と交通手段と使節によって行われたが、これらは世紀転換時前後にツァー・ロシアによる満州、モンゴルへの浸透、日露戦争による日本の勝利によって一時的に終止符を打たれたそれとどう違うだろうか。我々日本人にとっては、ロシアはヨーロッパ列強の一つで、その政治的活動空間は論理的にはアジアであるべきではない。彼らを他の視点から見たら、物事は違った様相を呈する。その結果、日本の政治家、軍の意図はロシアに向けられる。彼らはいつもその際、確かに「共産主義の危険」を強調する。彼らはこれに対処することを望むが、しかしまた、彼らはこの共産主義の危険という命題によって、今日、世界中どこでも言い分を聞いてもらえるし、好意ある理解を見出せるという理由で行動するにすぎない、ということも知っている。彼らは「共産主義の危険」によって自身の民族に対して活動する、というのは事実ではない。というのは、島国帝国への共産主義の拡散、共産主義の火花の飛び火に対する恐れは人々にはないからだ。一体として組織的な、まとまりのある日本のような国民は、共産主義を恐れる必要はない。日本人にとってのお化けは常に「ロシアの大きな熊」で、それについて日本人は一九〇四年から五年当時、不十分に、かつそのある部分を破ったに過ぎないということと、その活気を取り戻した猛獣の前足が、既に幾分飽き飽きうんざりしているイギリスのライオンや、当たっているか当たっていないか分からないが、東京では真剣には受けとっていないフランスの虎よりも近いところにいるということをよく知っている。

フィンランドの森の明石大佐とレーニン

土肥原少将は、イギリスでは「極東のミズナギドリ」と云われ、ドイツでは「日本のローレンス」と云われ、秘密に満ち、それ故、非常に過大評価された士官でありスパイだったが、中国では半分国家的で半分私的な政策を行い、その政策は中国人の元帥、つまり軍閥そのもので、日本の政策では先輩がいなかったわけではない。ロシアの内務大臣プレーヴェとセルゲイ大公が一九〇四年七月、社会革命党のテロリストグループに殺された直後、エブノ・アセブというテロリストにして警察の密偵かつやくざで、新しい歴史で極めて興味深く、かつ極めて嫌悪を覚えさせる人物の一人がこう言った。

私はペテルブルグで言った、もしプレーヴェを殺すことができたら、たくさんの金が押し寄せる。そしてもしセルゲイも片付けたら、そうしたら初めて正義だ、と。そしてそうなった。

ボリス・ザビンコフ[1]はプレーヴェと大公襲撃の主犯で、アセブとのこの会話を後に書いた。満州ではロシアは日本と戦った。戦争は血の犠牲を要求した。アセブとザビンコフはジュネーブの「カフェ・ナショナル・アム・カイ・デュ・モンブラン」の上品な食堂に座ってワインを飲んだ。

ザビンコフは、金はどこから出るのか、と聞いた。アセブはフィンランドの活動的な抵抗組織の名をあげ、仲介者はフィンランド人のコニ・チリアクス[2]だと述べた。これは全く真実ではない。小さなほとんど資力のない革命政党が金の出所であるはずがない。それは仲介者にすぎないことは疑いの余地がない。ザビンコフが言い張るのでアセブは米国か日本が資金源と認めた。ザビンコフは更に突っ込んで、アセブもとうとう日本が資金源だと明かし、テロのために使ってほしい、と言った。ザビンコフはこう言い張った。「我々は敵の提供した金のためには働かない」。しかしアセブは苦労の末、ゆっくりと彼を説き伏せた。金はそのようにして受け取られ、ロシアのテロリストグループの活動資金になった。この事実はあまり知られていないけれども、真実性は保証付きで、多くの情報のソースに引用された。もっと知られていない事実がある。それはその二、三年前、明石大佐の友人を介して狭い範囲で語られたことで、それはつまり、レーニン[3]もその革命政党の活動のために日本から金を提供され、受け取ったという話だ。

一九〇四年八月、遼東の戦いの頃、丁度、アセブとザビンコフが話し合ったのと同じ頃だった。日本人はロシア軍の抵抗がこんなに激しく、遼陽の近くにそんな大軍が集中するとは計算していなかった。ヨーロッパ・ロシアと満州を結ぶ唯一の交通機関のシベリア鉄道は単線で、直ぐに満杯になって使えなくなってしまう、と日本側は計算していた。しかしロシア人の計算は違っていた。というのは、計画通りの軍の輸送を車両の返送で妨げないために、ロシア人は車両を送り返す代わりに焼いてしまったからだ。(4)

遼陽の戦いの帰趨《きすう》は全く分からなかった。明石大佐（後の将軍、台湾総督）はフィンランドにいて、ロシアでのストと騒擾《そうじょう》を画策していたロシア革命分子と連絡をつけ、場合によっては彼らに資金を与えるという任務を帯びていた。明石大佐の名前はザビンコフ周辺の社会革命主義者の報告には出てこない。しかしながら、彼がアセブとザビンコフ会談で話題になった資金提供者であることは寸分の疑いもない。レーニンとそのグループにはトロッキーもいて、当時、すでに社会革命主義者の本隊からは距離を置いていた。両グループの間には不信と敵対意識があった。レーニンは当時、フィンランドのロシア国境近くの二階建ての木造の家に住んでいて、一人の老婦人が家事を賄っていた。一人のフィンランド人の仲間が明石とレーニンの最初の出会いの仲立ちをした。明石は深い森の中のその家まで歩いて行って、応対に出たハウスキーパーの女性に名刺を渡して、レーニンに取り次ぎを頼んだ。レーニンは直ぐ、彼を迎え入れた。彼は頭を剃り、短い剛毛の顎鬚《あごひげ》を生やしていた。

「貴方の名前は知っている」とレーニンは言って立ち上がった。「どうぞ座ってください。さて、事は始まったのかな」。レーニンはそう言って大佐の顔を見た。大佐は「貴方の運動は進んでいますか」と聞いた。「うまくいっている」。レーニンは机から皺《しわ》になったたばこの箱を取って、大佐に吸わないかと勧めた。大佐は一本取って、レーニンにも自分のたばこを勧めた。レーニンは大佐のたばこを見て、「ありがとう。でもそれは私には高級過ぎる」。それから彼は「日本が我々の助けを得ようとしていることはよくわかる。私は貴方がフィンランド人同志を通じて言ってきた提案についてよく検討した。その結果、それを拒む理由は見つからなかった。しかし、私は、我々の党がどういう立場になるか分からない。それが大逆罪を意味するということを貴方は理解している。……」

「大逆罪？」。明石はレーニンのじっと見つめる視線を見返した。「しかしロシア帝国を倒すのはあなたたちの意図するところだろう」

「いやロシア帝国ではない、ツァーだ、ブルジョアジーだけだ」

「私はそれについて議論したくない」と、明石は先を続けた。「しかしもし貴方の革命の計画が我が国の援助で達成されたら、ロシア民族の利益になるのではないか？」

レーニンはうなずき、「いずれにしても党の他のメンバーと相談しなければならない、ところで貴方が接近した他の革命政党はどういう立場をとったのか？」

「既に動き始めている。私は既に武器と弾薬を注文した」

「それはうれしい」と、レーニンはほほ笑んだ。何分間かの沈黙があった。「貴方は片山を知っているか？」とレーニンが聴いた。（片山潜《かたやません》(5)は日本の共産主義者のリーダーで、母国を追われ、モスクワで生活した)。「はい、彼は我が国の社会主義者の一人で、貴方の国との戦争に反対して活動した」と明石は言った。

「彼はアムステルダムの第二インターナショナル会議に出席すると言われている。彼は昨日、プレハノフと会談した」

「それは理解し難い」

「明石さん、理解できないことはないんだよ。帝国主義者は戦うが、我々社会主義者はお互いに手を結ぶんだ」

明石はこの言葉は自分とその使命に向けられていると感じた。しかし彼は冷静にこう答えた。

「片山氏は彼自身の代表者だ、彼は自分以外の誰も代弁していない」。明石はほほ笑み、レーニンもほほ笑み返した。

「私は貴方の国のことについて多くは知らない」と、レーニンは認めた。「明石さん、我々の運動は正しい、ということを貴方は信じないのか?」

「貴方達は全く正しいと私は信じる。もし私がロシア人なら無条件に貴方の運動に参加する」

レーニンは声高く笑った。「私は残念ながら、こう言って、貴方にお返しできない——もし私が日本人なら、貴方のような士官になるだろう、と」

明石大佐はそれに対し何か言わなければならないと感じた。「それは人種と歴史の違いから来るのだ……」、それから彼は説明した。

「私は議論したいのではない」と、レーニンは大きな力強い手で遮った。その動作はかつてクレムリンの赤の広場に集まる民衆を半狂乱させた、その手だ。

しかし明石は続けた、「私は二、三年前、孫文（中国の自由主義運動の指導者）と話した時、彼は私に中国人の原則の意味を説明した。それは、人は自分自身の原則を踏み越えてはいけない。我々東洋人は社会的な行動において西洋人より倫理的だ。貴方の国の原則は不断の抑圧の連鎖のような歴史を持つ民族だけに芽生えるものだ、と私は信じる」

「私は議論したいのではない」。レーニンは繰り返した。

「どうか貴方の党に私の提案について決定するよう手配してください。私は貴方が希望するどんな金額でも用意する全権があります」

「いいだろう、明石大佐」。「貴方もお元気で」

「明石さん、密偵に注意してください」

明石大佐はマントの襟を立て、レーニンの家を囲むシラカバの林の中に急いで入った。一発の銃声がした。明石は木の陰に隠れ、自動拳銃を握った。更にもう一発。彼は木の陰から出て先を急いだ。突然彼は背後からレーニンの声を聞いた。

「大佐、気を付けて。流れ弾に注意して！」。「ありがとう」。彼らは並んで歩いた。

「貴方はガポン祭司を信じないか？」と、レーニンは警告した。ゲオルグ・ガポン祭司はこの年一九〇五年一月二十二日、ペテルブルグの労働者を率いて、ツァーへの請願書を届けようとした。しかし労働者は流血の中で暴力的に追い払われた（血の日曜日事件）。ガポンは後に警察と取り引きしたという罪に問われ、社会革命主義者の秘密法廷で死刑に処せられた。

「私は彼を利用するだけだ」と明石は答えた。「そして貴方もまた私を利用するだけだ、そうでしょう？」

「そうだ、貴方自身、また、私をただ利用したいだけだ。我々は共通の利益のために利用し合うだけだ」

「密偵に気を付けて、大佐」と、レーニンはもう一度警告して離れて行った。

一九〇四年十月九―十八日の沙河《しゃか》の戦い[6]の後、ロシアの満州における敗北はほとんど明白になった。巨額の戦費の支出がインフレーションを起こし、更に物価を急騰させた。一九〇五年一月、旅順が落ちた。ロシアは奉天、現・瀋陽に兵力を集中し、決戦の準備をした。日本は弾薬と兵員の欠乏に苦しみ、戦いの行方は微妙だった。明石大佐は、金と奮闘でロシアで決定的な蜂起を起こさせるか、暴動を起こさせるかのいずれにも成功していなかった。彼はその奮闘を倍加して常に革命勢力と連絡を密にした。そうしたらペテルブルグで最初のストライキが発生したという報告を受けた。二、三日うちに二十万人の労働者がストに参加した。明石に報告をもたらした共産主義者は喜んで涙を流した。

「貴方もうれしくないですか、明石大佐？」と、うれしくて気が動転しながら言った。「私が喜ぶべきかどうか分からない。一つの工場でストが起こった。それだけだ。貴方は私におめでとうを言うが、私は貴方におめでとうを言うことはできない」

「いや、明石さん、我々は我々の運動が公然となったのがうれしいのだ。我々は自分たちの力がやっと分かったのだ」

「貴方の成功に祝杯をあげよう」と、大佐は言った。彼はウォッカで祝杯をあげた。心中、明石はつぶやいた。「天皇陛下、万歳！」。一方、共産主義者は「革命万歳」。それは同じ瓶に入ったシュナップスというアルコール度三十度以上の強い酒だった。

ペテルブルグではストライキ参加者は大量に虐殺された。「もし日本軍が勝てば、我々は助かった」と、労働者は言った。ストの参加者は四十四万人に達した。コーカサスの連隊は召集に応ずるのを拒んだ。中央ロシアでの動員は民衆に妨げられた。女たちは出発しようとする兵員輸送を前にレールに寝た。フィンランドにいるロシアの官吏が殺された。ポーランドでも暴動が起こった。

ヨーロッパの世論はロシアを非難した。明石とその仕事を知っていた者は皆、彼を祝福した。彼はストックホルムを経由してパリ、ロンドン、更にジュネーブへと旅した。ジュネーブで社会革命主義者の第二回の大会議が行われる前の晩、明石は再びレーニンと会って、大金を渡した。

「レーニンさん、貴方は明日の会議で座長になるのではないですか？」

「いや、生粋のロシア人が座長に選ばれると思うよ」

「貴方の党の中で軍人派と社会主義者の間に闘争があるのですか？　貴方が言いたいのはそういうことか？」

「多分、戦いはある。しかしそれは貴方にも私にも関係ない。我々はただ重要なことにだけ関わればいいのだ」

「おっしゃる通りだ。貴方は物事を正しく把握し、成功した。我々は共通の敵に対して戦いたいのだ」

「明石さん、戦争は間もなく終わるのか？　貴方はそれを知っているに違いない」

「それを予測するのは不可能だ」

レーニンは考え深そうに明石の目を見て、こうつぶやいた。

「もし戦争がもう一年続けば、我々は勝つ」

明石はこうつぶやいた。「奉天の戦いが多分、決定的な戦いになる。おそらく日本が勝つ。しかしもし日本が負ければ貴方と私がロシアを内部から壊すだろう」

彼はレーニンの手を握った。レーニンも強く握り返した。そして一言も言わずに去った。

現在と同様当時も、日本の戦争、日本本来の強さは前線における戦争ではなく、前線の背後の戦争にある。「戦争なき戦争」「冷戦」の徹底的に組織された技術がそこから発達し、帝国に最終的に大きな成功と尚それを上回る尊敬をもたらした。しかし、その活動は今日、血の気の多い、余りに辛抱の足らない軍隊によって徹底的に壊されてしまった。それは常に政治に有利になるとは言えない。人々は活動的で知的で、洗練された土肥原少将（彼は満州と北部中国の事態の重大な部分に関わったとされている）の中に、活動的で知的な明石大佐の後継者を見ている。もし人が何か幻想を持っているならば、彼が一緒に事を行おうとする中国人をじっと見つめて、こう言ったとしよう。「もし私が中国人なら、北部諸省の独立と南京政府からの分離のために戦う」。これに対し中国人は、レーニンの場合と違って次のように抗弁する。「私は貴方にその言葉をそっくりお返しする。私が日本人なら私も貴方と同じことを言う」。

いずれにしても土肥原は今日、北部中国において、かつて明石がフィンランドで働いたほどには共産主義粉砕のために働いていない。目的は四億五千万から六億人のお客を作ることなのだ。競争相手はロシア。ロシアの中に人は帝国主義的な西側諸国の東洋における代表者を見るのだ。

（1）　ロシアの政治家、作家。一八七九―一九二五年。プレーヴェとセルゲイ大公襲撃計画の後、逮捕され死刑を宣告されたが、逃れて亡命した。一九一七年二月の革命の後ロシアに戻り、臨時内閣の戦争大臣補佐になった。その後、ポーランドに亡命、反ソビエト活動を行い、一九二四年、ソ連領に入って逮捕され、翌年、自殺あるいは殺された。著書に『青白い馬』『決して到着しなかった者』など。

（2）　司馬遼太郎『坂の上の雲　四』（文春文庫）に、明石が接触した相手の一人として「フィンランドの独立運動のシリヤクス」の名前がある。同シリーズ「六」所収の「大諜報」には明石の「同志シリヤクス」ほかの反露独立（革命）派の動静が詳しい。

（3） ロシアの共産主義指導者。一九一七年十月の革命を指揮し、ソビエト政権を樹立、人民委員会議の初代議長となった。一九一九年、コミンテルンを結成。一八七〇―一九二五年。

（4） 前掲『坂の上の雲　四』によると、ロシアの鉄道大臣のヒルコフ公爵が、シベリア鉄道を管理し、軍隊輸送と補給を引き受けていた。彼は単線のシベリア鉄道の輸送力を大きくするため、避行線を作ったり、バイカル湖迂回線を作ったりした。ヒルコフの奮闘で、ロシア軍は遼陽の会戦で負けながらも、次々と補給、増強され、「一戦ごとに強くなってきている」。ただし、貨車を返送せず、焼いた、という件はない。

（5） ロシア革命後共産主義者となり、ソ連に渡ってコミンテルン執行委員。モスクワに客死。一八五九―一九三三年。

（6） 前掲『坂の上の雲　四』に沙河会戦が詳しい。二〇一一年十二月十八日ＮＨＫ総合で放送の『坂の上の雲』で、雪中の同会戦のシーンが登場した。

危険な敵、危険でない敵

外交政策的情勢には二つある。米国が太平洋のアジア側でのゲームから任意に離れ、英国がほとんど全面的にヨーロッパ問題に掛り切りになっているから、この場合、それは三つとなる。それ故、功名心にはやる関東軍の計画と大本営と陸軍省のそれが百％機能するかどうか、日本の社会に軽い懸念が広がった。そういう情勢だから、危険な敵と危険でない敵があって、いずれにしても日本軍は、中国は危険でない敵と信じている。ライバルと敵はそれ自身の防衛の方向の中にあると信じている。だから軍部が火砲をその方向に発射したのは驚くには足らない。日本軍が一時的にモンゴルと新疆における共産主義の脅威を取り除くことに成功すれば、それは疑いもなくヨーロッパ列強のために大きな貢献をすることになる。列強にとって共産主義は最も恐るべき「現実」なのである。

経済的には軍の実力者の計画は次の事実によって決まる。すなわちチャハル、綏遠、寧夏、そして甘粛は中国領トルキスタンの最も富む新疆に真っすぐ通じる道の上にあり、新疆は正に独自の一区画に相応しい。

スベン・ヘディン(1)は南京政府の依頼で一九三三―三四年、このルートを探検し、この道が貨物自動車交通に使えるかどうか試し、成功した。探検の成果は前方に押し進んでいる日本人にとって役立ち、初めは日本人を通じて、問題の地区の中国民衆にも役立つだろう。この道は古代ギリシャ・ローマ時代にローマと中国を結んだシルクロードの続きの部分になるが、どうしても確保しなければならなかった。もしも新疆からの原料と、日本や目下、産業的生活に目覚めつつある中国の東方の国々の産業製品との交換が妨げられないようにするためには、この道の通行は今日、安全ではない。絶え間ない小戦争、追いはぎが発生し、それにこの地域ではこれよりも危険で泥棒のような官吏が規則的な通行を不可能にしている。

日本の軍部は、この道が通じる地方を今日の中国から分離する以外に安全な方法はない、と信じており、正にそのとおりである。だから遅かれ早かれ全面的な分離が実現するだろう、もし中国と進めている有意義な規則である協調に至らなかったならば。

新疆問題とともに経済的にはモンゴル問題も参入してくる。モンゴルは周知のように二つに分かれ、一つは中国から見て外（側の）モンゴル、ドイツ帝国の五倍の広がりのある帝国で、もう一つはそれよりはるかに小さい内モンゴルで、それには地政学的に見てチャハル、綏遠、熱河（現在の承徳）の一部も属している。小さい方のモンゴルは文明化され、人口密度も高い。ここには定住地も村も畑も、遊牧民の居住地もあり、何よりも人間がいる。外モンゴルはわずかの部分を除いて、ステップ（草原）で、そこではただわずかな遊牧民がやっと露命をつないでいる。ウラン・バートル（ウルガともいう）では、ソビエト・ロシアと協働している上流階級が支配している。そして全土がロシアの影響下にある。しかし、外モンゴルの民族と、現在、日本と満州と中国の影響下にある内モンゴルの民族との関係は極めて活発だ。それは商売の関係であり、また家族の、一族の、部族の関係であり、それらは東アジアではより重要だ。

外モンゴルで牛の放牧で大を成した者は内モンゴルにある家に戻る。彼の貧しい親類は草原に留まるが、その理想はいつか内モンゴルに戻り、そこで裕福で快適な境遇の都会人として生涯を終えることだ。多くのモンゴル人は内モンゴルに家を持ち、彼の家畜の群れは外モンゴルにいる。何より多くの領主も同じだった。

日本の軍人は、今なお有効で素朴な方法としてこんな風に考えた。内モンゴルを自分たちの影響下に置き、早晩、全外モンゴルも彼らの観念上の独自の強力なアジアに包取しよう、と。

この考えは疑いなく正しい。そして軍政家が使おうと考えているテクニックは間違いなく平和的なので、それに異議を申し立てるのはソビエト・ロシアだけだ。

もしジュネーブから眺めなければこの政策は最高度に厄介な事象というわけではなく、ましてや我々アジア人にとってもそうだ。我々はこの事象に最近関わったばかりで、結局のところ駆け引きが下手だ。

巨大なやっとこの下半分か、触手のように、満州の省、つまり熱河、チャハル、綏遠、寧夏、甘粛、新疆が外モンゴルを包囲している。やっとこの残り半分、つまり満州とロシア領のトランスバイカル、イルクーツク、エニセイを越え、セミパラチンスク(2)で北からモンゴルを囲むが、日本軍がそれを考えているかどうかは今日の状況ではまだ不確かである。ソビエト・ロシアもまた、北の包囲を考慮に入れると信じている。一九三五年十二月、人民委員会の議長モロトフはモンゴルの首相グドゥンをモスクワに迎えた。交渉の中身については何も公表されなかった。しかしその軍事的性格はモンゴル共和国の戦争大臣の同席によって強調された。しかしこの迎え入れは北部中国の日本の進出に対するソビエト政府の初めての公的な対抗措置とみなすべきで、日本の進出はモスクワでは最初からチタの西側でのソ連に対する攻撃の準備とみなされ、この攻撃はソビエト・ロシアによれば、極東の赤軍をヨーロッパの基地から切り離す目的を持っている。

しかし地図をちらと見れば、この恐れは更なる十分な根拠がないとは言えない。むしろそれは、もし日本の軍部にロシアを政治的、軍事的に占領することが念頭に浮かぶか、またはチンギス・ハンのように西に向かって襲撃するという考えで行くとすれば、彼ら日本軍は綏遠、寧夏、甘粛を越えていく道を選ぶことほど愚かな前進はないだろう。なぜならここで彼らは二つの巨大勢力とその利益の狭間に入りこんでしまうからだ。つまり北方ではソビエト・ロシアとそれに従順なモンゴル、南方では英領インドとこれまでそれに従順だったチベットだ。他方、兵站路《へいたんろ》は、たとえそう攻撃能力がないとはいえ、敵意に満ちた中国によって脅かされるかもしれない。仮に軍人の中に偉大な夢想家がいたとしても（日本の軍事的お手本・プロシャほどよくそれを知る者はない）、素面で現実的気質の土肥原中将とその関東軍でも、黄色い顔の偉大な征服者チンギス・ハンが生じさせたような思い出や望みを育んだということは除外して考えてもよいように思われる（チンギス・ハンは一説によると日本人の中佐でもあるのだが）。それとも大地は、アジア大陸の北の気候は人々に権力を熱望させ、暴力に酔わせる特性があるのだろうか。

（1）　スウェーデンの地理学者・探検家。東トルキスタン・チベットなどを踏査《とうさ》して、楼蘭遺跡を発見、中央アジア研究の発展に貢献した。インダス河の水源発見、トランスヒマラヤ山脈の発見などのほか、いわゆる彷徨《さまよ》える湖・ロプ・ノールの千五百年周期の移動説を提唱した。一八六五―一九五二年。

（2）　カザフスタン共和国の北東部。野原執筆時点よりかなり後世になるが、旧ソ連時代の一九四九年から、核実験場として計四百回を超える核実験が行われた。

新疆《しんきょう》の白色ロシアと赤色ロシア

アジア大陸は大きなシャーレで、最も騒々しい民族や最も動揺する運命を不動の静かさで束ねるが、その中心はキルギス・ステップとジュンガレイ、(1)それに東トルキスタンにある。ここは、民族が消える海の最も広い道で、千年来、中国文明とイスラム文明の境界上に民族が消えずにぼんやり、追放されて占拠していた。その上悪いことに、この国々の広い地域ははるかな海抜下に横たわっていた。深みは熱を生み、人の体を這い上がり、そこで汚物の桿状菌を生む。

キルギス・ステップに雷雨が始まり、それはチムールとともに東洋世界の頂上に吹いて、ジュンガレイと東トルキスタンでは歴史の記憶が届く限り、民族同士が虐殺し合った。つまり中国とトルコ、儒教信徒とイスラム教徒、トゥンガン(2)とトルコ、白と赤の殺し合いだ。つまり、今世紀は、大虐殺に別の述語を与えた。虐殺された民族から見れば、変わること、それが全てだ。

この地域における新しい展開は、大きなアジアの歴史の中では一つの挿話に過ぎないものであろうとも、一般的な興味に貢献する。一方ではそれは、中国における事態に象徴的、かつ特徴的であるからで、他方ではそれが、中国がその全領土で唯一の主権のある、確固とした国家としての価値があるかどうかという問題をめぐる日中間の争いに一つの議論を差し挟むからである。

ヨーロッパでは、中国・トルキスタン、または新疆省と言うが、それは必ずしも正しいとはいえない。東トルキスタンとジュンガレイは先史時代以来、争いのある地域で、いわゆる血生臭い争いの舞台だった。中国の主権は大概名前だけ、辛うじて形式上に過ぎなかった。一七五九年に中国の乾隆帝（彼に全内陸アジアが従った）が最終的に新疆省を作った。一八六五年まで百年以上、この広い地域は間違いなく中国の省だった。この年、イスラム教徒の将帥ヤクブ・ベグ[3]が当時の首都カシュガルを征服して、その国を制圧した。彼の統治は野蛮さと収奪が特徴で、その統治の特徴はだから、イスラムの統治者の長所を相殺するものだ。今日なお、町の廃墟と荒廃した地区は彼の爪痕の証拠だ。一八七六年、中国皇帝は、甘粛と陝西両省の知事・左宗棠《さそうとう》[4]が失われた省の奪還計画を許可し、同じ年の四月、この知事は皇帝軍を率いて哈密《ハミ》[5]とクッチェンツェを攻撃して瑪納斯《マナス》と今日の首都ウルムチ（天山山脈の中部北麓の要衝）を占領した。ヤクブ・ベグはタリム盆地の縁にある庫爾勒《コルラ》に逃げた。彼はトゥルファンが中国人に取られたという知らせを受けた後、自殺し、十二年間の血にまみれた独裁の後、血にまみれて死んだ。勝利した左は北京政府に、イギリスはロシアがインドに侵入するのではないかと恐れ、それ故新疆における緩衝国の創設に関心があったので、ベグの努力を援助したのは疑いない、と報告した。彼が国々の征服と占領を完全に終えた後出した二つ目の報告の中でこう書いた。

> 新疆の強固な防御拠点はモンゴルのための安全を意味し、また、北京の守りになる。もしイギリスがインドをロシアから守るため緩衝国を必要とするなら、インドの一部を分離して緩衝国にするのがいい。カシュガル（全国との関係ではかつての首都として）は漢王朝（西暦二二

一年まで）の時、既に中国領だった。現在、イギリスは北京に外交使節を送っている。最近、彼らは私のところへ来た。私はイギリスとの付き合い方なら知っている。

これまでの全てのアジア人によるアジア政策の指針になるものとして安心して眺めることのできる言葉だ。我々アジア人はそれらをその完全な意味において自分のものとすることに躊躇しない。日本軍は望みどおりに同意するだろう。

新疆は左が言ったように、モンゴルと北京のための守りを意味し、更にその上に満州と大陸における日本の利益と、更にモンゴル地区への経済的、政治的伸長のためにもなるという意味での同意だ。新疆はこうして再び中国領となった。左は注目に値する曲芸をやってのけ、三百万平方キロの地域を一年半で占領した。その際彼は千五百キロに及ぶ草原の道を拠り所とした。一九一二年、中国で共和国の成立が宣言された時、政府は急いで非凡の才能のある政治家・楊増新《ようぞうしん》[6]を新疆の知事として派遣した。彼は精力的に多くの暴動を抑え、中国人とイスラム教徒のトルコ人との間を仲介した。彼自身はただ一万人の軍隊しか自由にできなかったのに、ロシア革命の結果、一九一八年に新疆に侵入した三万から四万のロシア兵を片付けた。一九二八年六月七日、彼は暗殺に倒れ、以来無政府状態が続いた。楊の後継者・金樹仁《きんじゅじん》[7]はあからさまな縁故贔屓《ひいき》と貪欲に徴税したため新たな暴動を引き起こした。特にひどく抑圧されていたイスラム教徒は武装して中国系市民を虐殺して、中国系はこれに対してイスラム教徒に報復して虐殺した。金は中国から離れようと考えて賭けに出た。

繋がりが次第に緩められ、交通は遮られ、ソビエト・ロシアが経済的、政治的に浸透し始めた。その結果、無制限に紙幣が発行されて、インフレが起こった。ハミの市内にはトルコの王族の子孫が生きていたが、数百年来、いないに等しかった。金はしかし、彼を正式に退位させて、無用の苦痛を与えた。この行為が怒りを爆発させた。この省の全部のイスラム系住民が一九三一年、知事とその軍に対して蜂起して、人々はこの事件を西側の新聞の「中央シナのイスラム戦争」という記事で読んだ。金の軍隊は反乱軍との戦いで、このぜいたくに慣れていない地区においてすら前代未聞の残虐さを示した。捕虜や婦女子は殺され、トルコ系住民の多い地区は廃墟となった。反乱の指導者、つまりハミの退位させられた王の関係者とイスラム系住民のリーダーたちは苦境に陥り、絶望して基本的に正しい方向に近いことを行った。彼らは若い将軍・馬仲英《ばちゆうえい》(8)に助けを求めた。彼は中国人だったが、イスラム教徒で、隣の甘粛省でイスラム教徒のトゥンガンの将帥として居住していた。彼は中国の傭兵隊長のタイプだった。

　馬は十七歳の時から戦争と略奪を繰り返し、その上、蔣介石と中央政府に仕え、蔣介石によって約半年、士官学校に送られ、それ故、彼はそれ以来、独裁的に師団将軍を自称し、将軍、盗賊仲間の間では、残虐さと考慮のなさによって注目される、というよりはむしろ、滅多にないことではあるが、個人的な勇敢さと心地よい発言をしたことによって注目された。彼はチンギス・ハンか、ナポレオンの後継者となることを夢見て、ソビエト・ロシアの助けで世界の覇者になろうとしていた。彼が新疆省に向いた甘粛省の西側を中国から独立させようとした時、南京政府は彼を討伐するため軍を派遣した。彼は若い頃のようにこっぴどく負けて、新疆で同じようにやられたトルコ人の助けの要請によろこんで応じ、そうすることによって安全に境界を越えようとした。たった五百人の兵で彼は一九三一年の夏（その年の大変な暑さを、中央アジアの人々はその後十年間も語り伝えた）、十分な糧食もなく、水のない砂漠を三百五十キロも横断して、退位させられたトルコ族の王が住む哈密《ハミ》に現れた。敵は大軍を展開して地を覆い、その中には近くの都市バルクルの全守備隊がいて、それらは二千丁の銃と多量の弾薬で彼に当たった。しかし専制者・金の将軍たちは馬を打ち負かすことに成功し、それで彼は甘粛に撤兵して止むなく新兵を集めた。この将軍たちの中では盛世才《せいせいさい》が[9]抜きん出ていて、彼は間もなく反乱を起こしたトルコ族との戦い（トゥンガンの連合者が逃げたにも拘わらず続いた）を指揮した。一九三三年になるまで戦いは成功したこともあるが、いつもと変わらぬ残虐さも加わった。捕虜は最早、殺されなかった。彼らは選び出され常に新しい方法で拷問された。一九三三年、全土を金縛りにする凍てつく寒さの頃、トルコ族は省の首都で、専制者・金が住むウルムチの近くの抜け道に兵を集めた。彼らは中国人を皆殺しにして、町になだれ込んだ。金は守備兵を城壁に囲まれた中国人地区に集めた。彼は逃げ場所を提供した町を防衛しようとし、共産主義の大波から逃れた数百人の軍事的に組織されたロシア人が仲間に加わった。彼らはどこから手に入れたのか、大砲を持っていて、その訓練された振る舞いと勇敢さで（彼はそれで、彼らにまったく関係ない一つのことのために尽力した）何カ月にも及ぶ残忍な戦いの末、町と金の立場を守った。報酬は忘恩《ぼうおん》だった。トルコ人を計画的に追撃して、成功を勝利に結び付けようとする移住者の試みは知事に台無しにされた。知事は彼らに、昔のよい専制者の方法で成功を与えず、白ロシアの兵隊に最初は馬を与えず、馬には鞍を与えなかった。そのために彼はソビエト・ロシアと協定を結び、後者は彼に武器と助力を約束した。金に対する不満は日に日に高まった。金の嫌がらせで追いやられていたロシアの移民軍は彼の宮殿を包囲した。彼の兄が危機的な食糧不足に際して商人の全ての穀物を押収し、飢えた人々に暴利の価格で売らせようとした時、ウルムチの民衆も彼らとともに立ち上がった。金は普通の兵に変装して逃げ出さざるを得なかった。彼はトルコ人と遭遇したが、切り抜け、南京政府に「新疆は永久に失われた」と電報を打って、南京を放浪し、とうとう政府は彼を捕え、外国勢力と交渉した罪で禁固四年の判決を下した。

　ウルムチの彼の取り巻きは虐殺され、将軍・盛世才は一九三三年四月十四日、省の新しい軍事知事に任命された。盛が引き継いだのは期待されない、危険な遺産だった。彼は専制者・金がソビエト・ロシアと結んだ秘密協定の束を発見し、その中には武器供与協定や貿易協定があって、それは全省の通商を無条件にロシアの手に引き渡すというものだった！　そうこうするうちに馬は新しい兵を集め、五月、新たに新疆に行軍した。彼は省の北東部を占領し、そこから首都に向かって攻撃に出た。新しい知事・盛の部隊と味方の白ロシア兵（馬と逆方向に行軍した）は打ち破られ、ウルムチで撃退された。事態は「政府」にとってまずいように見えた。しかし今や、盛が得た危険な遺産には良い面もあることが分かった。ソビエト・ロシアは行動を起こし、専制者・金に与えた援助と弾薬供給の約束を果たした。周知のように、日本による満州占領に際して、中国人の将軍・馬占《ません》山《ざん》(10)（彼も馬という名前だった）は完全武装の多数の軍隊と共にソビエト・ロシアの地区に逃げた。馬将軍はベルリンに行き、そこで、「急いで故郷に帰って、新たに兵を動かす」と表明し、前から横から写真を撮られた。少女はこの卓越した「死をも恐れぬ東洋の英雄の顔」にすぐ惚れ込んだが、彼は二、三週間後、ドイツの上品な温泉保養地にいた。彼は療養に来ていたのだ。彼の軍は武装解除され、よりにもよって新疆に面したウルムチから遠くない中国領に押しやられた。武装もなく。しかし同時にアジア的概念ではそこそこの七千人の軍隊と共にロシアのトラックのキャラバンがその境界を横切った。それは勇敢な若い共産主義者が運転し、小銃や機関銃、大砲、爆弾や弾薬を積み、同じルートを十二機の爆撃機が進み、思いがけず盛将軍は近代兵器で武装した七千の兵の増援を受けるという歓迎すべき事態となった。更にトラックのキャラバンは続いた。白ロシア兵は奇妙なことに赤色ロシアの機関銃で武装し、共産主義者の弾薬を備えていた。若いロシア人の自動車運転手と勇敢な精鋭軍団は新疆に留まって、価値の高い自動車集合地区に仕えていた。

トゥンガンの馬仲英将軍は、彼の手に落ちた多数を射殺させ、盛将軍はこの間に一万人に増えたトゥンガンの兵を倒すことに成功した。これは馬が呼んだトルコ人が、残虐さと無思慮に失望して彼から離れ、一部が敵方に走ったので、尚更、簡単に実現した。これは一九三四年の春に起こった。スベン・ヘディンはトゥンガン軍の動転の退却と、消耗、それに愛すべき馬将軍の逃亡とその壮大な失敗を体験し、それを立派に描写した。

馬は、これも異様なことだが、「もし死んでないならば」ソビエト・ロシアに住んでいるらしい。

これはイギリス人の主張で、そこでこの複雑で血まみれのお伽話は当然のこととして終わる。

一九三五年春、南京政府は一連の電報の中で新疆における彼らの代表、つまり前述の盛将軍と民政官のリ将軍（不詳）に対し、彼らが、彼らに任された地区を勝手にソビエト化した、と強い調子で非難した。南京の非難と新疆政府の抗弁、あるいは逆非難を見比べてみると興味深い。

……中略（南京政府と新疆政府の電報の対置は省略）……

一九三五年九月二十五日、新聞は伝えた。

新疆（中国領トルキスタン）で中国のソビエト共和国の設立が宣言された。新しいソビエト共和国（主都はウルムチ）はソビエト共和国連合、つまりソビエト・ロシアに参加するだろう。新しいソビエト共和国の大統領は中国人の将軍・盛世才で、彼は一九三四年春、省のある部分を占拠したトゥンガンを追い払い、中国の統治を再興した！　日本の政府関係者の中ではこのニュースは、特に外モンゴルの緊張した関係を考慮すれば重視されるだろう。東京で支配的な意見によれば、それは中国情勢を根本的に変え、日本に新たな決意を迫ることになる、なぜならそれによってソビエトは中国に足場を固め、更に中国に侵入する状態になったからだ。

新疆政府がソビエト・ロシアと結んだ借款は、漏れ出た情報によれば、二百万銀ドルにのぼり、中国の省の中心に乗り入れる有名なトルコ・シベリア鉄道に連結する二つの路線の建設に充てられるよう決められていた。トルコ・シベリア鉄道は千五百キロに及び、ノボシビルスク付近でシベリア鉄道から分岐して南に、つまりトルキスタンに向かい、その際、その延長の三分の二は中国とモンゴル国境のすぐそばを通る。ノボシビルスクはノボニクライエフスクと言って、十年前、七万五千人の住人がいたが、今日では、十五万人いる。そこはクズネツクの石炭・鉄地区の産品の集積地であると同時に鉱物資源の豊富なアルタイ山脈地区のそれでもある。そこにかつての参謀士官で、蔣介石の信頼厚いリ大佐が中国の総領事として住んでいた。もし計画どおり鉄道が建設され、本来の中国に向けての延長が隴海《ルンカイ》鉄道と連絡したら、新しいロシアの産業の中心は、そのソビエト・ロシア帝国と共に、山東半島南岸の中国の港・海州で太平洋に直接の出口を持つことになる。事態の発展と、それによって必然的に結びついた中国の現実的な部分が帝国主義的ロシアから影響されるのに対抗するために日本が他の鉄道を促進することは納得がいく。その鉄道は天津―北平《ペイピン》（北京の旧称）―（綏遠省の）パオトウと結んでいく。二本の静脈はまた、アジアの心臓部に向かってうねっていく、一つは西から、一つは東から。両方ともどちらにより大きな権利があるのかという同じ意味に帰結する。「日本はソビエト・ロシアに西欧列強を見る」。一つだけ確かなことは、得をしたのは中国だ、ということだ。中国は今、悲しんでいるが、かつて確かに利を得た第三者だった。

（1）明初、天山北路に拠ったモンゴルのオイラート部の一つ。明末、他部を統一し、版図を東は外モンゴル、南はチベット、青海に拡大。一七五七年、清に滅ぼされた。ジュンガル人は、新疆ウイグル自治区のジュンガルに住む人々。

（2）東干（中国北西部および元ソ連邦に属した中央アジアに居住するイスラム教を信仰する民族。中国では一般に回族として知られる）。荒々しく強い民族で、しばしば中国政府に反乱を企てた。衣服は中国人と同様だが、宗旨は皆イスラム教。

（3）元はウズベキスタン東部の都市コーカンドの軍人で、一八六五年清朝支配に対するイスラム教徒の反乱の地となっていた新疆に侵入してイスラム政権を樹立した。オスマン帝国の宗主権を認め、南下するロシアおよびインド北部を警戒する英国と通商条約を結んで独立を保ったが、一八七六年、清朝の名将・左宗棠の軍に攻撃され、翌年自殺した。一八二〇―七七年。

（4）清末の政治家。曽国藩《そうこくはん》の下で太平天国を平定、のち造船所など近代工業の建設、新疆の反乱鎮圧と開発などに活躍した。一八一二―八五年。ちなみに「太平天国」は、キリスト教の影響を受けた一神教を奉じた洪秀全が南京を首都として一八五一年、建国した国。土地私有を認めず、中国革命の先駆とされた。

（5）中国新疆ウイグル自治区東部。天山北路東部のオアシス都市で東西交通の要衝。

（6）清末〜中華民国初期の政治家。一八五九―一九二八年。

（7）新疆を統治した中華民国の政治家。一八八三―？

（8）中国のイスラム教徒軍閥の一人。甘粛省、新疆省に勢力を持った。一九〇九―？

（9）中華民国の新疆地区の政治家・軍人。一八九二―一九七〇年。

（10）中国のイスラム教徒軍閥の一人。一八八七？―一九五〇年。

一人の死んだアメリカ人は日本のために証言した

新疆の出来事と状態を、私は一つのエピソードとして語ったが、中国帝国の他の部分にも通用する典型的なものだ。満州の諸省は日本による分離以前に南京政府から独立したも同然だった。御承知のように、南方の二、三の省は中国にとって最も大事なところだが、そこには軽く左傾化した自主独立の政府があって、そこでは南方の環境は多分、人を北方におけるほど暴力的、貪欲にしないから、社会的に考え、行動的で、かつ理解力のある元帥の仕事と業績について一巻の本が書けるだろう、もし大衆が北方の元帥の犯行よりもむしろそれを読みたいとするならば。広西、福建、四川の各省では、年来、秘密のソビエトが支配し、その部分的な鎮圧が今年伝えられたが、決して裏付けがある情報のようには思えない。三十万の共産軍がこれらの省から追い払われたとしても、再び雲南、貴州の両省に立て籠ったのだから尚更だ。ご存知のように、外モンゴルでも状態はまったく新疆に似ていて、ただ、もし可能なら、もっとはっきりしている。

一言で言えば、日本人が中国におけるロシアの脅威に対してする議論と、自身の活動的な行動のためにする議論は少なくはない、そしてその際興味深いことに、斎藤《さいとう》博《ひろし》・駐米大使(1)はアメリカの新聞でそれをやったのだが、彼らはアメリカ人の重要証人を喚問した。この証人は既に死んでいたが、それにも拘わらずその意見は、まさにそれ故に特別な重みがあった。

一八九五年二月二十六日、日清戦争当時、アメリカの北京駐在の「名誉ある」チャールズ・デンビイ(2)は国務省宛てに一つの報告を送り、そこにこうあった。

最近、中国首相・李鴻章《りこうしょう》(3)は外国使節の長との約束を守ろうと努めている。彼は、ヨーロッパ列強は日本が中国の領域を横領するのを認めないという愚かな考えに固執しているように見える。彼はそれぞれの使節にこう質問した。「もし中国が領土を譲り渡すことを拒んだら、貴方の政府は断固たる措置を取るか?」。私が同僚のヨーロッパの外交使節と持った全ての会議で、当面、最小限、干渉についておしゃべりに時間を費やすのを止め、反対に、私が常に我が政府の名前で宣言したのと全く同様に、彼の政府がいかなる状況でも決して断固たる措置を取らないとはっきり宣言することを(4)彼らにお願いした。私は更に彼らにいつもこう言った。「もし中国がこの外国の援助という秘密の夢を持たなかったら、既に二カ月前に和平していた」。私は(中国政府の)役所の同僚との親密な話し合いの中で、干渉の亡霊を追い払い、その代わりに中国が推進すべき比類ない、真実の政策への理解を据えるよう試みた。その政策というのは、つまり誠実かつ友好的に日本に接近しようとしなければならない、ということだ。日本は日本で、東方の両民族はとどのつまりは共通の利益を持つという考えに耳を塞ごうとしない義務がある。西洋文明の大砲で開国させられた二つの東洋の国民のうち、一方は結果を自らに負い、他方はこれを拒んだ。日本は今、中国に対し、合衆国が日本にやったことをやっている。日本は西洋文明を摂取し、それを不器用な隣人に押し付けようと考えている。中国がこの世界で持っている唯一の希望は教えを受け入れる、ということだ。それが荒っぽいものだとしても。

（1）大正・昭和期の外交官。親英米派として知られた。一八八六—一九三九年。
（2）アメリカの法律家、外交官。日清戦争中の北京駐在公使。一八三〇—一九〇四年。
（3）清末の政治家。曽国藩に従って太平天国の乱を平定。以来、日清戦争（下関条約）・義和団事件（北京議定書）などの外交に貢献するとともに軍隊の近代化、近代工業の育成などにつとめた。一八二三—一九〇一年。
（4）相互不干渉を主張するアメリカの伝統的な外交政策の原則、いわゆるモンロー主義を表すとみられる。この場合は特に、中国に対する「門戸開放」を主張している。

中国風と日本風

西欧に長く暮した我々アジア人にはよく分かるのだけれど、極東問題についてのヨーロッパの世論は様々だ。我々自身、特に日本の世論もそれに劣らず不安定だとしても。しかも日本の世論は現実の状況に適応される場合、ある意味、より不安定で、目標に向けられていない。日本について左右の揺れ、民主自由と保守反動的流れのいずれも、ヨーロッパ的意味で流れ、あるいは揺れは確信から出ている、と考えるのは誤りだ。日本人は極めて政治的ならざる民族で、政治的議論を知らず、政治的確信を持たない。彼らは「日本の」確信を持つだけだ。そして政治は紳士に相応しくない、卑しい仕事だという暗黙の了解がある。日本では政治について話すのは、彼が政治家でない限り、上品なことではない。そして我が日本の政治家自身、西洋では政治に関心がなく、思慮が足りず、粗野である、と見なされている。我々の政策は、世界の保守的な国に理解と支持を得ようとする時は保守的となり、反対に、自由主義的な民族に理解と支持を取り付けようと信じる時は自由主義的となる。本当に日本は非常にしばしば自由主義国に対しては自由主義的となり、保守的な国に対しては保守的となる。それは単に我々の政治的未熟さに原因があるのではなく、むしろ我々が愛想よくなるように育てられることと、その結果、愛想のよい性格になったことにこそ原因がある。

我々は世界で聞き耳を立てる。それは決して難しいことではない、というのは我々はおしゃべりな人々ばかりいるバベルの塔の中で唯一の無口の民族だから。そしてそれに従って我々の政策の色合いを変える。しかし政策そのものは変えない。しかしヨーロッパ人は政治的確信を表現することに慣れている。確信を持たない者も確かに見解は持っている。

民主国家において中国は日本より同情を集めている。それは、飽食した、いずれにしても富者の国だ。彼らは美術工芸のコレクションを持つことができ、中国のもろさ、筵《むしろ》、非武装と深い哲学、いわゆる平和主義を愛する。それに反し、決然とした国民国家として立ち現れた民族の間では、若く、生き生きとして攻撃的で、国民国家的で、いわゆる軍国主義的な日本がより大きな同情を得ている。それは若く、伸び盛りの、しかし貧乏な民族だ。日本は良い客でちゃんと金も払うとはいえ、ドイツでは世論は中国に好意的だ。クーダム(1)のサロンだけでなく、李白、老子、荘子という三人は重きをなしている。脱走将軍の馬占山のような男はここでも日々の英雄で乙女たちの夢の対象である。ナチのドイツではその外交政策は一貫して現実的ではっきりしていて、その世論は日本に明確に分かるようになった。これと、そこから発生する、否定しようのない両民族の接近は喜ぶべきことだ。ただ心配なのは、そこから再び途方もない日本への過大評価と、同様に途方もない中国への過小評価が、他の東方民族無視とともに生まれることだ。

それはかつて長い年月幅を利かせ、多くの西洋の国で今日尚力を持っていて、至る所で東洋の物事と事件に対する明確な視線と、ヨーロッパにとっての意味付けを曇らせることに役立ってしまった。我々はヨーロッパであるパターンに屈服することを残念に思っていた。かつてそれは中国パターンであって、日本についてヨーロッパ人に先入観に捉われないイメージを与えることを不可能にし、それはまた、日本人の希望や要求を仲介することを不可能にした。他の時代には日本パターンとなり、我々が全く持ち合わせない特性に感激して褒めそやし、その結果、我々が本来持っている特性について語ることを不可能にした。我々の隣人・中国人はいずれにしてもヨーロッパに滞在できる者はだれでも同じ嘆かわしい状態にあって、ある部分あまりにひどく、またある部分あまりに心のこもった客人扱いを受けることに対する同じ不平を持ち出さなければならないと私は確信している。

十分にはっきりさせることだけが真実であり、個別的な利益の結び付きや友情に結びついた東西世界間の理解ではないものに至る道なのだ。全く控え目な枠内でこの明瞭さを形作ることがこの本の使命であり、そこでは、アジアからの視点と日本の視点から扱われるべきだし、その際、この二つのものがいずれ一体化し、西洋からも大切な部分であると見なされるようになるだろうという希望を託すことができるのだ。

日本軍部は公言する通り、満州国を作り、北部シナを占領し、その次に、予想外の事態ともなれば、新疆やモンゴルまで進出し、この二地区では特に、しかし更に他の部分でロシアの政治的、経済的影響力をぶち壊そうと考えている。日本がこれをやるのは中国のためというよりはむしろ日本自身のためであるということはいずれにしても付け加えることができるだろう。政治的経済的影響力、政治的経済的意見（もしアジア人に「意見」があるとすればだが）は上記地域の単純で貧しい人々にあって、いやシナ全土においてたった一つあるだけだ。

彼らにとっては、「パンをくれる人のために歌う」という言葉が大事だ。ロシアが中国人に武器や洋服や道具を与えれば、彼らは外国の新聞ではコミュニストと呼ばれる。もし日本が彼らに洋服を提供し、道路を造り、作物を買い入れ、毛皮を買えば、彼らは日本の保護下で独立していると称するだろう。その際問題なのは、日本の保護下で独立させるために日本軍の武力的攻撃が正しいかどうかだ。中央アジアにおけるロシアの影響に対して武力で反攻するのが正しいかどうかが問題だ。

ところで日本はヨーロッパ同様、ソ連の経済力と競争力を恐れる必要があるだろうか。あるいはソ連との戦争を恐れる必要があるだろうか。日本の産業・貿易界は、世界中に恐れるべき産業・貿易上の競争者はいない。少なくともロシアはそれではない。日本はヨーロッパから見れば、完全ではない。日本の産業はヨーロッパから見れば、全ての領域ではヨーロッパのレベルに達しておらず、将来もそれには及ばない。ヨーロッパとアメリカの指導的役割なくして日本のそれは考えられない。まさしく日本は存在すらできない。他方、貿易については日本の優越は明らかだ。

日本帝国はなぜ、その最強にして特徴的な武器である経済的進出という政策を放棄して、一番弱い手段である戦争に訴えたのだろうか、と人々は問う。日本を今日の高みに昇らせ、欧亜でいかなる対抗勢力も持たない経済的方法を中国で用いることを誰が妨げるだろうか。というのは、それは全ての人がどこにおいても使用できる手段だし、新規に始めるとしたら日本に比べれば本質的に高い成功率だとは言えないからである。

他方で全世界が同意せず、かつまた遅かれ早かれ外国勢力の一部（たとえそれが全外国勢力の連合でないとしても）と激しい戦いに至るような方法を使ったら何を引き起こすだろうか。それはヨーロッパ民族、中でも特に誠実な日本の友人が不安げに提起する疑問であり、その疑問は外国にいる日本人がますます矢面に立たされ、当惑させられる問題だ。

「東京の外務省のそのような政策は、元来、軍の行動を他国の目から覆い隠すもので、スポークスマン天羽の『私は何も知らされていない、まだ朝刊を読んでいない』の中に顕著に表現されている、そのような政策は目配せ政策ではないのか？」と人は我々に問うが、ドイツでは事情が全く違う。ドイツでは十四年間、そのような「目配せ」政策を自国に投げ続けた、それは一つの真っすぐな、断固たる男らしい政策(2)をしっかり目を開けて追求するためだ。

（1）　旧・西ベルリンの繁華街。クーアフュルステンダムの俗称。

（2）　ナチ流の政策をはっきり肯定している部分。「十四年間」はナチ政権が誕生した一九三三年から起算すると一九一九年となり、第一次大戦敗北後のドイツを拘束した「ベルサイユ体制」が出来上がった時点となる。要するに野原は、ナチ政権誕生でドイツは「ベルサイユ体制」の桎梏《しっこく》をようやく脱した、と述べている。野原がナチ流の「断固たる男らしい政策」に対置する「目配せ政策」は必ずしも明確ではないが、反ワイマール的、親ナチ的で皮肉な文脈から推定して、ベルサイユ体制下のドイツで右派の合言葉となった「背後からの一突き」説が関係していると思われる。この説は、「ドイツは第一次大戦に負けていなかったのに、国内の革命派や裏切り者たちが、戦うドイツ軍を背後から匕首《あいくち》で刺して打ち負かした」という主張で、敗戦と国際的屈辱の下で劣等感に悩むドイツ国民に一つの救いとなった（江口朴郎・責任編集『世界の歴史14　第一次大戦後の世界』＝中央公論社）。これと関連して、トーマス・マンは、いつももっぱら外部に向けられるドイツの自由概念の自己中心的、国粋的反ヨーロッパ性、反文明性、等の特性を指摘し、「戦闘的な奴隷根性」と規定した。マンはその理由として、「ドイツがまだ一度も革命を経験したことがなく、国民という概念を自由の概念と結びつけることを学んだことがない、というところにあります」と述べた（トーマス・マン著・青木順三訳『講演集　ドイツとドイツ人他五篇』＝岩波文庫）。

アジアのアジア化された影響

日本帝国と関東軍の政策の間にはますますはっきりと裂け目ができた。土肥原少将の一九三五年九月から十二月にかけての行動と中国に対する要求は、外務省から外に向かってカバーさえされなかった。ヨーロッパは煙幕の間からちらっと見えたものにびっくりした。あるイギリスの新聞は小さな意見を継ぎ合わせるようにして次のようにはっきり書いた。「日本では軍隊と政府は最早、一体ではない。政治的指導者に対する若い将校らの襲撃(1)が起こり、軍は皇居周辺から文民の顧問を引き離そうと策している。関東軍と土肥原は果たして自分たちの政策を貫徹するだろうか」

私は既にこのアジア大陸に固有な影響を、その北方と中央の部分において述べてきた。気候温和な南中国はかつて宋帝国だったが、チンギス・ハンの後継者によって文明化され、一体化した中国として形作られた一方で、内陸の甘粛省は頬のふっくらしたバラのような、遊び好きの、ほとんど女のような馬仲英を、既に見たように血に飢えた恐ろしく残酷な将軍や反逆者にした。張作霖《ちょうさくりん》(2)、馮玉祥《ふうぎょくしょう》(3)、呉佩孚《ごはいふ》(4)ら多くの将軍は皆、インクの代わりに血で生涯の歴史を書いたが、根本的には静かで物分かりがよく、しばしば賢く、文明化された中国人だ。しかし測りがたい国の環境が彼らを毒し興奮させ、権力欲の虜にし、暴力的にした。南京政府から分離した北部や内陸省の一つでは、彼らは決して発作的な殺人には走らない。彼らは道徳の鎖を壊し、良識と国民意識を投げ捨て、反乱する。彼らは自らを戦争の神と称し、南京政府を顧みることなく、専制的にその地域を支配する。それは数十万人の兵を手中にすることで可能になり、その兵の数はドイツ帝国の二倍、あるいは五倍にもなる。

関東軍と土肥原はこの中国の黴菌《ばいきん》に感染したのか、この中国を徘徊する戦争と反乱の血に飢えた幽霊に感染したのではないかという疑いを口にすることは許されるだろうか。

大陸にいる日本人の中国化、アジア以外の民族の仲間である日本人のアジア化があまりに進んだので、彼ら日本人は既に固有の督軍《とくぐん》(4)政策を取り始めたのだろうか。

(1)　一九三六年二月二十六日に発生した二・二六事件のことと思われる。この事件は陸軍の皇道派青年将校らが約千五百人の部隊を率いて首相官邸などを襲撃した最大のクーデター。内大臣斎藤実・大蔵大臣高橋是清らを殺害、永田町一帯を占拠。翌日戒厳令公布、二十九日鎮定。

(2)　奉天派軍閥の総帥。東三省を支配下に収め、一九二七年、北京で大元帥。翌年、奉天（今の瀋陽）に入ろうとして関東軍による列車爆破で死亡。

(3)　一兵卒の出身。クリスチャンの将軍として外国人にも有名。一八八〇―一九四八年。馮玉祥は蔣介石とあわず、一九三二年に国民政府の内政部長に就任したものの病気保養と称して一旦引退し、三三年五月、張家口でチャハル・綏遠抗日同盟軍を結成した。蔣介石はこれに対し討伐令を出し、切り崩し工作も功を奏し、馮は下野した。（前掲『太平洋戦争への道　3　日中戦争〈上〉』）

(4)　袁世凱の側近・曹錕の部下。曹錕とともに直隷派に属し、安福派との争いに功績を挙げ、陸軍上将。一八七二―一九三九年。

(5)　辛亥革命後の中国で従来の総督・巡撫に代わって、省長とともに各省に置かれた地方軍政長官（省の軍隊の最高司令官）。多くは省長を兼ねて文武の権利を握り、なかば独立の軍閥を形成した。後に督弁と改称、一九二八年廃止。

人絹とドイツの森

日本人が幸運にも、その発展過程で特に産業と経済において多くの駅をすっ飛ばし、あるいは産業化の子供時代ともいうべき会社乱立時代など多くの発達段階を飛び越し、今日、その産業はほとんど最新の機械と最新の方法で稼働され、そのように幸運な位置に付けた国民が、よりにもよって政策の分野で「ヨーロッパの帝国主義が脱いだ洋服を着て」、中国に対して、かつてイギリスやフランス、ロシア、つまり試験済みの、大分前に時代遅れになった植民地主義的方法以外の対処方法を知らないということは、西側の分別のある人々にとって理解し難いに違いない。彼ら日本人は、その厳しい道のりで感情に流れず、衝動的でない人間理解に徹することを分かっていたのに、多くの白人種にあって植民地主義の跡を継いだあの原料精神病、地下資源偏執を免れなかった。

どんな政策もどんな陰謀もどんな犠牲もどんな悪行も、それが原材料獲得に資するなら、直ちに正義になるし、安いものだ。

あたかもそれは、納入業者や顧客民族の信頼や友好は、その国にある資源、鉱山、平野を所有し、掘り尽くすことに比べれば価値がないかのように。それはあたかも、日本の場合、中国の信用と友好は最早、全く問題の多い原材料という宝より以上の価値はないかのようだ。原材料は中国に埋蔵されていて、日本は欲しくてたまらないが、しかし、中国人の労働と中国の資本の援助なしに掘ることはできない。日本は（新しいドイツ帝国が偶像的崇拝の対象である資源の牙城に向かって英雄的な攻撃に打って出て、神聖にして犯すべからざる資源信仰を突き倒そうとしている折も折）、中国との友好という、時間概念を越えた価値のある未確定要素を、問題の多い、多分、時間に制約された価値しかない資源と交換したような雲行きである。ドイツは日本の偉大なお手本だ、なぜなら、ドイツにこそ何が偉大で、国民の性格にあった、目的を自覚した政策であるかを学ぶ可能性があるからだ、といいたい。

絹産業の崩壊、人絹による絹の駆逐は日本に、どんな原料も永遠の価値があるわけではない、ということを示したはずだ。多分ドイツ人は世界に、石油は自動車交通にとってただ条件付きの意味しか持たず、自動車はイラクやメキシコやその他、遠隔地の油田と同じようにドイツの良い、古い森によって生き、走るということを示すことに成功するだろう。

かつてドイツとアメリカの人絹産業が日本の蚕飼育を葬ったように、いつの日か、発明的才能のある日本人が人造綿で世界を驚かし、イギリス領インドとアメリカの綿花栽培を葬り去るのがどうして不可能だろうか。

中国人の友好を経験した者は誰でも知っているが、中国民族の友好は経費のかかる宝物で、まだどの民族も知らない。というのは、どの民族もそれを知ろうとしないし、どの民族もそれを得るに値しないからである。日本人もまた、多くの国と同じように、この豊かな源泉のそばを通り過ぎようとする致命的な誤りに陥るのだろうか。だとしたらそれはただ、日本の損失になるだけだ。そのようになってもそれは日本の責任だ。

日本の強さ、日本の弱さ

一九三三年の夏休み、スウェーデンの温泉保養地で私は、かつてドイツ国籍があり、今はスウェーデン国籍の産業家と知り合いになった。彼はスウェーデンの大都市にシャツ製造工場を持っていた。彼はこう言った。

一年前まで私はドイツの貝ボタンを仕入れていた。かつてドイツ人だった自分にとって、もし同じ値段なら、私の古い母国の産品を優先するのは分かり切ったことだ。しかし去年、日本のボタン生産者が商品を提示してきた。値段は五十―七十％安く、製品の質は同じだった。私はそれをドイツ人の納入業者に手紙で知らせた。そうしたら彼はこう返答してきた。「もし私が真珠貝を盗んで、労働者に一銭も払わなかったとしても、日本の会社が提示したその値段ではとても納入できない！」。以来私は、どんなに辛くてもボタンを日本から仕入れている。

有名なドイツ人の映画監督がいて、私（野原）は彼の独日合作（共同）映画で一緒に働くことができたのだが、[1]その彼が日本への旅に先だってゴム工場から彼自身とスタッフ用にとゴムのマットレスとクッションを贈られた。それらは日本での戸外撮影用で、ドイツ製の防水製品だった。その工場主はこう言った。「生ゴムの支払いをするために我々は外貨が必要だ。外貨を得るために我々は外国に輸出しなければならないが、日本は厳しいライバルだ。我々は製品の値段をぎりぎりまで下げ、その結果、一ペニヒ（百分の一マルク）ももうからない。時として赤字になることさえある。ひとえにそれは外貨を得るためで、外貨はゴム購入のために必要なのだ。このクッションは外国では一マルクで売る。少し前、一人の客がクッションを送ってきた。『これを見て御覧』と客は手紙に書いてきた。これは彼らが私に一マルクで提供するのと同じ品質と仕上がりなんだ。しかも一個たった八ペニヒで日本から提供される」

監督が私に語った時、私はこう言った。「今や日本の産業はこの労働のテンポを維持できない。日本は既に発達の最高点に達し、ここ何年も最高度の緊張の中で働いている。そして次に保護関税、輸入阻害要因等がある」。彼は「いいだろう」と答えた。「日本の産業は百％値上げして枕は八ペニヒから十六ペニヒになる。百％の輸入関税は三十二ペニヒになる。それでもクッションの価格はまだ我々の枕の三分の一に過ぎない！」

一九三五年夏、スイスで若い建築家が私に計算尺のセットを見せた。彼は故郷の村に見本になるような大都市型のプールを作った男だ。「これを見ろよ。日本製だぜ。君は日本人だから計算尺のことは少しは分かるだろう。我々はスイス・バーゼルの高等実科学校[2]で一緒にデザインの授業を受けた。君（野原）は五段階の上から二番目の段階、僕は四段階だった。ところが僕は建築家になり、君はならなかった。ところで計算尺は竹でできていて、当地の三分の一の価格に過ぎない。この何でも可能にしてしまう日本人はどの産業にもいて、彼らは全て作る。全てがとても安い」。故国を真剣に愛する者にとって、故国が大げさに褒められるのを聞くのは気恥ずかしい。日本人だってそうだ。だから私はこう言った。「我々日本人が作るのは大衆向けの品だけだ。本物の精密機械は引き続きヨーロッパで作られる。日本製の計算尺はきっと他国のものより精密ではないだろう」。「馬鹿なことを言うな」とスイス人は私の話の腰を折った。そして、よりはっきり、境界のあちら側でもこちら側でも愛された表現でこう続けた。「計算尺は精密でなければ計算尺じゃない。君は僕が精密でない計算尺で仕事ができるとでも言うのか。僕は二年前からこの竹の計算尺で仕事をしている。他のものと同様正確だ。しかも長持ちする」

日本の本来の強さは商売にある。日本の弱さは軍事力だ。しかしこの軍事力が色々な理由から強く、時折、組織的に過剰評価される。過去、時代の流れと政治は、各民族に固有の軍事力については公的には少なめに言わせ、隣国（しばしばそれは敵国だが）の軍事力の高さをほめるようになった。この手法で日本の軍事力は途方もなく高く紹介された。この島国は西欧列強と反対に軍事力を実力以下に見せようとせず、むしろ軍事力をできる限り大きく、堂々と見せることに興味があった。少なくとも、その軍隊については黙って、自身の弱さの栄光を歌う西欧流の奇妙な不協和音には合わせなかった。

日本の中規模の軍隊は最近、どことも戦ったことがなく、第一次大戦でその価値を証明していないにもかかわらず、「不敗の栄光」「ほとんど超自然の栄光」に浴している。祖先の武士道から流れ出る秘密の力が日本を何か特別のものにしてしまった。

確かに侍、つまり二本差し、あるいは剣持貴族はその最盛期にあらゆる徳故に抜きん出た兵の典型を示した。その典型は世界の概念生活に正当にも記憶に残る印を残した。しかし次のことも忘れてはならない。すなわち、その最盛期と現代までの間に侍が凋落した二百五十年間がある。日本のロココ、あるいは「戦争のない恐るべき時代」に侍は最早、武器を帯びず、侍精神を持ち合わせず、その代わり騎士道と女性に対する親切、それに冒険主義だけになった。もう一度、純粋な侍主義が燃え上がったのは、一八六八年から翌年にかけて、帝国設立に対する反乱が起こった時で、それは農民階級から構成された帝国軍によって最終的に葬り去られた。この農民軍が今日の日本軍の土台になった。武士道は将校、しかしとりわけ官僚の中に生き残った。

確かに侍を特徴付ける無条件の犠牲的精神は何もしゃべらなくても農民たちに生気を吹き込んだ。人々は農民に、同じ誇りと喜々とした母国愛を過度に要求することはできないとしても。

しかし将来の戦闘は、精神の高揚した、死を恐れぬ兵隊のいる連隊によって戦われるのではない。将来の勝利は全くそういうものによっては達成されない。むしろ歯に至るまでたくさんの技術的補助手段によって武装された、高度に育成された特別な部隊によってのみ勝利は達成されるのだ。将校団と精兵という日本軍の特徴は、日清、日露の戦争以来、西側の観察者たちに十分示された。ただし、諜報は別だ。これがなくては今日、ブーツのない兵と同様、軍隊は進攻できない。

既に述べたように兵士は田舎の子弟から徴兵されたが、そこでは学校教育は未成熟で、同じく兵士の出身母体の労働者階級もきつく長い労働時間のためにしっかりした教育は後回しにされる。きつい経済競争が続く限り、この階級では改善は考えられない。日本は働くと同時に武装することはできない。軍の技術的装備の領域では全くひどい状態であるように見える。武器は大部分古くなっている。歩兵銃は一九〇五年製だ。(3) 鋼鉄のヘルメットとガスマスクが装備されているのは部隊のごくわずかだ。

音波探知機や高射砲、全ての光学装置は外国から取り寄せなければならない。封鎖か、多くのヨーロッパ勢力との戦争は、黄禍論の進行中には予想されるが、それは二、三週間で、日本軍に、自身だけの武装と、自身だけの見通しで戦うことを余儀なくさせるだろう、ちょうどエチオピア軍のように。

戦車の発動機は外国製だ。一旦壊れれば、戦車を人力で押すしかない。市民と軍の防空演習が東京と大阪で行われたが、外国人観察者から憐れみのこもった笑いを買った。彼ら外国人は別の形のものに慣らされている（解説参照）。

発動機産業はほんの最近始まったばかりだ。飛行機の発動機はドイツ、アメリカ、フランスから調達され、高いレベルの航空機は出来合いのものを外国から持ってくる。

予算に占める軍の位置は最大とはいえ、兵器のための予算は十分でないので、例えば軍用機は機体のかなりの部分を慈善行為によって賄われている。金持ち、産業からの寄付がなければ、飛行機や音波探知機、投光機、高射砲を買うことができない。人々は「愛国号」を寄付した。日本列島の地勢や環境は飛行に不都合で、パイロットは数においても教育についても中程度のヨーロッパの国に劣る。航空兵力は全部で八百機、壊れて引退する率は他のどの国よりも大きい。

熱意はある、喜んで身をささげる精神もある、そうでなかったら日本人ではない。しかし、能力はまだまだ足りない。確かに日本人は誰も母国の寸土《すんど》を最後まで守る気概があるし、剣を振るえる日本人が一人でも残っている限り、山岳であろうと島の端の浜辺であろうと寸土たりとも独立自由の日本だ。しかし一万キロのアジア大陸を横切って、高度に武装され、技術的に高度に組織化されたヨーロッパへの攻撃を表明するためには（神経質で夢物語的な「黄禍論」の擁護者の考えによれば）もっと別の、より低次元の、いずれにしても有効な特性が必要だ。それにはなによりも大金が必要だ。世界戦争で勝利するためには大きな財布が必要だ。日本の常備軍は二十五万人。ヨーロッパ列強に比べて著しく少なく、赤軍のごく小さな部分にしかならない。隣国中国は公表によれば、百二十万の常備軍を持っている。事情通の中には三百万以上と見る者もいる。確かにそれは高度に教育され、技術的に優れた攻撃力を持つ軍隊ではないとしても、特定の戦線がない、大規模なゲリラ戦の場合、効果的で危険な数だ。

もし再び国際的な艦船会議が目前に迫るならば、日本の艦隊は関係国の新聞から「世界一の艦隊」「世界一危険な艦隊」と評されるかもしれない。（しかし）、この点について当の新聞の夢想的な海軍関係の特派員自身が「日本の艦隊は決して大きくない」と告白している。ワシントン、ロンドンの艦隊協定で、日本は英、米の五に対して三の比率を呑んだ。この比率は戦艦についてだったが、全体の艦隊比率としても適応された。だから日本は現在、三大海軍国の中で最小の艦隊しか持たない。

日本はあらゆる機会で、最近ではロンドンの会議でこの比率に抗議した。しかし、成果はなかった。その際、何も得るものがなかったので、日本は協定解消を通知し、列強との軍備競争に応じることとした。というのは、米英は五対三という優位があるので、経済力にものを言わせて、日本の挽回の努力を徒労に終わらせ、艦隊優位差を更に拡大できるからだ。日本はどんなに経済的に成功しても、「太平洋の乞食にすぎない」ということを忘れてはならない。その財政力は英米に比べると、同情を禁じ得ないレベルだ。同じ理由で日本艦隊の船体はまさに悲しくなるほど老朽化していて、大型艦船と潜水艦については英国の新鋭艦から、巡洋艦と駆逐艦では米国に後れを取っている、ということも忘れてはならない。更に日本は今日尚、油の自給国ではない。こういう状況は、船の大部分は灯油暖房で調節されているから、緊急時には破局に至りかねない。今日ですら日本の戦艦のある部分は外国からもたらされたもので、しかもそれは、英国のビッカースの造船所や伊のアンファルド、仏ペンホエット、ブルカン、スティラインだし、また射撃素材については少数の例外を除いて英のビッカースやアームストロング製だし、機械設備や鎖、タービン、ほとんど全ての飛行機の電力モーターはいずれにしてもヨーロッパ製だ、ということもまた忘れてはならない。ヨーロッパで言えば、ユーゴやルーマニア、あるいはギリシャのような国と同じひどい状態だ。だから武力衝突が起こって、損害や損失が出始めると、ヨーロッパ諸国が一致すれば、日本の艦隊、あるいは部分的には日本軍が代替品を製造することを妨げることができる。

日本が今日、押し付けがましい指図とみなすワシントン艦隊協定から十四年、島国帝国の海軍は、何によっても正統化できるとは思えない制限と境界の下に悩んでいる。注目に値することであり、かつ、ドイツ民族の現在の運命とも似かようものだ。日本海軍の特別な状態をあり得るべき黄禍という視点から見れば、黄禍は攻撃の中で機能するもので、防衛では機能しないということを忘れてはならない。そして英国、米国、日本の海軍通は奇妙にも、太平洋において勝利を得るには、敵の三倍の艦隊を持つ必要がある、という意見で一致する。さもなければ、戦争の幸運にうんと恵まれ、更に犠牲を出して、太平洋の敵を三者のうちのどちらかの勢力範囲内の隠れ家に追い込むことはできても、これを燻し出し、掃討し、しかる後に陸上兵力の揚陸に取りかかる、あるいは単に有効に封鎖し続けることは不可能だ。英国と米国は常に日本に対して合わせてこの三倍の優位を保っている。この事実についてワシントンの上院外交委員長のK・ピットマンが一九三五年十二月の演説で強調した。この中で彼は、アメリカ国民に対し、現在の日本の軍事政権が権力に留まる限り、太平洋における出口の見えない防衛戦争に巻き込まれるだろうと述べた。

「日本は二つのことを恐れている」とピットマンは言う。「それは米国と英国の艦隊だ。両国の艦隊が日本近海の太平洋で同時に演習する必要があると判断することが仮に起これば、日本は一発の弾丸も撃つことなく、一人の人命も失うこともないようにと理性的に考えるに至るだろう。私（ピットマン）は日本の遊びを傍観するのは死ぬほど退屈だ。我々は将来の政策を最終的に決断し、確たる姿勢を取るべきである」（UP電、一九三五年十二月二十日）

日本の今日の状態と立場に鑑みれば、そのような艦隊デモンストレーションが、全ての白色、有色人種の喝采と支持を得る、と信じる日本人は一人もいない。日本海軍の兵力の劣勢に理解を示すことはここではもう止めるが、誰でも艦隊ハンドブックか兵力ハンドブックさえあれば、それは可能な計算だ。しかし日本の海軍作家の輝くような未来ドラマの一部を引いて、極く短く日本の海戦での勝利を描くことで、太平洋における日本の攻撃戦争が見通しのないものであるということを示す機会がここであるだろう。というのは、まだどの勢力下にもない太平洋の途方もない広さの海原におけるこのような海戦は当然ながら日本指導下の有色人種のありうべきどんな攻撃にも発端と基礎となるに違いないからである[4]。

その際、再び忘れてならないことは、戦争を戦うのはそれによって得る物のためであるという日本人の健全な原則である。我々日本人にとって、格言は空疎な言葉ではない。

今日も、かつてより、もっと当てはまらない、ということはない。我々が現実的政治家であることを世界は我々に認識させた。そして、そういうものとして、我々は今日、戦争について考え得る限り最も少ない利益しか持ち合わせていない。逆説的にこのようにも言うことができる。「我々日本人は戦争を怖がらない。しかし、心配はする」。というのは、航空編隊や戦車隊、ガスマスクを使った戦争は、我々の戦いの中で我々に最も大事なものを邪魔するだけだから。我々は既に我々の戦争のど真ん中にいるのだ。

我々の力は、今我々が生きている組織化された平和の中にある。それは血の流れない戦場で、そこで我々は成果を狙って戦い、我々に大きな成果を約束するもので、それが我々本来の戦場だ。この点に関して我々は何者にも、我が軍の中にある「アジアを呑み込もうとする」野心的な要素にも邪魔させてはならない。「もし内部の一つの力が別の考えを持ったとしても、それは我々に何の印象も与えない」。この意味で我々はかつての田中（義一）総理の勇気ある言葉を理解したことにしておきたい。それは合法ではないが、我々の全政策の血を分けた父親の勇気ある言葉だ。分別のあるヨーロッパの大部分の世論は、たとえそれを正当化しないにしても、我々の商売の力を認識した。この力は我が商人の抜きん出た美徳の中にあるのではなく、商売が、重要ではないが、目的を自覚した産業をベースにしているという事実の中にある。それはヨーロッパのように年経たバラストに苦労することはなかった。それはまた、経過を省略して一足飛びに最新の機械と方式を利用したということにもある。日本経済は際立って非自給自足的である、むしろ反・自給自足的ともいえる。産業についていえば高いレベルで専門化していて、いかなる意味でも国内市場を国内産業だけで満足させようとか、外国の競争相手を締め出そうとかいう望みは決して持っていないという事実に端的に表れている。

日本は一九三四年、ドイツから七千九百六十万マルク分輸入し、二千百七十三万マルク分輸出した。それは日本の産業が全て作るという事実に対応しない、人はしばしばそういう衝撃的な言い方をするものだが……。日本が、私が前に言及したように、安い値の真珠母貝のボタンやゴム枕、計算尺で西欧市場に出現したという事実は誰をびっくりさせただろう。ただ事情に通じていない人、表面的にしか見ない、あるいは先入見に囚われた人だけだろう。これらの品は私が任意に選んだに過ぎない。しかし尚、それを列挙する意味はあったのだ。それは、日本が真珠母貝の作業場やゴム製品や竹を安く供給したという経済論理に対応する。

真珠母貝を求めて潜水夫は日本の沿岸や南方の海を探す。ゴムは日本列島の南方で直接生育し、日本はゴム生産地帯に一番近い加工国だ。そして竹は日本に産出する特別な材で、何千年も前から、加工において比べることのできない洗練の域に達した。だからもしこう言えば、条件付きながら当たっている。「日本は西洋から順々に市場を奪った。一品ずつ奪った。多くの品目と市場において、日本人の考えでは、本来一つの合法的な奪還だけが問題だった。いや、日本は全ての市場を制する意図も力もない。経済的な認識では、我々は売るために買わなければならない。そうすることによって我々の客は、我々の製品に支払う金を持つことができる。ここにおいて、私は『社会的なダンピングだ』という意図的虚言を攻撃することをあきらめなければならない、その言い方は『黄禍論の亡霊』が新たにまとった上着なのだ」

他の優れた者、特にドイツの財界人の経済学者は私がそうしたいと思うよりも効果的にそれをやった。その上、日本に対しダンピングの非難を掲げる者の前線は突破され、武装解除された。以下に掲げる新聞記事から推論される事実は、ダンピングだという非難の論拠を強めることには役立たない。

ドイツのビール醸造所は日本のダンピング価格と何らかの方法で競争することをあきらめた。日本の輸出と並んで、新たにオランダのビール醸造所が、アジア市場に価格面での競争者として立ち現れ、その価格は低価格化を前進させるもので、近いうちに、日本のダンピング価格ともう大差ないものとなるだろう。

私は又、非常な経済的衝撃力を付与する日本の資本主義、日本の産業における家族主義、家長支配権について語るのをあきらめる。それについてはたくさん、あまりにたくさん書かれたし、それも過剰な同情と理解を伴っていた。日本の家庭は不思議ではない、日本人は決して超人ではない。偶然と幸運が重なった結果、日本人は軍人的美徳を以って世界に出て、そこで重宝された。偶然と幸運のおかげで、四年も続いた戦争で疲弊し、ぼろぼろになった世界にその新鮮さと勤勉さを投入することができた。偶然と幸運のおかげで、日本人は西洋の全ての成果と機構の中から一番良いものを選び、また一方で、その世紀は彼ら日本人に西洋流の生活レベルの三分の一の費用で快適に、かつ人間らしく暮らせるようにできる生活様式をもたらした。こういう状況を考慮することなしに「日本的現象」を解明することはまったくできないだろう。

（1）　この監督は山岳映画を得意としたドイツ人のアーノルド・ファンクで、日独合作の映画『新しき土』を監督した。この映画は原節子をヒロインとして、日独友好促進のために作られた。ファンクによるドイツ版と伊丹万作監督による日本版が並行して製作され、一九三七年、日独で公開され、話題になった。背景など詳しくは「解説」の『新しき土』参照。

（2）　バーゼルの記録保管所（アーカイブ）に野原の在学記録などが残っていたため、野原の経歴の概略を辿ることができた。詳しくは「解説」の「野原の素顔」参照。

（3）　日本陸軍の三八式歩兵銃。明治三十八（一九〇五）年に制式化されたのでこの名がある。

（4）　来たるべき日米戦が太平洋での戦い（真珠湾攻撃）から始まることを予期していたような表現である。

第三章

日本と有色民族

我々は白く、彼らは黄色い。金は銀よりも値打ちがある。

　ある日本の探検家がゴビ砂漠を旅していて、何よりも「日本人であるはず」のチンギス・ハンの墓を見つけて調査しようとしていたが、(1)砂漠を横切る道中でのどが渇いて死にそうになっている一人のモンゴル人と出会った。彼は砂の上に倒れ、死を待つばかりだった。そこで彼に水を与え、探検隊の医師は彼に元気がつく食料を与えた。男は我に返り、彼の故郷の村の名前を述べ、そこに帰りたかったのだと言った。しかし道中、水がなくなり、立ち往生した、ということらしい。探検隊の水も貯えも限られていたが、それでも男に水を与えた。砂漠に住むモンゴル人は強靭《きょうじん》だ。探検隊は休憩所を設けていたが、男はものの二時間もしないうちにもう出発するという。彼はどうしても故郷に帰りたいのだ。彼は小さな水入り革袋を背負い、与えられた食料を上着いっぱいに詰め、暗い砂漠の中に歩いて行った。探検隊は気持ちのいいことをした、と考えた。翌日、昼ごろに初めてオアシスに着いた。そこはあのモンゴル人が自分の故郷だと言っていた場所だった。探検隊はそこで新たに食料を買い、水槽を満たそうと望んだ。探検隊がオアシスの最初の家に近付くと憎しみの籠った叫び声がして、石が雨あられと降ってきた。それは探検隊が立ち止まって前進するのを止めると和らいだ。彼らが近寄ろうと歩きだすとすぐまた石の雨が始まった。こぶし大の石が探検隊の一人の頭を傷付けた。彼らは別の道からオアシスに着こうとした。しかしそこも同じだった。人々はかっとなって石を投げ、それどころか道をバリケードで塞いでいた。隊はモンゴル人の馬子を斥候として出した。一時間半後、彼は戻ってこう報告した。

隊員が砂漠で助け上げ、水を与えた男は、朝、帰ってきて市場やあらゆるところでこう語った。「自分はのどが渇いて半ば死にかけて砂漠に横になっていると外国人のキャラバンが来たので、彼らに水を乞うと、彼らはそれを拒み、足蹴《あしげ》にした。力を振り絞った結果、やっと故郷に帰りついた」。この話を聞いた砂漠の民は激昂して、外国人が近付いた途端、通行を妨げたのだ。

隊は、その場所を通るのは無駄だ、と結論をだした。たとえ村に入れても、誰も食料や水を与えないだろう。探検隊は回り道を余儀なくされ水と食料の補給を得られず危険を冒して次の水場を目指すことになった。ヨーロッパ人は砂漠で死にかかっていたところを救われたこのモンゴル人の行動を不可解でひどい、いや犯罪的とすら考えるだろうか？

それはアジアを調査するため旅をする探検隊が我とわが身で感じる振る舞いだ。ひどい、そうではない。それは強さであり、弱さではない。どんな肌の色でも全く同じで、外国人の中に無条件で敵を見るのはアジア人の強さだ。人々は敵が強い時は利用し、身ぐるみ剝ぎ、吸い尽くす、それが弱くなったら破滅させる。民族対民族、部族対部族、地域対地域、時として家族対家族の間で、この厳しい狭量さはしばしば秘密の戦いとなり、時には公然とした戦いになる。我々はそれを新疆においても公然とした驚くべき形で見る。それは家族に、血族に大きな力と圧倒的なまとまりを与える。人間的な気紛れも弱さも、人間的感情も通用しない。同じ血に属するものは大事にされ、指と爪で守られる。血を同じくしないものは、指と爪と歯で破壊される！

この関係で言うと日本人は、間違いなくアジア人の範疇《はんちゅう》には入らない。たとえ表面上隠れ、しばしば先祖がえりのように突然現れるように、そのような感情の動きが幽霊となってさまよい、ほんの数百年前にはお互いに代り番《かわばん》こに成功して相手を根絶やしにしようとした家系や一族がいたとしてもだ（「源平の争い」のことと思われる）。しかし今や、日本人にはそういう感情は一般的にはなくなった。日本人はアジア民族社会の外に出ているのだ。チンギス・ハンが日本の生まれだという話が真実なら、その時代の民族の関係は今とは違ったのだろう。彼らはより寛容で国際的でより狭量でなかったに違いない。というのは、個々の有色民族間の昔からの意見の不一致は今日、政治的、経済的対立によってより強められたからだ。今日、モンゴル人、それどころか中国人が一人の日本人の指揮下に入ることは全く考えられない。それは日本人が一人の中国人あるいはモンゴル人の支配下で一日たりとも耐えられないのと同じだ。

中国人にとって、少なくとも教育のある層では、日本人は小さく、価値の低い、まねのうまい人で、最悪と思われる方法を使うまったく卑しい存在だ。中国人の考えでは、日本の文明、文化、文書、建築技術、絵画、文学は中国のみすぼらしい模倣だ。我々の音楽は彼らには発情期の猫の鳴き声だし、我々の劇場は奇怪な陳列館だ。要するに、中国の影響と指導がなかったら我々は今日なお、文字通りの杭上生活者で、そこでは我々は杭の小屋に住み、文字を持たず、狩りと魚取りで生きていただろう。(2) 反対に日本人の国民的な見方に従えば、中国人は一種の寝ぼけた愚か者で、汚なく、堕落していて、金銭欲が強く、怠惰で、食事中、不潔で、くだらない習慣を持っている。彼らの劇場は日本人にとって奇怪な陳列館で、彼らの音楽は猫の鳴き声だし、彼らが近代的な意味の帝国を作ることもできず、国家財政を正常に保つこともできないのは同情を禁じえず、軽蔑に価する。子供は路地で育ち、中国人は馬鹿か劣等で、彼らはただ行商人か洗濯屋か裁縫師、要するに軽蔑された女のような仕事にしか向いていない。

中国人が弁髪をやめてから、人はそれをつまむことはなくなったが、彼らはたくさん弱点があって人はそれを引っ張ることができる。それ以外の有色アジア人は日本人にとっては「黒い肌の人」で、今日ならジャワ人、インド人、アラブ人、チベット人などだ。エチオピア人も例外ではない。日本人には、彼らは皆、有色人種という二級の民族と映る。反対にジャワ人、チベット人らは日本人のことを同じぐらい軽蔑していることも間違いない。原因は、千年も前から有色人種の肉体に根付いた人種的、民族的おごり、国民的ごうまんさで、白人は似たような考えは持てないだろう。だから、アジア人が白人種の存在を脅かすに足る「有色人種の統一」と聞いたら、声を立てて笑うだろう。もし彼が、その統一で日本人が指導的役割を担うべきだと聞いたら、笑いは一層大きくなるだろう。どの有色人種も、日本人の指導下に入ることは絶対に拒むことを彼は知っている。例えばインド人のように、むしろ有色人種と白色人種の統一が実現するのか、あるいはヨーロッパ全人種の最終的で全的な統一が実現するのか、それはヨーロッパ人には遠い話のように見えるが、我々アジア人はあすにもと予想している。

有色の植民地の人たちは、日本は攻撃的な軍事政権的やり方で自身の信用を非常に損ねたと見る。日本人が全有色人種の保護者にしてパイオニアだという威信は最早、過去のものになった。その肩書、ポストは、人々がかつて日本人に与えたものだが、日本人はそれを予想し得る未来にわたって、軽率さの故に失った。

（1）この探検家（隊）について詳細は分からない。チンギス・ハンの墓を探す目的が、その時代に盛んに主張された「チンギスと義経の同一性」を主張するためだった可能性は高い。「解説」の「義経がチンギス・ハンになった?」「『義経＝チンギス・ハン』説の歴史」参照。

（2）野原は『日本の素顔』の中で、「日本人の素地は海賊」という趣旨を述べ、その論拠も展開しているが、『黄禍論』において「日本人海賊」論を暗示する部分はここだけ。「解説」の「『日本人はもともと海賊』説」参照。

政治はとびはねる

日本は強い日本を創ることがアジアの独立に保証を与える、と信じている。アジア人は、強いアジアを創ることが、日本の独立の保証になる、と信じている。個別の政策と全体の政策がここでは衝突している。つまり日本はアジアの平和と独立のために尽力すべきだと信じている。他のアジアの人々に意見があるとすればそれは、日本はいつか強いアジアを必要とする日が来るというものだ。ヨーロッパの帝国主義から押し潰されず、切り刻んで、アジアとの連合から切り離されないためにもそれを必要とする、というのだ。

一九三四年、アメリカからフィリピンに認められた独立についての議論が高いうねりを見せた時、私は「コラーレ」という雑誌に次のように書いた。

フィリピン人の約束された独立についての歓喜はやって来ない。というのは、現実的政治家であるフィリピン人の指導者は、独立の虚構を、同時に考えられる全ての制限と交換で手に入れることが割に合うかどうか、自問している。制限というのは、アメリカが今や他国となる島々に適用しようとするもので、それは移民の禁止、輸入税、駐屯軍と官僚スタッフの撤収、航路の廃止などである。そして日本という拡大主義の国が近くの島に住んでいる。絶望的な「近さ」だ。シンガポールの英国は更に近い。老いたとはいえ、ライオンのごつい前足で極東政策に介入しなくなるほどくたびれてはいない。どのくらい長くフィリピン人は独立の喜びにひたることができるのかとフィリピン人は自問する。フィリピンを知る人は大まじめに、フィリピンはアメリカに引き続き七千八十六の島々を支配するよう願う可能性がある、と考えている。(「コラーレ」NO・三十九、一九一四頁)

論文はマニラに届いたに違いない。私はマニラのあるフィリピン人愛国者からの質問を受け取った。それは、そのような無責任なおしゃべりをした「フィリピンの専門家」とは誰か、という質問だった。

フィリピン人の愛国者は、年来の厳しく、時には危険な活動が成功して今や栄誉を受けたことを誇りに思っているが、その成功は、彼らのアンクル・トム（米国）が、アンクルの流儀で自発的に認めたものだ、という主張だった。

私はこう答えた。「専門家というのは、例えば私自身だ。無責任なたわ言というのは、私がフィリピンについて知っていることと、私が極東の発展を勉強する中でつかむことができると信じたことだ」

そうこうするうちに、私は他のアジアの国から抗議を受けた。その中には中国と日本からのもあった。

どうして私がアジアの国々の努力を信用できないということがあろうか。フィリピン人が独立を一度つかまなければならず、アジアの全ての民族、特に日本はそれを確かなものにしてやるだろう、というのは自明のことだろう。そしてついにマニラから回答が来た。それは私がこの間、聞かざるを得なかった非難と同様に怒りのこもった文章だった。

私は首を垂れて黙っていた。私は十分な確信を持って真実を述べた。それが現実となるかどうかは、ただ時の経過だけが証明できる。

さて、地球が太陽の周りを一周半して、一九三五年十二月十一日、新聞にこんな記事が載った。

「フィリピンからの叫び　いわゆる日本の恐怖――アメリカの保護統治継続への希望」

フィリピン人の独立への夢は急速に消えた。全ての兆候が欺いていなければ、アメリカの議会は遅かれ早かれ、アメリカ国旗の保護下にあるフィリピンの現在の暫定措置を継続するよう要請されるだろう。ますます発展して脅威を与え、公然と全東洋を掌握しようとする日本軍は今日、その黒い影をフィリピンに投げ、フィリピンは最早、長い間、独立を維持し続けるという信仰に没頭することはできない。フィリピン経済の指導者は、もしアメリカがフィリピンとの政治的繋がりの持続に都合よいような、期待とは逆に動く場合、イギリスに相手を変え、フィリピンをその旗下に置くよう願う、という予想も成り立つ。政治的に活動的なフィリピン民衆の多数は、政治的独立より安全に重きを置く。フィリピン人は日本の標語から何も求めない。

植民地勢力が植民地を突き放そうとする一方で、植民地は植民地勢力に尚引き続き抑圧するよう願うなんて異様ではないだろうか。それが決して異様ではないのだ。むしろ来るべき十年間に何回も起こるだろう。ジャワの愛国主義者がオランダを動揺させ、ジャワやインドネシアの他の島々に独立を与えることに成功したらすぐ、マレーやビルマやインドの愛国主義者が英国を動揺させ、彼

郵便はがき

料金受取人払

板橋北局承認

93

差出有効期間
平成25年7月
31日まで
(切手不要)

1748790

板橋北郵便局
私書箱第32号

国書刊行会 行

フリガナ ご氏名		年齢	歳
		性別	男・女
フリガナ ご住所	〒　TEL.		
e-mail アドレス			
ご職業		ご購読の新聞・雑誌等	

❖小社からの刊行案内送付を　□希望する　□希望しない

愛読者カード

❖お買い上げの書籍タイトル：

❖お求めの動機

1. 新聞・雑誌等の広告を見て（掲載紙誌名：　　　　　　　　　　　　　）
2. 書評を読んで（掲載紙誌名：　　　　　　　　　　　　　　　　　　　）
3. 書店で実物を見て（書店名：　　　　　　　　　　　　　　　　　　　）
4. 人にすすめられて　5. ダイレクトメールを読んで　6. ホームページを見て
7. ブログやTwitterなどを見て
8. その他（　　　　　　　　　　　　　　　　　　　　　　　　　　　　）

❖興味のある分野に○を付けて下さい（いくつでも可）

1. 文芸　2. ミステリ・ホラー　3. オカルト・占い　4. 芸術・映画
5. 歴史　6. 宗教　7. 語学　8. その他（　　　　　　　　　　）

＊通信欄＊

本書についてのご感想（内容・造本等)、小社刊行物についてのご希望、編集部へのご意見、その他。

＊購入申込欄＊

書名、冊数を明記の上、このはがきでお申し込み下さい。代金引換便にてお送りいたします。（送料無料）

書名：　　　　　　　　　　　　　　　　　　冊数：　　　冊

❖最新の刊行案内等は、小社ホームページをご覧ください。ポイントがたまる「オンライン・ブックショップ」もご利用いただけます。http://www.kokusho.co.jp

＊ご記入いただいた個人情報は、ご注文いただいた書籍の配送、お支払い確認等のご連絡および小社の刊行案内等をお送りするために利用し、その目的以外での利用はいたしません。

らが独立を与えることに成功したらすぐにでもだ。

独立という価値ある財産に対する最初の陶酔や喜びが消え去ったら、当然の様に、素面《しらふ》の考え、素面《しらふ》の吟味が現れる。我々は独立によって何を得て、何を失うのか。人々が我々に与える独立は、再び我々から取り上げることができるものではないのか。植民地勢力は植民地を自由にしようとし、植民地は決してそれに同意しない、というこの現象は決して異様ではない。それはむしろ新しい理論の現象に属する。新しい、気まぐれな論理だが、人がもし、来るべき時代の物事を理解しようとすれば、慣れなければならない論理だ。政治はとびはねる。

日本の連隊が満州で張学良の軍隊と戦い、満州国建国を間近にした時、何千キロと離れて一人の政治家が生き仏のパンチェン・ラマ(1)に接触し、そして彼、つまり神を政治ゲームに巻き込むことが企てられた。

「黄色」と「赤い」ラマがチベットの権力を分けている。チベットでは人口の六人に一人は僧か神官だ。「黄色」からダライ・ラマ(2)が出た。彼はラマ教の世界的法皇でチベットの支配者である。「赤」からパンチェン・ラマが出た。彼はラマ教の精神的な法皇で数百万人と更にチベット以外で生活しているラマ教徒に君臨している。ダライ・ラマはラサのポタラ城に住む。ここは部屋が一万もある素晴らしい建物で、彼は新時代の統治者としてそこにマイクや電灯を備えさせた。パンチェン・ラマはラサの西タシフンポで隠棲《いんせい》している。

チベットは本来、中国帝国の省だったから、ダライ・ラマは一九一〇年、中国の主権から離脱しようと試みた。正確にいえば、彼の命を狙った中国側の襲撃が何回も失敗した後だ。中国は彼を捕えるため二千の兵を送った。彼は山脈を越えてインドへ逃げ、イギリス当局から心からの歓待を受け、その助けを得て一九一二年、革命勃発で中国が混乱した時、ラサに帰ることができた。以来、彼はイギリスの忠実な友となり、疑いもなく中央アジアにおけるイギリスの将棋の駒の一つとなった。彼は若者をイギリスに行かせて、オックスフォードやケンブリッジで勉強させ、その軍隊をイギリスやインドの教官の助けを得て西欧を模範に再組織した。彼はまた、宗教的な共同摂政でかつライバルであるパンチェン・ラマ（彼の同情は間違いなく中国に傾いている）の影響を減らそうとした。一九二三年、両者の関係の破綻が公になった。チベット政治の正統な手段である毒と短剣を恐れて、パンチェン・ラマはささいなきっかけで中国へ逃げ、中国とモンゴルで説教、宣伝しながら旅をして、ダライがインドで受けたのと同じような理解ある歓待を受けた。一九二六年、南京の中央政府ができると、彼らは反乱勢力と見なされたダライに対して積極的に動き出した。

長い戦争が始まり、その間、チベットは公然とイギリスの保護を享受した。しかしそれは何の役にも立たず、中国の懲罰軍は勝利し、ダライの武装した僧やイギリス風軍隊は敗れ、イギリス領インドの政府は大急ぎで特使としてサー・チャールズ・ベルをダライの宮殿に送った。しかし特使がラサに着く前、一九三三年十二月十七日、ダライが死んだ。恐らく暗殺だ。この間、パンチェンは南京に住み、あるいはモンゴルに旅した。モンゴルでは彼の影響は確実に増えた。というのは、今や、チベットの新しい世界的な首領の命名権が彼に与えられ、彼は国の命運を我が手に握ったからだ。彼は政治的なチェス・ゲームの「王様」になった。まさにこの心理的に適切な瞬間に、日本の政治がベールを被せた勧誘を以ってパンチェンに近付いた。勧誘というのは、パンチェンをアジアにおけるゲームで公然と日本の側に置き、日本のスローガンである「アジアをアジア人に」（アジア人は「アジアを日本に」と理解したが）をパンチェン自身のものとして、ラマ教のスローガンとして宣言してはどうか、というものだった。要するに、もし彼が日本の政策に味方すれば、彼とチベットの有利になる、ということだ。なぜならその政策は彼に、昔同様、イギリスに働きかけられている彼の故郷と、周知のようにソビエト・ロシアの影響下にあるモンゴルの権力を最終的に自身に引き付けることを可能にするからだ。交渉は南京で何カ月もあっちへ行ったりこっちへ来たりした。免許証を持った二人の赤いラマ教徒に運転され、天蓋には銀の取っ手があって、腰にモーゼル銃を下げた向こう見ずなボディーガードが取り付いている蔣介石のレモン色の豪華な車がいつもつかえひっかえ日本人やモンゴル人やチベット人の客を宮殿に運んだ。そこにはパンチェンが住んで、その忘我の祈りの中でも崇高な政治を忘れなかった。中国人とアメリカ人の顧問が彼を取り囲み、中国人とアメリカ人のラジオ技師がマイクロホンを彼の高貴な口の前に差し出し、録音機がぶんぶん音を立てると、彼はいつものように誇り高い答えを発表した。

日本はパンチェン・ラマのアジア政策とパンチェンが代表するラマ教の高い教えに味方するべきだ。日本はその際にのみ利益を得て、ラマ教の助けで大きなアジアと、日本が失ったその精神との合一を再建できるだろう。

これを聞いたヨーロッパ人の観察者はほんのわずかだったが、彼らには、土着の民族と信仰に根付いた精神世界の大きな領主が、根無し草の、日本のものでもアジアのものでもない理性的な政策の日和見主義のゲームに、それに相応しい教訓を与えたように見えた。このヨーロッパ人の観察が正しいか正しくないかはきっぱりと未決定のままにしておこう。日本人とヨーロッパ人は必然的に違ったやり方で物事の判断を下す。それでもパンチェンの答えは日本人の心に突き刺さる。そしてラマ教が本来の宗教である全中央アジアでパンチェンの答えは強い影響力があった。政治は再びとんぼ返りをした。

同じ年、日本の一定の政治グループは、アジアの一本化はイスラム教と極東世界の和解がないと不可能だという認識の下、人はただのゲームと言うが、大きく重要な政治ゲームを実行に移すという計画を受け入れた。計画の目的は、天皇をイスラム教に改宗させ、高僧ウル・イスラム、つまり全イスラム教徒の統治者として、アジアとヨーロッパの間にある全イスラム世界を、極東と日本の政治に直結させるという。多分、政治家の念頭には機会をとらえて引き起こされる「聖戦」があった、と思われる。この計画は天皇の人格と地位を侮辱し、また、シェイヒ・ウル・イスラムのそれも侮辱するものだ。あたかもそれは、世界で一番古い王朝の子孫にして、日本古来の宗教・神道の最高司祭である天皇が、日本人とその神々との仲介者としての地位を突然、外交的理由から乗り換えて、同じように大地に根付いた、同じように独立の誇り高い民族から尊崇される宗教の頭首になることができる、かのようだ！　この計画はそれに相応しい終わり方をした。計画がおかしなことにイスラム教徒に漏れ、彼らはくそ真面目な日本人と違って、はっきりとしたユーモアのセンスを持っていて、計画は忘れ去られてしまった。

西洋人の観察者は、より重要な問題に移る前に次のことをはっきり確認しておいた方がいいかもしれない。それは、ここに日和見主義の政策が売春仲介になったということ、特に日本のそれが、日本の大地からアジアの他の地に移されそうとした途端、大地に生まれ、根差した不確定要素を誤解し、誤評価するという致命的方法で、大分前に「クズ鉄」にされたはずのかつてのヨーロッパの帝国主義的なアジア政策と全く同じ道筋を辿る、ということを。この不確定要素はもう去ったかもしれないが、大地に縛られ、大地に生える「原料」よりも大事で、この周囲に全ての政策が巡り、人々はその意味について手ひどい勘違いをする。日本が大陸で、元々ヨーロッパの、イギリス流の帝国主義的政策をやろうとしているように見えることは、日本とアジアの友人であるヨーロッパ人をいずれにしてもひどく悲しませた。真実の日本の友は同時にアジアの友であるはずだ。

ここ西洋では人々は固く東西の統合を信じている。それは日本というあの東洋の島国グループで実現されるに違いない、と。本当に、日本人はそこ日本で組織的にそのために奮闘するだろうと。人はだからまた、政治において最良と言う西側と東側の外交が五千年の経過の中で生み出した統合に希望を持ち、反対にご都合主義、たなぼた願望、無理やりこじつけて引き合いにだしたもの、それに自然や民族の独自性を喪失したものに希望を持たない。この失望が正当性を証明するかどうかは、再び明確に未決定のままにしておこう。いずれにしても、彼・ヨーロッパ人にとっては、日本の政策が大陸の大きな複雑なチェス盤の上に登場すると、びっくりするほど無邪気で、危険はなく、ほとんど孤立無援になるという安心できる満足感に満たされる。

チンギス・ハンは本当に日本人だったのか。彼の後継者はなぜ彼のまねができなかったのか。彼らはなぜ、チベットやイスラム教徒問題、北部シナで倫理的、政治的に失敗したのか。名前や紋章の類似や、二、三のデータが一致するだけでは、歴史上の二人の人物の同一性を証明するには足りない。日本のアジア政策に関して言えば、この神秘に満ちた、秘密の力で鬼火のように揺れ動く大陸の内部に手を突っ込んだ他の全ての外国勢力と同じだったのではないか。アジアは、自分たちに向かってくる全ての試みや努力を破壊する力があったのか。我々全てを生み出した計り知れない豊穣な母胎である、アジアの中央にある大地がちょっと肩をすくめただけだというのに。

それを最後まで考えていくと、次のことが分かってくる。「とんぼ返りした政策でも、真実の価値を促進できる」ということを。

アジアの大地は鉱物資源が豊富だ。しかし、もっと豊富なのは「認識」なのだ。

（1）　チベット仏教ゲルクン派の副法王。ダライ・ラマに次ぐチベットの政治・宗教の権威者。

（2）　チベット仏教ゲルクン派の法王。一六四二年のダライ・ラマ政権樹立後、ラサにポタラ宮を作り、政教両面にわたるチベットの法王となる。現在の十四世は一九五九年以来、インドに亡命中。

アビシニアと大阪の綿商人

エチオピアの一握りの褐色の人々の運命はそれほど重要ではなく、単なる挿話に見えるかもしれない。ヨーロッパ勢力は二百年来、「我々は全く別の心配事を抱えている」という適切かつやっかいな標語通りの状態だ。しかし、アビシニア紛争においてかつて歴史が、アジア・ヨーロッパ関係の転換点の様相を呈したという事実を否定するものではない。それは、一つの独立した有色人種の国家を強襲することが、有色人種全般の蜂起の徴を示したからではなく、その際に、アジア民族がヨーロッパの植民地政策の誠実さと信用性に対してもつ信頼が最終的に崩壊したという理由によるものだ。

アビシニアはイタリア人にとって恋のアバンチュールの相手ではなくなったかもしれないが、ヨーロッパ、アジア的計算の終始線だ。今や足し算と引き算が始まり、債務と債権がきちんと整理されて並んだ、ところで誰が小切手の支払いをするのだろうか。

報道陣がアビシニア紛争勃発でローマにいる日本の外交代表で、日本人離れした巨漢で、国際オリンピック委員会でも特異な風采で目立っていた杉村《すぎむら》（陽太郎《ようたろう》）大使(1)に、エチオピアに対して日本が関心あるという噂について質問した時、具体的に言うと、日本の皇女がエチオピアの王子にとつぐのではないか、そして黄・褐色の個人的関係が生まれるのではないか、日本はエチオピアに木綿のプランテーションや空港を持つ計画があるのではないか、というようなことだが、杉村はこう答えた。それは外交官に相応しい簡潔なものだった。

日本はエチオピアに政治的な関心はない。

そしてそれは真実だった。その際、彼が「政治的」という言葉にどんな力点を置いたかについては、そのインタビューが書き記されただけで、録音されなかったので、今となっては確かめようがない。更に、その母語が古い、上品で控え目な言語である日本人が、イタリア語で話す場合、強調する、ということはしない。いずれにしても、新聞は肝心の言葉を書き落とし、ヨーロッパは決定的口調の次のような記事を読んで、びっくりした。

日本はエチオピアに関心がない。

イタリアの世論は喜んだ。見よ、有色人種のリーダー日本は我々にフリーハンドを与えた。続いてローマの日本大使館と東京の外務省の間に電報が大量に飛び交い、いずれにしてもイタリア以外の国の新聞では正式な取り消しが行われ、それが今度はムッソリーニを怒らせた。結局それが、一九三五年十二月のロンドン条約会議で、イタリアは日本の艦隊比率に対する（修正）要求に対し反対票を投ずるに至った大きな理由となった。そもそも誰が「政治的」の一語を落としたかについては、最早、確認しようがない。

イタリアの新聞はそれを「堕落した常習的嘘付きのイギリスの新聞」のせいにした。イギリスの新聞は、イタリアの新聞に誤りの原因を紛れ込ませようとした、この場合、「真実は中間にある」という言い方はできない、と。

杉村大使は、「東洋のマンチェスター大阪」の産業界、商業界に近かった。この色彩と印象の薄い人口約四百万の都市はこれまで、企業意欲と労働と計算を優先して、都市に顔を与える暇が無かったが、主として木綿産業が盛んだった。大阪は世界中の他のどの都市にもまして木綿に依存する町といえよう。

木綿は日本の主たる輸入品だ。一九三三年にそれは六億四百八十四万円輸入され、一九三四年は七億三千百四十二万円、最近は大幅に下落して、やっと四分の一で、生綿で一億八千六百四十五万円だ。

木綿加工品は日本の主たる輸出品だ。日本古来の生産物・絹との競争は示唆に富んでいる。木綿は一九三一年に生絹の半分に過ぎなかったが、輸出に成功して一九三三年には絹に追いつき、一九三四年にはほとんど倍近い額になった。言葉を変えると、日本人、とりわけ大阪とその周辺の人々はますます木綿の加工で稼いで生きていた。その原料の木綿は全て輸入に頼っていた。

日本人の服は夏も冬も同じ素材の絹か木綿で出来ている。ただ冬には上に着る服に綿を何層にも重ねた詰め物が入っていて、それはいつも新しいものでなければならない。冬の寒さがきついにも拘わらず、日本の家屋は暖房がない。だから、六千九百万の衣類は毎年新しい詰め綿を必要とし、六千九百万の掛けぶとん、それに同数の敷きぶとんにも詰め綿が必要だ。

中国の冬は厳しい。中欧より厳しい。三千万人の満州人と何億という数え切れないほどの中国人は夏も冬も同じ服を着て、ただ冬は厚い木綿の芯の入ったものをズボンやマントや帽子に付ける。大阪の木綿を扱う業者は国の政策を左右する力を持っている、と考えられている。木綿は南方でだけ採れるから、上の政策が向かうのは「南方」だ。しかし、大英帝国の全世界規模のニューディール、すなわち新たな原料の配分と移住地区の決定がなく、またそれ故に人口が少なく、木綿栽培に適している豪州の北方地域は未だに耕作されず、更にインドとの生産力の裏打ちのある交換的交流の協定が英国と結ばれていないので、日本は方針を変え、エチオピアと木綿畑の設置について協定を結び、日本の指導で国土の開発と発展を図る協定を結んだ。もし英国との協定が結ばれていたら、インドは生綿を日本に売り、そのために日本の綿布地を買っただろう。

杉村大使の声明は欠落部分を補うと次のようになる。

日本がエチオピアに飛行場を作る計画は断じてない。エチオピアの太守と日本の小貴族の娘との間の、目下揺れている結婚問題は、政治的、人種的理由により、日本政府により取り消された。

日本は近隣に木綿生産地がないので、インドと違ってヨーロッパの強国の立法権の下にないエチオピアに木綿畑を得ることは経済的に利益がある。だから日本は、イタリア・エチオピア紛争の成り行きを興味深く見守っている。

この「見守る」という静観的態度は、日本が直接的に、あるいは見通しが効かない場合、全てのヨーロッパ外の事象に対して取るべき態度なのだが、これが、日本を注視する有色人種には満足できない。

そしてアビシニア紛争は疑いもなく日本にとっての転換点を意味した。「有色人種の保護者にして後援者」という日本の名声は、中国における軍事行動において他の有色民族の目に、ひどく損なわれたのだが、それを最終的に失った、という限りにおいて。全ての有色人種、植民地、半抑圧民族が一致団結したデモがもし実現したら最低限、印象的だっただろうに、その代わりに、個別の行動と個々のデモが行われた。例えばエジプトのマスードの反乱、サウジ・アラビアのエチオピアへの接近、それに以下に掲げるシリア、アラブの注目すべき表明などだ。

アラブ系民族の同情がアビシニアに向いていることは当たり前だ。というのは、アラブ人には独自の経験から外国人による支配の結果が知られているからだ。もしアビシニア紛争から世界戦争が起こったら、アラブ系はあらゆる感傷に影響されることなく、アビシニアの救援の戦いに最大限の利便の提供を申し出る側に付くであろう。

それはつまり、最近の第一次世界戦争において、イギリスに付き、その約束を信じたという誤算を、来るべき世界戦争においてはどちらに付くか、よく考えることによって埋め合わせしようと望んでいる、ということだ。イギリスの約束については、イギリスの友人の故ファイサル王は経験上よく知っている！

一つの有色人種、それがたとえ黒色風の兄弟であろうとも、全西側世界の注目を釘づけにしたまさにその時、イギリス人がトーキーについて、よくタイミングが合っている、と言うように、北中国の諸省には喧嘩している最も大きい二つの有色人種の不快な図があった。いや、我々日本人は有色人種グループからは遠く離れている。いずれにしてもヨーロッパ民族のグループよりもはるかに遠く。

それについて、北アメリカの黒人の明解な姿勢もだましようがない。彼らは人種の団結を断固要求しながら、ハム族の一部としてセム族の支配民族を救援しようとする、そのセムの支配民族は何千年も前からハム族の先祖たちを支配している。アメリカの黒人とその好ましい姿勢で示されるのは、彼がいかに精神的信念に従ってその母国と他の有色民族の考えから遠くへだたったかということを示す異様なケースだ。

それでもアビシニアの紛争は、被害者以外の全ての参加者、非参加者にとって恥ずべき舞台だが、日本と中国、それに全有色民族に以下のことを示すという利益があった。それは、多くの白人種はアメリカと反対に（その姿勢は褒めるに十分なものではないが）植民地の占領の時代が完結したわけではないと考えていて、白人国家にとって今日、戦争を公然と吹っかけて、白人世界の気の進まない、行動を伴わない懲罰しか下されないのをいいことに、魅力的な所有物のある有色人種の国に入り込むことが可能だということだ。それは特に日本にとって重大な警告のはずだ。その際忘れてならないのは、アビシニアはそれでも文明化されたヨーロッパの良質の部分の感情と、しばしば現実的な同情を集め、実際の政治では、二、三のヨーロッパ列強を動かして、イタリアに目的を達成させていないように見えるが、これは全くの偶然だった。

反対にもし日本がそういう立場になったら、全世界の反感を覚悟しなければならない。日本は国際連盟から脱退することによって、素っ気なく扱い、世界の労働者階級に対し、いわゆる反動的な政策と反社会的な労働者立法で機嫌を損ね、世界の資本家に対しては危険な競争的姿勢によって激怒させた。

今日、どんな日本人も無視できないことだが、日本は世界で一番嫌われた国で「世界の敵、ナンバーワン」だ。もし日本が有色人種の中に後ろ盾が見つからない時は、決定的な時間は孤立しているだろう。

孤立の予感は、一九三五年のロンドン艦隊会議で日本が感じたものだ。日本の代表であるかつてのベルリン大使・永井松三《ながいまつぞう》(2)と永野修身《ながのおさみ》提督(3)が白人国家の断固とした、一歩も引かない前線に出会ったその時だ。日本で今日、「白禍」を生々しく、不安気に語り、ヨーロッパでは「黄禍」について語っているとは驚きだ。永野はまた、これから引用する将来の戦争を描いた本の中にも登場する。

世界史は白人によって書かれるものではあるが、日本は有色人種の統一を妨げる国民として世界史に登場してはならない、ということに早く気付かなければならない。上海と日本の間を規則的に行き来し、極東情勢に詳しい、ある英国人がかつて、上海クラブ(4)での熱の入った議論の最後に私にこう言った。「日本が今最も必要としているのは健全な殴打だ。地震か敗北があれば、黙って団結するだろう。一九二三年以来、大地震がないから良くない」。厳しくかつ乱暴な言葉だ。しかし、私自身、この言葉を確信を以って否定できない。というのは、私自身、「教育的地震論」の擁護者だからだ。地震は全てを失っても、また一から再建する用意があるように日本人を育んだ(5)。それは運命主義から脱却できない中国人と正反対だ。日本国民の最善の力は、危機において初めて発揮されるように見える。

ある上海在住のドイツ人(6)も話し会いに参加していた。彼はハンブルクの大きな会社の中国と日本における代理人だが、用心深く、かつそれ故に包括的に次のように語った。

　日本人の理想は今日、不幸なことに、多くの党派や個人に分割されている。軍隊は理想の幾らかを代表し、反動主義の政党は幾らか、天皇周辺の高官も若干を、他は労働者の政党に分かち持たれ、おそらく、幾らかは（しかし決して全てではない）政府にもある。日本国民の素晴らしい一貫性と団結力はそのようにして失われたが、ドイツにおいては一貫性と団結力は新しい政府によって再建された。その過程で政党は潰され、そこから真にドイツ的と言える理想を選び出した。

（1）一八八四―一九三九年。大正、昭和の外交官。国際連盟から派遣されて満州事変を調査したリットン調査団が一九三二年十月、満州で日本が侵略政策を実行したと公表し、リットン報告書をめぐって国際連盟の臨時総会が開かれた時、杉村は同連盟事務次長の要職にあった。杉村は本国・日本と連盟との関係の調整に奔走、「杉村・ドラモンド案」を作成したが、国際連盟に加盟していない米ソを満州問題の審議に参加させるという連盟側の立場が案文中に残されていたため、内田康哉外相が強硬に反対し、杉村の妥協工作は失敗した。（上山春平『世界の歴史　23　第二次世界大戦』＝河出書房新社）

（2）日本の外交官。外務大臣、駐独大使。一八七七―一九五七年。

（3）ロンドン海軍軍縮会議全権。海相、連合艦隊司令長官、軍令部総長。戦後、A級戦犯容疑で裁判中に病死。一八八〇―一九四七年。

（4）上海クラブは上海在住の英国人が作ったクラブで、メンバーは英国人が圧倒的に多く、少数のアメリカ人、フランス人、ドイツ人が加入していた。野原は「ドイツ人」として加入していた可能性がある。上海・外灘にあるクラシックな建物で、現在は「東風飯店」となっている。巻末に写真。

（5）野原は前著『日本の素顔』で「大地は震える」の一項を立て、列島に頻発する地震と日本人の心性を強く関係付けている。「解説」の『新しき土』も参照。

（6）確証はないが、この人物が野原と親しいフリードリッヒ・ハックの可能性がある。ハックは大の日本通で、満鉄の顧問の秘書としても活動した。一九三六年、ナチの勃興とともに、対日接近を図ったドイツ外相リッベントロップに認められてアドバイザーとなり、日独防共協定のお膳立てをした。日独合作映画『新しき土』の陰の推進役としても知られる。後に反ナチに転じ、太平洋戦争末期、日本海軍士官の藤村義朗がスイスを舞台に展開したアメリカとの終戦工作に尽力した。一八八五―一九四九年。ハックは第一次大戦に参戦し、青島で降伏したドイツ将兵の一人として、日本の収容所に送られた。ここでの「体験」で日本がすっかり好きになり、こののち、日独友好に奔走することになった。日本各地に分散収容された捕虜たちと「日本の民間人との関係も円満であった。彼らのなかにはドイツの文化や技術を日本に伝える役割を果たした者も少なくない」（尾鍋輝彦『二十世紀　5　第一次世界大戦』＝中央公論社）。ハックについては「解説」の『新しき土』、「松方コレクション」、「上海クラブ」、「ナチの野獣的行為」など参照。

第四章

「一九三六年の戦争」

ホノルル発、一九三五年十二月十三日——当地の税関当局は本日、汽船・秩父丸から降ろされた日本の雑誌『日の出』の入った木箱七十七個を押収した。その雑誌は付録として一九三六年における米日の未来戦争についてのセンセーショナルな報告を含んでいる。税関当局によると、汽船・タフト大統領号で前週到着した同誌の別の送達分も押収された。（新聞記事）

太平洋の対岸のアメリカ人に本当に嵐を引き起こした福永《ふくなが》恭助《きょうすけ》海軍少佐の百十九ページの小冊子は、一隻の魚雷艇が平時に動機もなく、アメリカ極東艦隊の旗艦ヒューストンを雷撃し沈めた、という話を載せている。[1] 駆逐艦艦長でこの攻撃の責任者、牧海軍大尉は、一九三五年のロンドン軍縮条約でアメリカが日本の艦隊比率を不利に決めたから、いつか仕返ししようと考えていたものだが、軍法会議で死刑判決を受けた。しかし、銃殺隊が申し合わせたように三度撃ち損ない、その結果、戦時法に基づき、牧は命が助かった、賠償請求の拒絶に怒ったアメリカは宣戦布告、米艦隊は日本を叩くべく出撃した。牧大尉は再び、自分の駆逐艦の指揮を任された。魚雷射手として河野剛という外地にいた日本人が同艦に乗り組んでいた。彼はそれまで満州、大連で技術者として働いていた。

……中略（福永『小説　日米戦未来記』から独訳引用された部分なので、省略した）……

本はハッピーエンドとなっている。傷付いた河野は回復して妻のもとに帰った。妻はその間に一人の健康な女児の母になっていた。家族一緒に秩父丸という最も美しい日本の商船に乗って、今や日本領となったハワイに移住した。しかし著者はこのハッピーエンドで政治的なポイントを書くことを忘れなかった。

秩父丸には牧大尉の立像も乗せられていて、それはハワイのワイキキの港に建立された。

今日、海運について全くの門外漢もいないが、次のことを理解するには、必ずしも海運関係者か海軍士官である必要はない。それはつまり、福永がどんな意図でこの本を書き、米艦隊に対する勝利を理解してもらいたかったかということだ。

彼がアメリカに引き起こした激昂は理解できない、人々は彼が故意に最後に辻褄が合わないようにストーリーをもっていったと考えた。ある晩、三隻のアメリカ空母が日本の巡洋艦と駆逐艦に沈められ、一方、三、四隻の日本の母艦がアメリカの軽量級の部隊に沈められた。その晩、アメリカの全軍用機が、残存する日本の輸送船を使えないようにするのは難しいことではなかった。

太平洋は、現実政策を掲げ、決して威信政策を取らない政府のある国家、つまりアメリカ、ロシア、日本、それに豪州に取り巻かれている、というのは幸いなことだ。アメリカは、それを中国とフィリピンに対して距離を取り、あるいは遠く離れていることによって証明した。これらの国々は皆、その民族の強さは戦闘力以外のところにあることをよく知っている。また、動員可能性、攻撃性能の方が、既に投入され、戦い、損害を被った軍事力よりもさらに大きな価値があることを知っている。こういう条件で、太平洋で事が起こったと仮定しても、アメリカはフィリピンに気前よく独立を認め、アジア大陸に関心がない、と宣言しているから、その艦隊を台湾諸島まで差し向ける動機がないだろう。アメリカはその艦隊をハワイで待機させるだろう。

そして母港から遠く離れた艦隊にとって、一戦交えることが不利と悟るのはアメリカではなく、むしろ日本の艦隊だ。日本艦隊はもし出撃しても疲れ果てるまで駆り立てられ、アメリカの前衛部隊との戦闘によって消耗したうえで、休養十分で力漲《ちからみなぎ》り、日本より六割も上回る敵と当たることになる。敵は強力な陸と空の両方から支援されて安全だ。いずれにしてもこれが、アメリカの海軍士官が詩人的素養で描写し得る表現だ。

アメリカ艦隊が、日本の遠洋艦隊による攻撃を十分な余裕によって予期する時、五隻の優良な汽船を空母に作り変えることによって準備を整えることができる。それによって、一朝一夕では追い付けない優勢さを保てる。福永はこの本を日本の優勢勝ちで締めくくったので、自信に満ちて、アメリカか他の勢力が仕返しするために航空部隊を日本本土に差し向ける可能性は無視した。日本本土の人口の三分の一は東京、横浜の大都市圏と、大阪、神戸、京都の大都市トリオのエリアに集中している。

これらの都市間の郊外の人口だけでも、ライン、ウエストファーレン工業地区しか並ぶもののない濃密な人口分布である。商売や産業にとって重要なものの全てと、軍や海運、航空の中心、政府、官庁は全てここにある。

敵機が一発でも爆弾を落とせば、全て直撃弾となり、何百万円相当のものを消滅させてしまう。それほど強力でない爆撃機隊でもわずかの時間で列島国の背骨を打ち砕くことができる。この面では、日本は非常に不利で、ほとんどエチオピアと変わらない。

結論を言えば、私は海運、海軍の専門家ではないが、アメリカの艦隊は壊滅的打撃を受けない限り、残存する一一七の部隊を降伏するのではなく、可能なら母国へ戻るか、少なくとも敵手に落ちないようにする義務がある、と考えるだろう。快速の部隊、つまり巡洋艦、駆逐艦は最初は煙幕を張ってでも四散し、数的に劣勢な日本の追跡艦に近付いて、第一次大戦のドイツの外洋巡洋艦にならって大規模な巡洋艦同士の戦いを展開すれば、日本の海上輸送を遮断、あるいは阻害し、日本に占領されたハワイ等への補給を断つことができるだろう。

逃げられなかった大き目の艦隊は自沈させて、日本艦隊に日本の湾に曳行されるのを阻止するしかない。一言で言うと、福永の本は、日本艦隊の勝利をありありと描いたのではなく、太平洋での覇権を握る見込みが全くないことを読者に示そうとしたのだ。それは残念ながら、アメリカ世論に理解されたようなアメリカへの挑戦ではなくてむしろ、艦隊協定で条件付けられた日本艦隊の弱さ、特に空母と航空機の不足についての悲嘆に暮れた歌だ。

上級軍事顧問会議メンバーの加《か》藤《とう》寛治《ひろはる》提督（一八七〇―一九三九年）が寄せた序文はまた、アメリカで公的な承認（ここで承認というのは裁可、あるいは是認の意味）と理解されたものだが、それは二、三のセンテンスで次のように明確に述べている。

> 私はこの本の読者に、来るべき国土防衛において強力な空軍のもつ重要性を認識してほしい。

一九三五年十二月のロンドン第二次軍縮会議における日本の要求は五・五・三という比率の廃棄と、その代わりの空母と戦艦の廃棄だった。ただし、潜水艦を除いて。それはつまり、そう要求することによって、海上をにらむ強力な空軍力への要求を自ら取り下げ、攻撃の意図がないことをはっきりと示したのだ。潜水艦に対する要望は、浜と湾を防衛するという極めて当然の望みに応えるものだ。

(1) 新潮社の雑誌『日の出』の一九三四年新年号第一付録として載った。

第五章

黄禍——日本とヨーロッパにとって

金はどちらのものか——その頭が刻印されている者か、あるいはポケットにそれを持っている者か。

九月のある日

九月のある日（一九三五年九月十八日）、新聞に次のような記事が載った。

政治欄は「移動中の艦隊」と伝えた。イギリスの巡洋艦ベルビックは中国の海域を出て、秘密裏に西へ向かえと命令され、威海衛とシンガポール間を普段なら六日かかるところを六十二時間も短縮して進んだ。四隻の駆逐艦と空母も西に向かうべくシンガポールで待機している。世界最大の戦艦であるイギリスの巡洋戦艦フッド（四万二千トン）、巡洋戦艦レナウン（三万二千トン）、巡洋艦オリオン、アキレスも四隻の駆逐艦を伴ってジブラルタルに着き、目的不明のままで航海を続けた。アレクサンドリアに係留していたイギリス艦隊の一部はポート・サイドと紅海に向けて移動し、二、三隻はスエズとスエズ運河のイスマイリアに留まった。イギリス当局はヘジャオスの海岸の監督のためにイブン・サウドから苦情を申し立てられた。イタリアの新聞はイギリスを「地中海の看守」と呼び、その措置を「獣のように残忍」で「卑劣」と非難した。イタリアの駆逐艦と飛行機は地中海東方をパトロールした。潜水艦は中立のヨットを抑留して、捜索した。イタリアの潜水艦の四隻の小船団はジブラルタルから百キロのマラガ湾[1]に向かって舵を切った。商業欄は以下のように報じた。

「アルバニアへの輸入に対する日本の割合は十一番目から二番目に上がった」

「日本の通商使節団は綿織物、絹、人絹、家庭雑貨の需要促進のためコロンビア、エクアドル、ベネズエラ、ハイチに赴いた」

「ロシアは日本に旋盤、ディーゼルモーター、コンプレッサー（圧縮機）、電気モーター、発電機、真鍮《しんちゅう》・鉄・アルミのケーブル、その他を注文した。これらはかつて西欧から仕入れていたものだ」

「千トン以下（これまでは四百トン）の外国船はこれからエジプトの沿海航行に参加してはならない」

「日本には現在七十四（一九三三年は四十五）の輸出同業者組合があって、七千四百六十九の輸出会社を束ねている。組合員資格に伴う義務がある」

「日本の無煙炭を積んだ二、三隻の汽船がイタリアに向け航行している」

「日本の南海開発株式会社の姉妹会社がオランダ領ニューギニアで綿花を作付けした」

「オランダ領インド(2)はある種の鉄、銅、錫製品の輸入を禁止した」

「ラジオ受信機の生産がウルグアイで始まった」

「日本の織物工業者が中国に木綿調査研究所を設立した。将来、インドとアメリカに代わって中国の木綿を取り寄せるためだ」

「増加する産業化の影響でチリの原料輸入は一九二九年から一九三四年の間に二・七から〇・

四（百万立方）に縮小し、紙の輸入は二万五千八百八十四トンから一万六百二十六トン、セメントは二十四万一千九百六十五トンから七百六十トンに減った！」

「オーストラリアはナイフ、スプーン、フォークとある種の鉄製品の輸出を増やした。これはこれまで輸入されていたものだ」

「家具素材やカーテン、電気換気装置、小型電動モーター、金属導線ランプ、油入開閉器、変圧器の生産が最近、中国で始まった」

（1）　地中海に臨むスペイン南部アンダルシア地方の港市・保養地。
（2）　蘭領インド、あるいは蘭印。マレー群島及びニューギニア島中の旧オランダ領部分の総称。蘭領東インドの一般呼称。第二次大戦後、一九五〇年八月、単一国家インドネシア共和国が成立（『広辞苑』）。清水元によると、一九三〇年代に東南アジア市場をめぐり日英米のシェア争奪戦が激化した中で、英米の輸出が六割以上減少したのに対し、日本だけが特に蘭印への輸出増によってわずかに増大した。日本の主力輸出商品は綿布を中心とする廉価な繊維製品で、東南アジア最大の綿布市場であった蘭領東インドにおいて、日本はシェアを一九二九年から三三年には二倍強に増やした。廉価な日本商品の大々的な進出は、市場シェアを奪われた欧米各国から「ソシアル・ダンピング」等と非難された。イギリスがポンド・スターリング・ブロックを結成した後も、自由貿易政策を維持した蘭領東インドは、日本にとって唯一残された大市場だった。（「東南アジアと日本」＝岩波書店『岩波講座　東南アジア史　6　植民地経済の繁栄と凋落』所収）

ヨーロッパのパイオニアとしての日本

今、黄禍がある。しかしそれは死と火災と共に来るのではない。皇帝ウィルヘルムが予想したように、それは日本から発するのでなく、ヨーロッパと日本を脅かす。禍はヨーロッパの分裂と不統一、この引き裂かれた半島（人はこれをヨーロッパという）での利己主義的な利益の絡み合いの中にある。禍は引き続き次のような争うことのできない事実の中にある。それはすなわち、大きく豪華な、現代のあらゆる利便を備えた「ヨーロッパ百貨店」に買い物に来る客がますます少なくなった、ということだ。ヨーロッパは人々に自身の欲求を自身で充足する方法を教えたし、あるいは近所の小道の向こうに若い新しい商人がいて、これが献身的でより安値で売るから、ますますヨーロッパ百貨店に足を運ばなくなる。ヨーロッパ経済は、全く単純に競争者から安値を付けられる危険がある。そして今や経済がヨーロッパの全てであるように見えるから、ヨーロッパは危機に瀕している。しかし同じように日本も経済がその全てである限り同じように危機に瀕している。経済は日本人の政治、生活、思考方法を支配する要求だから。

日本は今、経済と政治力において頂点にある。あるいは既に頂点を過ぎたかもしれない。日本の国力も経済同様、限界まで振り絞られている。一九三六年の歳出は一九三五年に比べて二十八億円も増える。しかし一般歳入はせいぜい十五億円しか増えない。一九三五年は十三億円ぐらいだった。一九三四年、国際収支で初めて七百万円の欠損が出たと記録に残っている。一九三三年はまだ九千万円の剰余金があった、というのに。内訳として資本投下だけで一億八千九百万円の欠損を記録した。この領域で収入は一億九千六百万円で、九千七百万円の減収となった。これは外国への資本投下の後退に原因がある。外国への支払いは反対に九千六百万円増えて、四億六百万円に上った。

その点の責任は少し前、満州の冒険にあると言われたが、今や、「満州への期待外れ」と呼ばれるようになった。政府は満州国に投下した大金が大きな収益をもたらすと考えた。しかし実際はその代わりに、日本経済は満州国への資本流入がコンスタントに増えざるを得ず、相応の還流を達成することはなかった。私はかつて別のところで、我々が「中国の友好性」という計り知れない不確定要素と交換した、疑問の多い現実性について話したことがある。

近い将来、日本の輸出にとって際立ってうっとうしくなるように見える。原材料輸入費は最近数カ月で著しく増えた。卸売り価格は一九三〇年以来上がりっぱなしだ。インフレの兆候は有価証券市場と商品市場で顕著になっている。

輸入の後退は自然に輸出用の弁を絞ることになる。特に日本品の競争力は価格上昇の結果、衰え始めている。しかも国家財政の急激な欠損拡大は大きな脅威になろうとしている。

中国ドルの平価切り上げは英国の最近の東アジア史における最も巧妙で強力な駆け引きだが、それは日本に対して発動され、日本商品に対する中国市場の商品受け入れ可能力（購買力）を著しく下げた。北部シナ諸省へもきっと遡及するはずだ。

確かに日本経済はしばしばヨーロッパの競争者から市場を奪うことに成功した。しかし同時に日本は先駆者の役割を果たし、それまで開かれていなかった市場を開拓した。それはヨーロッパの商売のためでもあった。私は、あるドイツの経済人[1]を証言者として指名できると思うが、彼は次のように言う。

もし誰かが既製服の未知の市場を占領すれば、望まなくても履物使用のための地盤を用意する。それを第三者が供給することになる。靴の需要は、市場心理を照らし出している。希望的、追加的需要の普及だ。というのは、アフリカ原住民は決して本当の意味で靴を必要としない。むしろ反対だ。しかし、このことはまさしく主観的に「必要性を持ち」始める。それらは次いで自動的にそれ以外の追加的な需要を引っ張ってくる。日本というライバルは単なる競争者ではなく、他の国の活発な産業のための市場開拓者でもあるのだ、と考えるのが正しい見方だ。

（1）　この人物もF・ハック の可能性はある。

中国兵の乱暴と資本の逃避

日本は原料が乏しく、それ故加工貿易の国だ。売るために買う、ということをもう一度考えてみる必要がある。しかしもし、無限の資源を持つ国がある日、産業を興し、四億五千万から六億の民を組織的に動員して、外国に流出し凍結したか、稼働している資本を本国に引き取り流動化させ産業を起こし、生産品の輸出を始めたらどうだろう。

ところでなぜ資本が逃避したのか。それは中国の軍隊から逃げたのだ。

中国は合計百二十万から二百万の軍隊を持っている。この軍隊は中国のためにはほとんど働かないで、むしろ害をなす存在だ。

一九二〇年に軍隊の反乱と地域戦争が勃発した時、人はそれを中国革命というけれど、その地方の至る所に十分に武装した大きな軍隊がいて、仕事のない状態だった。人々は軍隊を解散させることができなかった。なぜなら反対に軍隊自身が増えたし、政府もまた、彼らを武装解除しても、どんな仕事を与えたらいいか知らなかった。人力車夫は大都市ではそうでなくとも多すぎたし、道路作りは長期的な支払いがあって初めてできる仕事だ。金が不足していた。それまで放り出された兵隊が大抵ありついたのは「名誉ある泥棒」という手仕事だったが、それさえ、過剰だった。

そこで軍事的、政治的冒険家は、主を失った軍隊を世話して私兵とし、彼らを使って野心的で強圧的な政策をごり押ししようと望んだ。こうして軍閥と軍閥軍が出来上がり、これが最近十年間、中国を徹底的に破壊した。

張学良《ちょうがくりょう》将軍(1)は、父から三十万の軍隊を相続し、満州皇帝を名乗り、広東にある中央政府の意向を無視した。そしてとうとう日本がやってきて、彼と、彼の持つ当時の中国で最良で、十分な攻撃力のある軍隊とともに追い払い、別の支配者を立てた。

不幸な四川という地方は一九一一年以来、証明できるだけでも大小四百以上の市街戦があったが、中央政府による行政権の掌握によって五十万人が兵士になった。彼らは周期的にいろんな将軍に雇われて戦った。中央政府はここ何年も、この軍隊を解散させるため絶望的な試みを続けた。

国を財政的に破綻させることなく軍隊に継続的に給与を払うことは不可能だから、中央政府は何年も前からこの軍隊を一部でも解散しようとして絶望的な努力を続けた。ただ単に、軍隊はいかなる時も金を払える反政府的などんな冒険者にも従うからである。政府は繰り返し「軍備縮小借款」を負わせた。借款を与えたら、仮に金が集まったとしても、金が何になったか、誰も分からなかった。というのは、中国の資本は既に述べたように、陸軍に取られないように、更に国土の全般的な不安定のために外国の保護下に逃げ込んだ。たとえ外国そのものでないとしても、資本は国際都市・上海へ、イギリス領・香港、あるいは日本領・大連へと逃避した。そこでは租税は耐えられる程度だし、通貨は安定しており、銀行は安全だ。何百万という中国人は資本を合衆国やイギリス、オランダで生命保険の形で凍結した。だから資本家は圧力や強制的措置によっては「自由意思で」軍備縮小借款にサインしようとしなかった。もう一つの借款は、北京の銀行の圧力を通じて約三千万米ドルになったが、はっきりしたのは軍隊の解散のためではなく、解散に抵抗した武漢の軍隊に対する軍事行動のために使われたということだ。

軍隊の問題は過去も現代も中国にとって「循環論法」だ。軍隊は国家収入を食い尽くし、政府の信用を土台から崩すが、それを解散するには金がかかる。そして軍隊が解散されない限り、誰も金を提供しない。南京政府の国軍を重要な、訓練された、国民的政策の自覚した道具にしようと蔣介石は決心したが、その軍も元々は上記のような私兵だったし、蔣自身、多くの「陸軍元帥」の一人だった。軍は中国に仕えず、蔣に仕え、一旦、金が尽きれば他のどんな元帥にも仕える。

最近は本質的に様子が変わってきた。蔣による精力的、自覚的な軍事的指導の下で中央政府は国土の軍隊に対する統制をますます広げ、今日ではその軍は意味の上からも機能でも国民軍と言っておかしくない存在となった。外国人士官の指導[2]の下で模範的な師団が作られ、それは中国の最良の師団に相応しい。武器の近代化は、特に砲兵隊で、手持ちの資金に応じて最大限進んでいる。空軍は既によく訓練された搭乗員を擁する飛行中（大）隊を多く保有し、これは特に最近、「共産軍」に対し重要な役割を演じた。軍用機購入のための資金は募金によって調達され、機体は軍に寄贈された。隣国日本と全く同じだ。

しかしまさにいわゆるまだ終わっていない内側の共産軍との戦いは、政府が軍隊の大きさを実質的に小さくすることを不可能にしている。政府の管理下にある軍は再組織され厳格に訓練され、武装と教育の中で師団としての骨組みが出来た。しかし共産主義の帯が重大な危険となっている限り、軍隊を解散することは考えられない。

日本は中国にとって単に軍事的なお手本だっただけでなく、多くのケースで師匠だった。蔣介石自身、東京の陸軍の学校で学び、日本の連隊で見習士官になった。それどころか島国帝国はその攻撃的政策によって中国軍再編の直接のきっかけを与え、中国民衆には初めて戦闘力の向上、国民軍の形成と保持の必要性をはっきり示した。更に上海事件(3)で国民軍に初陣を準備した。ここで国民軍は日本の軍政家の望みに反し固く強く生まれ出た。第十九（路）軍は上海の手前で有名な日本の陸戦隊の攻撃に立ち向かい、日本陸軍が大兵力を投入して大きな犠牲を払ってようやく排除された。以来第十九軍は中国軍の名誉となり、中国全土で今日、上海の日を国防精神が再び呼び起こされる日として歓喜を以って祝う(4)。

しかし中国人は感傷家ではなく現実主義者だから、自軍とその強さを自慢に思っている、という状態からは程遠い。中央政府と蔣介石周辺はむしろ、中国が軍事的に劣勢であることを内々確信して、公的にもそれを認めることだけが、有用な軍の創設と国防意識の強化に結び付くと信じている。南京の軍事委員会での蔣の演説で彼は率直に次のように述べた。彼の正式な肩書きは「軍事委員会議長」だ。

私は貴方達に、日本が明治時代に達成した軍の再構成事業の歴史を語ろう。そしてそれが我々の指針として役立つことを願う。中国と日本を比べると、日本は日々進歩し、中国は日に日に後退していると分かる。日本軍は六十年以上前に封建制度のもとで、つまりこの場合、軍の兵力は分割されていて、それぞれ封建君主に属し、しばしばお互いに戦っていた。それは今日の中国の軍のようなものだったが、日本はこの封建制度を倒した。しかし中国の軍隊は封建的な考えに満ち、軍事的な一族（軍閥）は内戦の終わりなき連鎖を繰り返している。日本が大きな犠牲を払って成し遂げた全般的な繁栄と比べたら中国の状態はみすぼらしい。

もし誤った結論を避けようと思ったら、日本の状況と中国を比べるべきではない。勿論、軍事についてもそうだ。日本人は軍隊的民族で、武器作りの手工業は尊重され、全く優秀な士官の人材を提供する階層を持っていた。中国には騎士的理想はない。中国人の理想は様式であり、官吏であり、教養ある官僚だ。兵関係の手工業は見下されていた。それに中国人の間では、元気いっぱいで順応力のある日本人よりも物事はゆっくり進んだ。しかしまた、それ故に物事は彼らの生活の中に深く入り込んだ。彼らは一旦そこに達するとまた、座り込んだ。これを確認する際、二つのことが重要だ。それは、中国はいつか良い軍隊を持つかという問いよりも重大だ。（二つというのは）つまり、（一つは）国土の北と中央を生み、現在、気紛れで肥満の馮玉祥（彼がいかにして「キリスト教徒将軍」の称号を得たかは誰にも分からない）と、彼らの中で一番向こう見ずで最も血生臭い男・呉佩孚の人格の中に新たに浮上した、あの生きている軍神・督軍の役割だ。それは再び一時的に活動するためだが、それは必然的に国と国民に有害となることは間違いない。

もう一つは、中国の資本で、こちらの状況ははるかに重要だ。それは単に中国人が必要とするだけでなく、既に認めたように日本人にとっても重要だ。日本人は財政逼迫で苦労してどうにか首を動かすことができるだけだ。もし督軍が再び決定的な政治力を持つ（それは既に戸の前に立っている！）可能性があるならば、それは中国人自身が認めるように「日本人が来る」方がましだ。日本人が来たことは、世界が見たように満州人にはよかった。そしてその際、新たに作られた国家の承認は本来、全ての国家にとって道徳的な義務だった。いずれにしても、軍閥の軍が中国の国土で再び活発に動き出すやいなや、それがたとえ日本の連隊に抵抗するためだったとしても、南京政府にとって人々に「もし日本が来ないとすればそれはいいことだ」と確信させることは難しいことだろう。その上、蔣介石と蔣の政府に対し荒っぽい扱い方をする日本が、督軍よりも良く、信頼すべき知己かどうかという問いも持ち上がる。そういう考慮は脇に置くとして、中国の状況を幾分とも見渡すものは誰でも確かにこう予言することができる。つまり、近い将来、確かな秩序が回復するだろうと。しかしそれは日本が大きな部分の分離を実行し、そうすることによって重要な諸省に対し、自身団結してひと塊《かたま》りになって、統制可能でそれ故に改革のために利用可能な大地を中央政府に提供するチャンスを与えることを通じてであろうし、またそれは、日本と共同歩調を取ることかもしれない。全てのアジア人が心からそれを熱望している。

いずれにしろ日本はアジアの中で最も意味が重要で最も本質的な国々の覚醒と開国に向けてチャンスを与え、また、そうすることによって望むと望まざるとに拘わらず日本の歴史的な使命を全うする。しかしこの秩序が回復するやいなや中国の資本は奔流のように母国に帰るだろう。日本人はそう計算する、いや、そう計算した。それどころか、彼らは要領のいい人だから、そう斟酌した。そして世界は産業の躍進と経済の拡大を経験するだろう。それに対しては日本の世界経済への侵入は、一つの開放への最初の臆病な技巧として作用するだろう。

（1）父・張作霖《ちょうさくりん》の死後、東三省（旧満州。黒竜江省・吉林省・奉天省の三省があった）の実権を握り、日本の反対を退けて国民政府と合体。満州事変後、抗日救国を求めて蒋介石を監禁（西安《シーアン》事件）した。その後長く、事実上、台湾で軟禁状態。

（2）ここに言う「外国人士官」はドイツ士官と思われる。ドイツは伝統的に中国との経済関係を重視し、ドイツ国防軍も一九二八年以来、蒋介石治下の中国に軍事顧問団を派遣していた。一九三四年にはドイツ国防軍育ての親というべきハンス・フォン・ゼークト将軍が蒋介石に招かれて中国に赴き、その後、ドイツの軍事顧問団は中国軍を訓練した。上海防衛のために独・軍事顧問団の指導で作られたトーチカは、一九三七年の日華事変の際、日本軍を苦しめた（前掲『世界の歴史 23 第二次世界大戦』）。また、「歴史的にもドイツの外務省や国防軍は日本よりも中国に親近感を感じていた。第一次世界大戦中、日本がドイツに宣戦布告を行って山東省のドイツ権益を接収したうえ、ベルサイユ条約でこれを獲得した記憶はまだ薄れていなかった。満州国が成立してもドイツは正式に承認しなかった。防共協定が締結されてもドイツは日本と中国との関係については依然その間にバランスをとる政策をとってきた。……日中戦争の発生はドイツの立場をいっそう困難にするものだった」（大畑篤四郎「日独防共協定・同強化問題」＝朝日新聞社『太平洋戦争への道 開戦外交史 5 三国同盟・日ソ中立条約』所収）。

（3）第一次上海事変＝満州事変（一九三一年）に関連して上海とその郊外で行われた日中の戦闘。一九三二年一月から五月まで続いた。

（4）上海の抗日戦で有名になった十九路軍は、福建に移駐させられて共産党軍の掃討作戦に動員されたが、将兵の中には抗日的精神がさかんで、掃討作戦に不熱心だった。ここに旧・馮玉祥系の軍人らが参加して一九三三年十一月、反蒋抗日の福建人民革命政府の設立を宣言した。その方針は中共の掲げた「抗日三原則」と合致するものだったが、中共は「人民的でも革命的でもない」「革命と反革命の中間」などと罵倒した。このため十九路軍は孤立し、国民政府・中央軍の総攻撃を受け、壊滅した（前掲『太平洋戦争への道 3 日中戦争〈上〉』）。

過大評価される日本――過小評価される中国

ヨーロッパ人の目にはシーソーの両端に日本と中国が乗っているように見える。一方が尊敬の中に浮上すれば他方は下降する。今度こちらが上がれば、もう片方は下降する。中国の過小評価は日本の過大評価が続く限り続く。つまり日本の「並外れた」上昇が印象を与え始め、中国の下降、あるいはむしろそれが一種の無自覚に留まることが同情を催して以来のことだ。日本は最近六十年間、外見上、ある意味で西欧化し、産業も交通も軍事もヨーロッパ化し、それは内情に通じていない者をびっくりさせるに違いない。そういう人は中世の島国帝国の童話を信じていて、それは二百五十年の眠りから明るい新時代に目覚めたかのようだ。日本は最近、二つの顔を持つ国と見なされている。古い顔はその精神を西洋文明のレンズ豆料理を買うために売った、そういう国だ。真実はしかし、日本は決してその精神を変えていないし、心からヨーロッパ文明に結びついたことは決してなく、ただ西洋が与えなければならない最良のもの、つまり文化の中に入り込む努力をしたわけでもない。

内面において日本人は完全にかつてそうだったのと同じものであり続けている。日本人は二千年来、たどってきたその道から外れていない。日本の革命、全ての力の解放、全ての価値の転換、「最後の弛緩」はまだ起こっていない、それらはまだ欠けている。それらがどちらに向かうか、大陸アジア的なそれか、ヨーロッパ的あるいはハリウッド（アメリカ）流のそれか、は全く未知数だ。その際、私は個人的には最も有望かつ危険な候補としてハリウッド流に賭ける。

中国は日本と反対に外見上は変わっていない。衣類も見た目も、人々の話し方も、町も、家も、全て昔のままだ。西欧風の町は、上海も香港も青島《チンタオ》もハルビンもヨーロッパ人の居住地だし、大連や、最近では新京など日本人の居住地だ。そこでは西洋のパイオニアとして仕事をして、中国人を西欧風な生活スタイルに取り込み、そうすることによって中国人の中に西欧の産品への需要を呼び覚ます。中国における西欧風の、新時代の獲得物は産業も交通、軍、議会主義も機能していない。しかしここに四千年にわたってよい成果を上げた道筋からの回避があり、それは成功していない。内的には中国人の生活の神聖不可侵の単位、つまり家族の心の中で、人々の心の中で、恐ろしい精神的、心理的な革命が起こった。息子たちは親に反抗し、女は夫に、若者は老人とぶつかった。この転換が、日本と反対に最も深層にまで及んだから、最後の角、最も暗い奈落を掘り起こしたから、それは長く続く。ただ単に全く違う規模の地理的、民族的領域が問題だからだという理由などでは決してない。日本人において変化は表面に留まり、中国人においては深層に及んだ最もよい証拠は婦人で、それは辞書の項目で民族の典型例として示されているだけではない。日本では婦人の地位と行動は全面的に変化しなかった。中国では今、まさに女の地位と行動が根本的に変わろうとしているだけでなく、その本質的な部分に及ぶ変化は婦人の中から出てくる。アジアの女はこれまで常に夫を完全に把握して、彼を通じて人々の生活を形作ることを知っていた。それは広範囲に及び、厚かましくも夫を一種の奴隷とするかのような体裁を示した。中国人女性はその点、全く違っていて、婦人の知性、活力、女性的魅力、つまり夫を超える力はアジアにおいて比べるものがない。孫文や蔣介石ら偉大な指導者の夫人たちは、中国で差し迫っていて、まだそれについて何も表現されていないものに対して指導者自身よりも責任がある。

日本人女性同様に利口で賢く、日本人女性と違って均整のとれた体格と美貌、真っ直ぐな脛、小さな足を持ち、男たちをとりこにするものに過剰に恵まれた中国人女性が何に狙いを定めているかははかりしれないものがある。彼女らがもし一度、鎖から解き放たれ、十分、自分自身となり、ヨーロッパ人に向かった時は、決して軽々しく言うのではないが、彼女らがその母国の最強の武器となる。それこそ、最高度に現実的な「黄禍」であり、軽視すべきではない。彼女たちは夢中になるからより危険だ。

日本には西欧風の国家機構、植民地文明が発生していて、それは日本人の真実の良さを危険に晒すことはないが、日本人自身を危険に晒す。私はかつてハリウッドに言及した。もし三〇三六年に現在の東京あるいは大阪地区を発掘したら、考古学者は、ヨーロッパかアメリカの植民地の跡にいると信じることだろう。メソジスト風の煉瓦調教会、不格好な駅舎、バウハウス風別荘(1)、スチール家具などすべてが遺物の中にあって、まさに、家々の中に、ミイラ化した住人の遺骸に着衣の切れ端を見つけ、それを計測するとすぐに、オックスフォードズボンと分かるだろう。ここに、真の価値を傷付けることなく、議論もされず、模倣が出来上がり、それはオリジナルを危険に晒すことはできない。中国ではしかし、厳しい誕生に伴うあらゆる陣痛とともに、全く新しい、オリジナルな文化が開花し、私の考えでは、中国・社会主義とでも呼ぶほかないと思われる何かが生まれてくる。この目的に向かう道は遥かに遠く、また、多分、とても高いので、我々はここでそれに軽く触れることしかできないが、その道は中国の工業化に通じている。

（1）一九一九年、グロピウスらがワイマールに建てたドイツのデザイン学校で、近代建築運動の一つがここから始まった。三三年、ナチスの圧迫により、最終的に解散。

中国の工業化

日本が好戦的な行動でヨーロッパを一度も危険に晒さなかったのに、中国は好戦的でないという理由で危険だ。中国は全力を国土の平和的建設に集中できるから危険たり得るのだ。内外の敵が中国を平穏にしてくれるやいなや、常により広範囲に前進してくる日本の楔は、中国という肉体にさらに苦痛を与えるものと感じられ、それは中国に、その建国がどういう形を取るべきかの決断を迫る。即ちこれまでの国土の特徴に沿って農業で行くか、それとも、二十世紀の標語にあるように工業化で行くか、の決断だ。両方の可能性に対して中国は、大きな力を自由にすることができる。まず農業化に対しては四千年の歴史があり、例のない控え目で、勤勉な農民がいて、「郷土」という概念を知る唯一のアジア人だ。二番目の工業化に対しては、豊かで、まだ十分掘り出されていない地下資源があり、また、農民を労働者に作り変えることに成功すれば、広東や上海やその他の方面で明らかなように、間違いなく何億という労働力となる。南京政府は当座、農業化のコースを決断したように見える。彼らはしばし、国際連盟が大蔵省に付けた外国人の顧問の影響下にある。この顧問は南京政府に対し農業の発展という意味で極めて当然ながら影響を与えた。詳細なメモで、国土の一般的な状態の改善は農業の生産性の向上という土台の上でのみ、機械化と外国の資本援助の助けで可能だろう、ということが示される。他の省庁の外国顧問も同様の忠告をし、これらは皆、同じ方向を目指していた。中国を崩壊から救う唯一の可能性としての農業の改造だ。

工業も農業の健全な発展という土台の上に立って初めて後れ馳せながら発展が可能だろう。この忠告と影響から読み取れるのは、巨大な中国民族が工業化に目覚めることへの無意識の恐れそのものだ。この覚醒は、顧問を提供した同じ民族が七十年前、日本で大変うまく、ああ、あまりにうまく成功したことだ。当時の日本を覚醒させたのと同じ英米蘭露という国々は今日、中国が眠り続けるようにするための代償として何を与えるだろう！　世界中どの国も中国という眠り姫に対し、童話の王子の役を演じようという功名心はない。しかし中国人は他のアジア人同様、素朴な思考者であり、政治家で、彼らの友人の忠告を行動に移す前にとても単純な計算をする。彼らは一度、とりわけ顧問の出身地を見渡し、国民の半数以下が農業に従事しているどの国もむしろ健全で確かな状態で、一方、国民の半数以上が農民の国は危機に悩まなければならず、その経済を正常に保つのが難しいということを確かめた。工業大臣・陳公博《ちんこうはく》が(1)作成したリストは雄弁に物語る。国民総数に対する農民の割合はこうだ。

……中略……

その統計は一国の経済的、政治的強さは国土の大小を度外視すれば、農民の比率が減るのに比例して増えるような印象を与える。いずれにしてもそれが陳大臣が行った計算であり、他国の見解と反対の立場である。

「もし我々が、中国の人口の八十％が農民であると聞けば、我々は誇りを持つ」と彼は言う、「しかしこれは残念ながら、我々の持つ非常に高率の農民数の多さが国民の経済生活を死に向かわせたということを見逃しているようだ。農民の九十％は貧困で、国民の四分の三を占める無数の貧困層は国民の再建に一ペンスも資金援助できず、国の経済的、政治的状況の強化、改善を不可能にする。もし農民が肥料も農具も買えない程貧乏なら、田畑を捨てる。農業は崩壊し、混沌からの出口もそれとともに潰える。土地を捨てた農民は盗賊か共産主義者になる。中国の歴史上、繰り返し農民反乱が起こって王朝が崩壊し、経済と国家の存立を危機に陥れた。工業化を加速し、田畑に依存する労働者の数を減らすことが中国にとって、農業の破産を克服するだけでなく、国民の幸福を増進する唯一の可能性だ」

前進することによって世界の全ての工業化した国家を最高度に危険に陥れ、その内、より弱いものを疑いもなく徐々に絞め殺す中国の工業化を不思議に思い、あるいは阻止する権利が誰にあるだろうか？　それをだれよりも阻止できないのは西欧の国々である。中国が、西欧国家が中国の懐に投げ入れたトロイの木馬を送り返しただけでなく、西欧の国家もかつては、その工業製品を安価で売りさばき、千年来、多くの中国人に仕事を与えていた中国の優れた手工業の首を絞めたのである。中国の優れた手工芸品は今日、西欧人の洗練された住まいを飾っている。というのは、中国人は日本人と同じように「美術工芸品」をあまり知らなかったからだ。「珍奇なもの」は日本と中国の工芸品の対象物で、これらは十八世紀ヨーロッパのロココの引き金になり、今日、展覧会や美術館に展示され、人目を引いている。これらは地味な、黄色人種の工芸職人の手になるものだ。

「客体的な有と主体的な動の間の矛盾は、ヘーゲル（ドイツ観念論哲学の大家）が中国で混同したものだ」。そのように著名なドイツ人ジャーナリストで東アジアの専門家は書いている。彼によると「進歩の精神」は旧世界（欧米）で機械時代の活力を発展させ、その時代は西欧人に見通せる限りの近いうちに、東洋の手工業的洗練を追い求める労苦を免除した。彼らの商品の安い価格は「重砲」となり、（西欧の）ブルジョアジーは万里の長城をすべて撃ち崩した。

中国の鎖国も日本と同様、一つの原則で、両国とも試練を経た意図をもっていた。更に、既に見たように、そのためには世界の均衡が必要なのだが、それは臆病と見なされ、装甲した握り拳の政策によって正反対の「開かれた門戸」の状態に置かれた。外国の軍艦が日本の港湾で大砲を撃ち、とうとう日本は開国した。ところが日本の場合、西洋とその文明との交際は熟慮のうえの自由な決心の作用だった。友好的ならざるヨーロッパとアメリカの行動は、日本の決心のきっかけになったにすぎない。決してその理由ではない。

中国は鈍重《どんじゅう》で保守的で日本よりも動かず、自足的でより悪い状態だった。アヘンはイギリス領インドで生産され、中国民衆の力を破壊した。それは洪水や干ばつ、あるいは軍閥と同様だったから、中国がアヘン輸入禁止を布告した時、中国は戦争に覆われ、「門戸開放」政策を「毒」（アヘン）に対しても適用させられた。このことを話すのは礼を失するかもしれない。しかし西側が非難を込めて東側を見る時には思い出す必要がある。

「平和的浸透」は懲罰遠征軍や戦争より危険だ。西欧列強はそれによって中国をその経済力の自由な活動の場として開発し、その結果、中国の役に立ち、西欧を害することのなかった千年来の秩序が破壊された。無敗の高度に組織化されたモンゴル軍はかつて西欧の軍に勝ったが、それも成しえなかったことを、西欧の経済政策は実現した。その西欧の経済政策は勝者として行進し、中国文明と優れた国民性から吸い取られた。これは文明を崩壊させ、国民性を脅かした。しかしそれは一時にすぎなかった。というのは、自明のことながら、中国の今日の状態はほんのこの十年来のことで、中国の時間概念にとったらこれはほんの瞬く間にすぎない。それは西欧から被った一突きに対する反応の最初の段階にすぎない。第二段階は柔らかく、それ故により危険な反撃となる。決して意図的な決断から発するものでなく、まったく自動的に、ほとんど本能的に力強い国民性から流れ出るものだ。第三段階はまったく疑いの余地なく、モンゴルの中国への侵入の最終段階に対応するだろう。東洋で盛り上がる洪水とそこで始まる自由競争に対しては、税関の障壁と移民の制限ではどうにもならないだろう。もし私がアジア人としてそれを確認すれば、ちょっと思い上がったように聞こえるかもしれない。だから私は一人のヨーロッパ人に私の言いたい真実を語らせよう。それがこの本の決定的な部分だったらいいのだが。

万里の長城の言葉遊びはその間にブーメランのように攻撃者に返ってきた。日本側が示したいのは、東アジアの人間がいかに速やかに洗練された国家政治的感覚で近代の武器と道具を自分のものにしようかということだ。東アジアの優勢な勢力・日本は今日、驚くべき勢いで、「門戸開放」政策をその発案者の西欧に対して試み、西欧諸国の方は不安げに、その権力領域をアジアの人と商品に対して閉ざしており、それはかつて中国が強い鎖国の時代に西欧に対しその製品に対し防衛しようとしたのに似ている。アメリカの外交はこれまで極東で「門戸開放」と「機会均等」の原則を守っていたが、ハーディング大統領(2)の演説によると、その艦隊を「アメリカの偉大な壁」とみなすのに慣れっこになっているのは皮肉ではないだろうか。西側世界は関税障壁を盾にして自分の巣にもぐり込んでいることを立派な通商政策としているが、西側世界の人々はとうの昔にそれを「万里の長城」と嘲笑している。ただし、彼らも関税障壁を引き下げるか、あるいは撤廃しようと気力を奮い立たせることができないままなのだ。また移民制限法は当初、「増大する有色人種の洪水」に対するダムと考えられていたが、西欧諸国の民族はますます、それを通じて、彼らに支配されている「空《から》」の「人間の少ない空間」をお互いに閉鎖しようと試みた。しかし尚、彼ら西欧諸国の文化圏内だけ「門戸開放」の理想の実現が西欧諸民族を良好な状態に置くこととなった。それは極東民族との避けがたい継続的な自由競争に備えるためだった。極東の、克服されたと信じられていた手工業の洗練はまさに近代科学、技術と組んで恐ろしい競争力へと発展する恐れがあった。今日なお、中国では混沌状態が支配的ではあるが、その四億を超える民は、次第に近代化された生産関係のための労働能力として十分に評価できれば、ますます強力に全ての「万里の長城」を取り払うよう要求するようになるということを見失うべきではない。この「長城」に隠れて西欧民族は伝統の文化価値を守ろうとするのだ（オットー・ゾルバッハのベルリーナーターゲブラットの一九三五年十二月二十一日付け紙面の記事）。

この関係で言えば、日本の中国における軍事政治的企てが成功するかどうかは全くどうでもよい。つまり、島国民族が中国人に対し単により強者として近付くか、さもなければまた、敵として近付くのか、決断しなければならない、ということだ。もし隣国日本が中国への平和的浸透（誰でも簡単に日本の浸透に「平和的」という述語を見つける）にまさに素早く成功するならば、それは中国人にとっては本来良いことかもしれない。というのは国や軍や財政における秩序は尚更、一層早く形成されるだろうし、中国の平和的な占領事業も尚更、一層早く始めることができるからだ。しかし、中国の平和的占領が駒を進めるこの瞬間、全ての分別のある人には、中国における勝者・日本は中国の利益のための行政官へと下降する、ということが明らかになる。そして日本の植民地勢力にとって運命はチンギス・ハンとその子孫（彼らは多分日本人だった）が実現したのと似たものとなるだろう。

（1）中華民国の政治家。日中戦争中、対日協調路線の南京政府設立に関係、汪兆銘を中心とする対日親善工作にも深く関与した。戦後、「漢奸」として処刑。一八九二―一九四六年。
（2）アメリカの政治家、第二十九代大統領。一八六五―一九二三年。

中国人による平和的侵略

中国人は何人いるか？[1]　四億五千万か六億か？　それを今日確定することは大して重要ではない。誰も数えたことはなく、誰も数えられない。今日、六億でなければ、明日はきっとそうなるだろう。四人に一人は中国人で、五人に一人はインド人だ。

私は地球の全表面に並んだ混合の人間の鎖を見る。白、茶、黒、黄、赤、混血と「色とりどりの列」で、四人に一人の顔は中国人で表情が少なく、謎に満ち、秘密のエネルギーに充ち、解読することができない、五人に一人の顔はインド人で、誇り高く、上級の人種で暴力的な力を持っている、それらは眠っているが、疲れてはいない。

中国の人口増加はいかばかりか？　誰も知らない。旅人は同じように黄色い肌をして同じように灰褐色の服の人間集団に強い印象を受け、気が滅入って、追いかけられる。彼らが町や村の至る所でうめくのを旅人は見る。

もし毎年百万人といわれる日本の出産過剰の基準を中国に適用すると、一年で大体七百万人が過剰になる。実際は、中国人はもっと多産で、子供が多い。二十秒毎に、一回呼吸する間に一人の中国人が生まれる。度を失わせる想像、重苦しい悪夢だ。もし毎年十万、いや百万が合流する流れが一旦、常態となり、町が、生活が、出産が、看護が西欧や日本の衛生レベルになったら、何が最初にあるか、それを想像するためには、最近、本当に乏しい栄養しか与えなかったわけでもないのに、我々の想像力では不十分だ。

外国には何人の中国人が住んでいるのか。統計によると千三百万人以上だ。しかし、どんな統計が一体、外国に住んでいる捉えどころのない巨大な民族を把握できるだろうか。彼らにとって、全アジアは家のようなものだし、全てのアジアの都市には中華街がある。ロンドンやサンフランシスコやロスにも中華街がある。彼らは日本で唯一、役に立つ洋服の仕立屋を経営し、「南京町」で日本の主婦は野菜の煮付けや豚肉、おいしい燻製のサケを買い、本当にうまいものを食べたい時は中国人経営の料理屋に足を向ける。

中国人はシンガポールやイギリス領マラヤの全域で全ての小商い、全ての手工業を握り、フランス領インドシナ、オランダ領インドネシアでも同様だ。中国人は、快楽を求めるマレー人相手に娯楽場、旅回りの一座、売春施設、賭博場を経営し、日本以外の極東の全域でゆっくり絶え間なく精励して、巧妙に全ての大きな商い、銀行、代理店をその手に納めたか納めようとしている。あるいは初めは人力車を引き、あるいは両肩に食い物入りの荷物を負う行商人として働くクーリー（苦力）として始め、最後はアヘンに侵され、骨と皮ばかりになって道路脇の溝で生涯を終える。あるいは億万長者として始まる者もいる。白人の王様、大金持ちの駐在官、代理人を招いて商談し、郊外に城のような邸宅を持って、何人も妾を持ち、秘密結社の受けもいい。秘密結社は億万長者とその金のためなら何でもやる。ライバルのねぐらに火を付け、小さな反対者を脅して移住させ、好意的でない政治家を片付け、彼らに金を出す億万長者を同じような偶発事件から守る。

本国の戦争王（督軍）の占領を避けた資本は働いて、増えて、ここで暴利をむさぼる。ジャワ、スマトラ、ボルネオ、南海、台湾、マラヤ、コーチシナ（ベトナム南部）、タイ、東アフリカ、インドシナなど、中国人が移住するあらゆる場所でだ。中国人は本国から追われて、外国に新しい故郷を見つけた。彼が客として住むその国の行政機関以外は全て中国人の手中にある。植民地の人は、植民地当局はその母国のために執行し守ると信じている。真実は、彼らは中国人のために執行し、中国人の商売を守る。私が中国と中国人を愛するから誇張していると思われるのを避けるため、私は再び一人のドイツ人に私の言わんとするところを語らせよう。そして、実際、オランダの植民地が関係するので、横にオランダ人の作家で、インドネシアの最良の専門家の一人、ヤン・ファビウスの声を対置するのがいいだろう。

……（ドイツ人とファビウスの見解を対置した部分は省略）……

中国人の移住は最早一つの民族移住と言って構わないだろう。その浸透、侵入はいつの間にか起こり、止むことなく、効果的に進行する。日本人のとても目立つ浸透の技術と反対に、まず商人が来て、次にまた商人が来て、三度目もまた商人が来る。文化の伝達者は諦めている。中国文明では一貫して個々人が文化の伝達者で、彼は特別、それに選任される必要はない。彼は最初、力の持ち主を伴わない。彼は本国においてそういう人々を信頼できない、ということを学んだ。彼はむしろ、移住先で見つけ、守り、経済的に支える権力者に自らを委ねる。彼がもし公的な道が閉ざされていると見たら、こっそり忍び込む。中国大陸と台湾島の間を通る汽船は、老朽化したジャンクに遭遇する。ヨーロッパでは犬も乗らないような船だ。舷側の手摺りまで黄色人種の集団、中国人でいっぱいで、彼らは夜陰に乗じて「日本人になるために」日本領の台湾に忍び込み、「アメリカ人になるために」フィリピンへ、更にハワイ、カリフォルニアに向かって波を越えていかなければならない。たった一つの台風が千人もの人を小舟ごと呑み込んだ。しかし何万、何十万が道をうまく見つけ、ジャンクは帰り荷として死んだ中国人を積む。彼らは故郷で埋葬されることを望んでいるのだ。オーストラリアは不安から黄色人種の移住の流れに対し門戸を閉ざした。しかし、中国人は不器用で直接的な日本人と反対に役人に賄賂を送る達人で、中国に一番近い港ポート・ダーウィンで二、三年前、醜い贈収賄の巣窟が摘発された。そこでは中国人の移住請負人がオーストラリアの役人と手を結んだ。メキシコの国境ではしょっちゅう、乾草の束や木綿玉の中に半分隠れた中国人が見つかる。そうやって何百人のうちのわずかな者だけが捕まる。旅券偽造、人身売買、役人の買収は太平洋を囲む最も盛んな仕事だ。こうして中国人は静かに浸透していく。

「インドシナとフランス領南洋諸島は」と、これらの国々を最近何回も旅行したドイツの作家は書いている。「もうフランスの行政当局に頼るしかない」

彼らの生産の九十%は、その通商同様、中国人に統制されている。五十年前、最初の中国人クーリーはリン酸塩鉱や農園で一日三十ペンスで働くためにタヒチに「精力的に招かれた」。今日、リン酸塩鉱やコプラやバニラの農園の生産物の全ての商売は中国人の手にある。商人は当たり前のようにして中国の四本縦マストの帆船スクーナーを好んで利用する。それが島々の間の交通を守り続ける。母国・中国が助成金を出している外国の船会社が中国の贔屓でその用務に指定される。

極東のイギリス領植民地でも事態は大差ない。そもそもそう言えるとすれば、マレー系の原住民は中国人に圧倒されて、「こき使われ」、苦しめられ、追い払われた。鉱山の七十％、商売の八十％は既に中国人の手中にある。シンガポールはマラヤで最も重要な都市で、名目的にはイギリスの主権の下にあるが、イギリスの役人、マレー人の労働者、日本人の手工業を持つ中国人の町だ。豪華な邸宅、最も豊かな倶楽部《くらぶ》はイギリス紳士のものではなく、中国人のものだ。六階建ての宮殿のようなホテルに集まり、宴会をし、愛するのは西欧列強の代理人ではなく、黄色の億万長者、商人、ブローカーであり、西欧の経済的慣習法に従えば、本当の主人だ。オランダの役人は、実際、植民地経営の素晴らしい模範ともいえるインドネシアの植民地を誇りに思うのはもっともだが、「中国の脅威」を自由通行の制限、ゲットー類似の地区を指定する居住制限、中国人企業の簿記の国家管理という「例外法規」を通じて操縦できると信じている。しかし無駄だ。なぜなら、それらは既に出来上がっている中国民族の団結、商売の原則、経済的な連帯を助けるだけだ。中国人は中国人の店でしか物を買わず、農民、漁師、家畜飼育家は最良の生産品を中国人の仲買人に託す、という事実の中に肯定的に示され、中国人の特別な武器となったボイコットに否定的に示されている。

マレー人は迫害されて、反中国の秘密連合を結んだ。マレー人は偉大な雄弁家で、もし彼が「サリカット・イスラム[2]（最も強力な秘密連合）」で演説をするのを聞いたら、明日にも広範な中国人に対する虐殺が起こり、インドネシアにおける「黄禍」はついに終わりだ、と信じてしまうだろう。しかし、演説者が聴衆と同じようにすっかり中国人から借金をし、それがないと来期の穀物の種を買うこともできない、中国人を殴って不具にするための竹の棒さえ買えないとすれば、そんな演説が何の役に立つだろうか。

ジャワやスマトラやボルネオの白人の主人達も決してよりましなわけではない。彼らが中国人の小売り商人や金貸しからの借金に差があるだけだ。彼らはそれを土地か家か、あるいは妻を質に入れないと返済できない。とにもかくにも次のような新聞記事は考えさせられる内容がある。

オランダとその植民地の経済的、政治的防衛線の再建は大慌ての間に合わせ仕事ではなく、しっかり目標を定めて進める必要がある。たった今、繊維会社がジャワに織物工場を建てると表明した。この措置は何よりも日本というライバルに向けられている。バンドン（ジャワ）の飛行機工場建設計画は軍事的観点からとても注目に値する。ここに何よりもL・W・ベルラーベン氏（バンドンの軍事飛行部門の事情通）が参加していて、彼の背後にジャワ在住の中国人億万長者クー・ケ・ヒェン[3]がいる。この計画はオランダ領インドの民間用と防衛用に必要、十分な数の民間航空機と軍用機を供給するという目的を持っている。

この記事はヨーロッパの植民地勢力が極東問題で直面している全体状況を照らし出している。全体状況というのは、決して危険でない日本の軍事力に対抗して大変危険な中国人の金で武装するということで、断じて唯一の事例ではない。むしろ全体状況の前兆ともいえるものだ。今のところ事実となっていないとしても早晩問題となって、オランダ領インドに対するオランダの支配権（高利貸しや質屋に借金はないかもしれないが、中国資本から間接、直接に借りている）は一つの従属的な行政機関に格下げされ、それは交通を時間通りに運行し、中国資本を守るために秩序を正常に保つ、そうすることによって中国資本が邪魔されずに中国人の資本を力を増やすことができる。その自明の結果は、いつの日か、母国オランダ自体が、巨大な計り知れないほど裕福な、実質的には中国人の手中にある「インドネシア帝国」の「ヨーロッパ店舗」になるだろうということだ。それは悲劇、それとも不正行為か？　アジア人はそこに、長く先送りされてきたかつての関係が釣り合ったという事実を見るだけだ。この関係によって、かつて七百万人のオランダ人が五千万人の有色民族を支配して、その労働から利益を受けていたのだ。ここから光を当ててみると、中国人商人はオランダ領インドにおけるオランダの利益にとって、例えば日本の戦艦よりも大きな脅威だ。日本を想定して行われた、ジャワの航空に見られるような軍備拡張はつまりは中国人の利益を守るのだ。

中国の産業と経験豊富な一億、二億の商人が全面的に展開するや、オランダ領インド、フランス領インドシナ、フィリピン、イギリス領マラヤ、南洋諸島と同様に近東での事態もそうなるし、ヨーロッパ、アメリカもそうなり得る。その際、白人は一般的に中国人または有色人種向けの「特別な手工芸者」になるだろう。しかもこの過程は、西欧列強、特に大英帝国が、彼らに従属する太平洋諸国の門戸を黄色い移民の流れに対し開放することを遅らせれば遅らせるだけ同じ比率で加速する。

日本にとって西側は、当初は中国で、そこは「最小限の抵抗」しか示さない地で、太平洋を囲む鋼の輪のうち最も簡単に突き破れる部分だ、ということは既に指摘された。中国がこれまでそこに存在した全てのものを遥かに凌駕する拡張の方向を模索するや否や、（民族の進展先として西側を目指すという）同じことは中国にも当てはまる。

ヨーロッパの植民地大国の拠点の一つ、バタビア（インドネシア）では、オランダのインドネシア政府が、極めて静かな宣伝センターを持っていて、全世界の新聞にセンセーショナルなニュースを提供する。特に日本の意図と拡大についてのニュースを発信する。

それがとても静かな場所で、鐘が何を告げたか知っているだけでなく、鐘がどこに吊り下がっているかも知っている非常に聡明《そうめい》な人々に指導されているので、彼らはしばしば日本の意図と拡大の努力を先を越して処理し、それによって日本人に成果を挙げるために本来行くべき道を示す。

南シャム（タイ）のクラ地峡[4]に予定されている運河のニュースについてもそのことが言える。ここに作られる運河は実際、ヨーロッパから東アジアへの海の旅を千キロも短縮する。というのは、運河は、南の端にシンガポールのあるマレー半島を迂回せずにすますからだ。しかしまた、報道の真実の部分はそれがすべてだ。

ニュースは更に次のように伝える。

航路の変化によってシンガポールは通行税収入の大部分を失うだろう。イギリスの防衛拠点としてのシンガポールは、その戦略的、軍事的重要性の大部分を失うだろう。日本の戦艦が戦時に英領インドを危機に晒す限りにおいて。ひるがえって現状では、日本の艦船が英領インドに行こうとすれば、シンガポール沿岸の火砲の到達範囲内にあるし、ここに集中した英国艦隊の火砲の範囲内を通過しなければならない。

オランダのアジアの植民地は世界一だが、そこは不快な状態に置かれている。というのは、母国は遠く離れ、太平洋に漂うこの魅力的な食べ物を効果的に防衛することができない。とはいえ、オランダと、そのバタビアの宣伝センターは幸いにも、強力な植民地国のパートナーにして同憂の士である英国に、彼らを脅かす危険について注意を向けさせることができる。誰からの脅威かといえばそれは日本だ。計画中の運河が、インドから太平洋への旅を千キロ短縮し、またフランスとタイとの交易にも大きな利益をもたらすことを認めるとして、他方、イギリスは通行税の危機的落ち込みとシンガポールの戦略的価値の喪失に見舞われる。今、スペインの軍艦が、タリファ（この名前は関税＝タリフと深いつながりがある）近くのムーア人の海賊の根拠地をいぶし出す時、彼らもまた、海賊から通行税を取る。スペインは確かに海賊に対して「既得権がある」と信じているのだ。

しかし誰がそれを非難できようか。というのは、それは交通の阻害をなくし、進歩を促進する任務の中で行われることなのだから。

スエズ運河ができた時、ケープタウンの港と要塞、更にケープ岬へ行くこと自体、意味の大半を失った。しかし誰がそれを非難できようか。笑いものになるだけだ。なぜならスエズ運河は進歩に貢献したのだから。

アジア的視点に立てば、英国がシンガポールに世界最強の要塞を持つ権利がないのは、日本がジブラルタルに陣地を構えたり、カナリア諸島の防備を固める権利がないのと同じだ。

独立した国であるタイは白人の植民地勢力から災いだけを経験したが、もしタイが日本人の技術援助を受けて運河を作らせるとするならば、それは完全にタイ自身の問題であるし、いずれにしてもタイの勝手だ。それは英国がかつて運河を開削した時、エジプトとパナマ共和国に了解してもらったのと同じだ。

オランダの広報センターが、シンガポールにおけるイギリスの戦略的損失の危険を予知したとすれば、それは最高度に伝承された流派の「黄禍画」ということになる。もし日本の艦隊がクラ運河に至り、そこから出ようとして狭い支流を通り抜けなければならない時、支流の沿岸は六十キロにわたってイギリスの領域に側面をさらしているということは地図を一目見れば分かる。

とても戦力とは言えない一対の堡塁でも、シンガポールに見るように、ここでは世界のどんな艦隊も通過するのを閉鎖することができる。更にクラ地区とその他のタイの間の陸路は多くの地点で十キロ以上の広さはない。一方でそれに平行するイギリス地区は何倍もの広さがある。だからイギリス軍がバンコクからクラ、そしていわれるところの計画中の自動車道路との連結を遮断し、クラ地区を運河ともども孤立させることは難しくない。もし日本が運河の建設を始めれば、それは日本がそれによって単に平和的な目的を追求し、進歩（そしてまた日本の業務にも）に貢献したいと望んでいるということになる。運河は軍事目的には全く役立たない。いずれにしても日本にとってはそうだ。もし宣伝をしようとすれば、事実に向き合うのが有益だ。目をそらすことは有益ではない。日本にとって、オランダ領インドの島々が中国の後、太平洋における最も抵抗の少ない土地であると認めるとしても、西欧列強にとってタイ王国はアビシニア帝国の後、最も反乱の少ない「有色」人種の地区だ。このことから衝突に発展する可能性はある。

バタビアの宣伝センターも中国の金を供給されているかどうかは確かではない。タイの「発展」はそれが日本の援助によるか、白人種のそれによるかは全く同じことで、これも中国人の利益に帰するだけだろう、五十万の中国人がタイに住み、国の商売は全て彼らの手中にある。

（1）　中国の人口は一九九五年に十二億二千万人、二〇〇四年十二億九千六百万人と、九年間で七千六百万人増えた。ちなみにドイツの人口は七千九百五十万人（一九九〇年）。（データは『広辞苑』）

（2）　インドネシアの民族主義運動の先駆けの一つで、一九一一年にジャワで起こった運動。イスラム同盟ともいう。ジャワの伝統産業のジャワ更紗をつくる産業は昔からジャワ貴族の夫人たちによって経営されていたが、そこに華僑が進出、憤慨したジャワ人たちが、ジャワ貴族の伝統的産業の経済的利益の擁護と、イスラム教を結びつけ、華僑の商業独占を打ち破り、インドネシア人の生活向上をはかろうとした。この運動の背景として、東南アジアの植民地社会では、白人社会と現地の土着民社会との中間に華僑社会があり、彼らは都市を基盤に仲介的商人として、国内の流通経済を独占して、多大の利益を上げげた、という事情がある。タイ王朝のラーマ六世ワチラウット王はペンネームで発表した小冊子の中で、アングロサクソン民族は「黄禍」を口にするが、華僑こそ我々にとっての「黄禍」であるとし、また東洋のユダヤ人にたとえた。第二次大戦後、東南アジアの各国はナショナリズム遂行の一環として、激しい華僑弾圧政策をとった（河部利夫『世界の歴史　18　東南アジア』＝河出書房新社）。

（3）　不詳。

（4）　タイ南西部のタイランド湾とアンダマン海に挟まれたマレー半島最狭部。幅四十―五十キロメートル。運河を掘削する計画は昔から何回も浮上しては消えた。

門戸閉鎖政策

カナダはほとんど大陸と言ってもいい国で、無限に豊かで、南部はお伽噺のような豊かさで、ヨーロッパ全体と同じ面積にニューヨークとシカゴを合わせたぐらいの人口しかないというのに、有色人種の移住は認められていない。オーストラリアは無限の可能性のある大陸で、ヨーロッパからロシアを除いた面積を持ち、人口はベルリンを少し超えるが、有色民族には閉ざされている。ニュージーランドは世界一快適な気候に恵まれた、イタリアほどの広さの幸運な一対の島で、人口はハンブルクとほぼ同じで、ここも有色人種には閉ざされている。

太平洋を囲む輪は厳しく閉ざされ、日本人は島々の上でまるで捕われの身のようで、中国人は門前の乞食のように生きている。地球上最も豊かでしかも最も人口密度の少ない三つの国が有色人種の拡大から遠ざけられている。いずれもイギリス領だ。人口比率で見て、拡張が全く必要でない国（イギリス）の手中にあるのだ。イギリス政府はイギリス領ニューギニアの一部と北オーストラリアを日本人の移住と居住のために開放するという意図を抱くかもしれない。日本人は地中海を越えて響いてくる答えを待つことを決して軽く考えない。（答えとは）「我々（イギリス人）は砂漠の収集家ではない！」。彼ら日本人はむしろこう言う、「とにかく我々に砂漠を与えよ。我々はそこから何を作り出すかを自分自身、見てみたい。我々が自然の荒廃と『軍閥』による荒廃にけりを付けるのは初めてではない」

しかし計画から実現までは長い道のりだ。「資源と居住地区を新たに分割する」許可が出てから、実際の分割まで十年かかり、とりわけ一旦下りた許可が年々、減らされる場合はそうだ。その間は二十世紀で最も重要かつ数奇な十年を浪費することになるだろう。他のすべての民族は「国際連盟[1]」と言うのに、ドイツ人だけは「民族連合」と呼ぶ、のろのろした仕事ぶりの目立つジュネーブの機関は、イギリス人の気性で打ち抜かれたり、焚きつけられたりする。しかし東洋の要求に関する限りそのようなことは一度もなかった。国際連盟が日本に対処したように、アジアのためにもゆっくりと働いた。

メルボルンの日本の特別使節の前で、独自の観察と研究から日本とその望みをよく知るオーストラリアの外相ラタムは次の様に話す。

国連は国々の協働を助けるには相応しい組織ではないと分かった。オーストラリアは他国との関係をジュネーブ（国連）の決定に委ねることはできず、独自の判断に従って規制する。

同じような声は既に南アメリカでも大きくなり、カナダ、オランダ領インド、イギリス領インド、南アフリカも同様だ。母国に欠けていると見られる認識は、姉妹国でははっきりしている、姉妹国では「まさに順番が来ている」。

これらの国々が、保守的で、活動的である代わりに静的で、所有に応じてものを考えるヨーロッパ本国の頭越しに日本や他の有色民族の国々と意見の一致を見る可能性がある。だから既に指摘されたことではあるが、白人種と有色人種の紛争がどんな形を取るにせよ、白人種の一部、あるいは南アメリカ、南アフリカ、あるいはオーストラリアの白人種が、現実政治的理由あるいは確信（これもありうる）から有色人種と共に歩む可能性もある。そのような連合、門戸開放政策を希望する民族に対する門戸閉鎖政策の解除は、単に正統性とか、高度の政治的認識という理由から望ましいわけではない。むしろそれらは芽の段階で既に作用していて、極東や近東の状況にとってすぐにも本当の危険になり得る未決着の危険を考慮すると、緊急なものだ。中国の国土の社会的状況の大変動は中国の数億の民の進展する工業化と手を携えて進むだろう。原始儒教から新時代の原初的な共同、中国人の集団的性格、その大きな民族的な規律や国家主義の欠如など、中国社会主義とでも言うべき何かが差し迫っている。その形はしかし、今のところまったくぼんやりとしか見えない。

もし中国民族の指導者、正確に言えば、彼らのうちのやる気のある者が、その改革を自由に大きな基準で実行する可能性を奪われたら、新しい中国の社会主義の中に重要な繋がりを発見する能力が溢れ出て、既に掘られている共産主義の運河に流れ込むのは簡単だ。大きな基準とは中国のように巨大で重要性のある国民にとっては当然、アジア的基準、という意味だ。白人はこれを憂慮して、また埋め合わせしなければならないだろう。その上もし、中国の社会主義の実験が失敗すれば、全世界に取って損失となるだろう。それは新時代の最も高貴で有意義な実験の一つとなるであろうから。突然の大雨に門のアーチの保護カバーを与えられないよそ者は、窓を破って家に入ろうという考えにすぐ思い至るだろう。

（1）　第一次大戦後の一九二〇年一月、ヴェルサイユ条約に従い成立。米は当初から不参加、日独伊は相次いで脱退、ソ連も除名され有名無実。

「小さな日本」の中で

「全く孤立してまどろむ小さな中世的な世捨て人帝国・日本」という古い誤りのある文章が今日、真実であることが証明されたように見える。新しい形と連繫を模索する世界の真ん中で、これまで聞いたこともない暴力的なマグマがぶつぶつと湧き上がる火口の薬缶（中国）の縁にあって、褐色あるいは黄色、黒色の人々が激動の中にある時代、ヨーロッパと太平洋で白人の新しい自覚的な共同体が生まれる時代、日本はヨーロッパの旧式な兵器と白色大陸の遠く離れた政策とともに孤立状態にある。原料の輸入も工場制手工業の減少も外国が頼りで、文明も経済も白人世界に依存している。日本は「素晴らしい孤立状態」で、その運命を引き受け、国内の軍国主義的政治家に鼓舞され、自分だけの力に頼り、全く独自に道を切り開いていかなければならない、その際、右に左に何が倒れ何が落ちてこようと気にかけることなく。

ロンドン艦隊会議の経験は、日本がヨーロッパ勢力のコントロール下で企画し、あるいは企画しようとする毎に、白人種の決然とした対抗は強まることを明確に示した。有色人種に関して、日本は今、株式市場と、他人の不幸を喜ぶ有色人種の傍観者を相手に戦っている。日本が中国の中心部分に向かって進む一歩毎に、日本の有色人種問題についての先頭ランナーとしての評判と使命は増え、名誉あるローマ時代の剣士となった。しかし闘技場は滅多に彼を生きたまま帰すことはない。

人はまだ、世界的基準で言えば現実的な何物も達成しておらず、日本がかつて達成したすべては日本人にとっては当たり前のことで、大きな課題、仕事、真実であることの実証は実現されることを待ち望んでいる、という明確な自己認識を、蔣介石が中国のためにやったような方法で捨て去る価値はどちらかといえばない。

東郷元帥が対馬でロシア艦隊を破った時、「祖先の美徳が我々に勝利をもたらした」と語った時、それは決して意味のない、あるいは単に因習的な言葉ではなかった。祖先の美徳はこれまで常に戦いに勝利をもたらした。我々自身のそれではなく、祖先の美徳は産業で、商売で、スポーツで大いに役立った。我々は生活のあらゆる面でお手本があって、それをただ熱心に追うだけでよかった。はっきりしていることはその際、我々自身の徳は減っている、ということだ。しかし地震が十年か二十年おきに我々に与えるその力を遠慮会釈なく清算する徳は我々の中に目覚めている。我々は今や大規模な地震による破局から十四年間も免れているけれども。

我々は自明のことから独創性へと発展してなおまだ全てを克服しなければならない。

我々が一八五三年に開国（日本の開国は一八五四年）してから、我々は西欧列強の基準で言えば、一国として壮年の域に達した。

我々が一世代で「西洋の全ての獲得物と構造物をびっくりするような規模で自身の物にした」ことはきっと長く続かないだろう。我々が急な階段を上がってからともかくも八十三年経った。「そしてまだ、永遠に向かっては何も為していない」

世界の日本に対する判定はより厳しくなるだろう。温情に満ちた判定が、向上しようとする国家にとって害になるのは、向上しようとする人にとってと同じだ。ドイツは一九一四年に世界の極度の利益と笑うべき判定（これらは一部は驚き、憎しみ、また不安として表現され、血気盛んな若い君主の頭と、その国民の頭も幾分、混乱させた）によって破局へと追い立てられ、しかしその破局の中でドイツ民族は自衛せざるを得なかった。

日本民族は破局に遭って初めて本来あるべき姿でいられる、ということは地震の経験が証明しているように見える。これはあり得ないことではない。ドイツ民族についても、破局から本物で純粋な形が立ち上がるということはあるかもしれない。しかしドイツの歴史を見ると、平和時にしかドイツ人本来の美徳や文化は発展しなかったことを示している。それがどうあろうとも、神よ、試練を免れさせたまえ！

もし我々が自ら別の形、つまり仏教的な深い観照、自己認識、弁明という形で自らに試練を課したら、神は我々に試練を与えないだろう。これら仏教的観照などを我々日本人は今日必要としている。それらは地震よりも不可欠だし、発生する恐れある戦争より必要なのだ。

日本の役割（それは日本の努力を同情をもって見守らない者でも認めるが）はますます軽くない。一方は彼自身の不徳とぶつかり、他方は真っ直ぐその美徳に通じない。

詳しく説明したように、中国人が外国でその国の民族をゆっくり、ほとんど分からないように、しかし止むことなく手中にするのは中国人の不徳であり偉大さだ。日本人移民が常に自国民の社会に留まり、決して「交わらず」「打ち解けない」のは、同様に日本人の徳であり弱さでもある。むしろ彼は働き、と言っても人が考えるほど勤勉ではなく、むしろうまく組織的に、要するにほどほどに働くわけで、訪問先の家庭の問題に関わらない。ヨーロッパ人が週末、家に招いた客を評価する観点では、それは美徳だが、まさにそのことが幾つかの民族から日本人が曲解される部分だ。

何年か前からブラジル人は恐るべき黄禍の圧力に晒されている。それは日本人の集団移住だ。いずれにしてもブラジル人社会は集団移住を問題にするが、全体で六十五万人もの日本人が外国で生活しているのだから、それは直ちに圧倒的な数というわけではない。一九三二年にブラジルに入国した日本人はほんの一万二千人にすぎなかった。

一九三三年にそれは二万、一九三四年にとうとう三万になった。数字を見て気が付くのは確かに、ブラジルの経済状況の悪化によって他の民族の移住が減った一方で、日本人はまさにこの危機的状態を移住増のチャンスと見た、ということだ。困難や骨折りは日本人の意図を強めるだけという、日本人の美徳はここでは不利に作用し、命取りになる。なぜなら、日本人は一種の「危機を食い物にする」類で、倒れ、落後した者の肉を食う猛獣ではないかという疑いが次第に意識されてきたからだ。ブラジルで最も重要な都市サンパウロにはそれでも十五万人の日本人が住んでいるが、ブラジル在住の日本人が晒された攻撃は、ヨーロッパの新聞にも反響を呼んだ。そこで日本人はこう非難された。

それは完全に組織された強国日本の領土拡大軍の行進だ。ここでは全て東京の政府に指導され資金を与えられ、しかもそれは海外移住を実際に取り仕切る半官の会社を通じて行われる。

自分が読むものの幾らかを理解する読者はこう自問する、海外移住が母国の政府あるいは半官の組織に指導、推進されない国なんてあるだろうか、と。あったとして、同朋の海外移住は当然、国家的に統制された運河を通じて行われるべきだという声がいよいよ強くなるのではないか? 「ほとんどいつも」と新聞のリポートは続ける。

日本人は二、三年の厳しい労働の末、その類まれな倹約のおかげで大都市サンパウロの郊外に儲けの多いジャガイモや野菜の栽培（農園）を経営し、または独自の農業を都市のどこかに築くことに成功する。日本人は国の建設に際し、あらゆる所へ絶え間ない前進をもたらす。しかもブラジル政府に財政的あるいは社会的負担を少しもかけることがない。

私は言葉通り引用して、それが欠点である、と認めざるをえない。それが日本人への不信や相手国民の反感を招くのだ。一方で中国人は、例えばインドネシア（本来の植民地）でオランダの行政当局から慈しみ、可愛がられる。

「日本人はブラジルにとって理想的な移民だ」と認めるのはドイツの新聞の社説だ。「もし国民的に『溶け合わない』という一つの特性さえなければ」

日本人は常に日本人であり続ける。どこに住もうが、どこで生まれようが同じことで、グループを作り、そこで個々の家族は引き締まった細胞となって日本人性というものに一体化する。ブラジル人の民族単位の中での黄色系の外国人同士が素早く、抵抗なく融合するということは、だから問題にならない。これはブラジル国家が最も強く奨励したいのだが。ドイツ民族はボルガや南アメリカ、メーメル、ズデーテン、ベルギー、パレスチナなど全世界で、少数民族として存在し、あるいは移民グループを持ち、しばしば「溶け合わない」という非難が持ち上がるが、彼らドイツ人から、我々日本人は、渦中にある板挟みについて全く特別な理解を期待する。「板挟み」というのは、我々は、決してその特別の強さのためではなく、民族の特殊性によって、他の民族のように簡単には外国民族と同化しない、ということだ。

リオで発行されているブラジルの最も重要な新聞「ジャーナル・デ・コメルシオ」で、ブラジル人教師は次のように書いた。彼は国家の委託でそのような日本の「細胞」を指導している。

ブラジルで生まれた日本人の子は早い時期からブラジルの国民学校に通い、初期の授業を受けた後、若い日本人は十歳で早くも日本語会話の正確さを期する次の段階に進む。国民学校通学中から日本学校入学の準備を始める。日本学校では日本語と大日本の歴史にうんと親しむために必要な全てを学び、日本政府管理下の出版物を通じて日本の精神を受け入れる。彼は、新しい日本（もしそれが南米の地で一度でも実現されたとするならば）にいるような気になる香りを吸い込む。日本学校での課程が修了すると、日系ブラジルの若者は若者社会のメンバーになる。ここでスポーツと娯楽と集団討論の雰囲気の中で、ブラジルの国語、つまりかつて国民学校の四年間で身に付けたポルトガル語を忘れる。彼は生まれと法律上はブラジル人だとしても、最終的には日本人として自らを形作る。そして日本語会話を更に上達させて、専ら日本のスポーツに参加し、大日本の本と雑誌を読む。若い世代は故郷・日本への愛と生地・ブラジルへの嫌悪を示す顕著な例を示している。

我々はブラジル人教師の率直な言葉からわずかな驚きと、あるいは日本人をブラジル市民として同化させないように見える日本人の民族的な「不徳」に対する恨みを感じ取るべきだろうか？　前章で示されたように、中国人が移民先の国のよい国民である、と認めるとしよう。では、より危険なのはどちらだろう？　ブラジル人教師の非難は特にサンパウロ市の住居地区レジストロに向けられている。そこはほとんど日本人で占められ、四百三十家族がいる。レジストロはご存知のように日本人移民が作り上げたものだ。第一次大戦後、日本人はここで、荒野の真ん中に五万ヘクタールの開発許可を受けた。十七年後の今日、かつて人の手の入らない原生林が広がっていたところに、病院や教会、学校、発電所、それに農業と牧畜の研究施設が建っている。三百キロの国道が作られ、三十五キロの鉄道が敷かれ、リベイラ河の河口近くにはリベイラの港があり、そこでの積み替えは一九二〇年の三十九万五千ミルライス（五万四千三百ライヒスマルク）が一九三一年には二百十九万六千ミルライス（三十万七千五百ライヒスマルク）に増えた。ブラジルの状況を知る者は、巨大なブラジルの中で同じ規模の居住地区のどこも、そんな重要性を持つに至った例はないことを認めている。

「ヨーロッパ国籍の植民地社会で同じようなことを見せたものはない」とドイツ人の著述家は書き、更に「日本人は全くライバルなしだ。彼はゆっくり着実にブラジルの労働と商業市場を占領する……日本人はつまりブラジルにとって直接の経済的政治的脅威だ」。

四百三十の日本人家族がブラジルの最も富んだ、最も人口の多い都市の一つの経済を脅かすと信じるのは容易ではない。二十万の地味で勤勉な日本人労働者は個々人の働きで価値を生み、しかし財政や行政、国土の交通や防衛に手を突っ込むことはないというのに、彼らが、四千四百万人の共和国、合衆国に次ぐアメリカ大陸の最も有力な国家を脅かしていると信じるのは容易ではない。

人はとうとう日本人の極めて称賛すべき部分について結論を出したと思われる、それは人々の見方を曇らせ、日本人を傷付け、世界の平和を危機に陥れるものだ。ブラジルの一九三四年制定の憲法は黄禍に対する恐怖から海外からの移住を最小限に制限した。それは将来、既にブラジルに入国している該当国の国民の総数のたった二％だ。二％しか日本人の移住は認められなくなるとすると、それは四千人だ。同じ国籍の移住者に対し、決められた地区、あるいは集落に居を定めることを禁ずる法律は、しかし日本人の移住者にとってははるかにより耐え難い打撃だ。役人は、移住者の子孫と大衆との人種的混交が抵抗なく進むように、彼らを配分することも示唆した。日本人の移住に対するこの措置によって、ブラジルは事実上、日本人移民に対し閉じられた。

既存の集落や集まりは極めて困難な状況と危険に晒《さら》された。日本人は世界市民ではなく、容易に混血しない。日本人は打ち解けない。彼らは母国を靴底につけている。それは多分、悪徳だ。しかしそれは他の民族から、日本による平和的侵略の恐れを取り去る。日本の企ては、実際より見栄えがしてしまうという大きな誤りを犯した。我々はあたかも投光機で照らすように進んだ。他の国々は減光して進んだ。古典的な例は日本の満州での冒険だ。

人がもし今日、「小国・日本」と言ったら、ヨーロッパ人の懐疑的な笑いを誘うだろう。確かに世界の一般的印象は、大胆かつ力強く攻撃的で行動的で強張った日本に比べれば、どんな国ももっとましな共感を得られる、というものだ。

しかし見た眼は違う。大昔の日本の金言にこうある。「人は生まれた時弱く、柔らかく、死ぬ時、強く硬くなる。だから弱さ、柔らかさは生命の徴で、強さ、硬さは死の前兆だ」

極東での出来事は大急ぎの間に合わせ仕事だった。そして日本にとっては実際は何ら変わらなかった。いずれにしても日本の状態は何ら改善しなかった。外は尚、豪雨で、助けを求める叫びも、脅かしか挑戦と受け止められている。

軍事的、経済的に大変な犠牲を伴って、日本は満州国を建てた。日本は犯罪的な軍閥の舞台から秩序立った国を作った。そこで人々は、ヨーロッパの「三十年戦争」にも比すべき恐ろしい「三十年戦争」の後、平和の下で生業に従事できる。日本が得たものは何だっただろう。ドイツ帝国の三倍の広さの世界一肥沃《ひよく》な土地の一つを呑み込んだ後、世界一恐ろしい砂漠を飲み下すために、跳躍の助走をしなければならないとは、異様な状態だ。

日本は満州に失望した。つまりそこの原材料の産出は期待したほどではなかった。人は三年間でその国の可能性に失望したわけではない。その国について一九〇四―〇五年の日露戦争以来知られていて、三十年にわたって他のどの国よりも、厳密に研究された。真実はむしろ、日本が満州に失望したのではなくて、満州人、つまりは今日の満州国の指導者たちに失望した、ということだ。

「私は失望した」とある英国人は言った。彼は経済的に困った時、知り合いから一ポンドももらえなかった。言葉だけ翻訳すれば「失望した」となるが、意味は「見殺しにされた」となる。

真実は、宮廷の官僚が日本の銃剣の助けを借りて、溥儀を北京から新しい首都・新京に移し、粗野で直接的な日本の顧問たちの目には一層見通しの効かないクモの巣の奥へと紛れ込んだ、ということだ。クモの巣は剣では突き通せず、それを解決するには軍人の頭では足りなかった。

中国の外交団と官僚主義は何千年も続き、今日なお、機能している。新しい中国は彼らを故国から追い払ったが、古い中国の最良の外交官と熟練官僚の何人かは、満州国で新しいポストと活動の場を得た。（しかし）日本人にとって、彼らは「余計なもの」だ。残念ながら民生「顧問」または

「監視官」的軍事要員にもほとんど日本人があてられていた。彼らの「平和的侵略」の技術に忠実にまず兵が来る。彼らにとって中国人は、美しいドイツ語の表現を使えば「余計なものだ」。満州国は日本の金を呑み込み続けるのに、何ら等価物を返さない。その際、新しい国はついでながらとても快適なのだ。かなりの数の日本人は秘かに、もうかる南満州鉄道と二、三カ所のうまくいっている炭鉱だけあって、それ以外に心配するものがない時代に戻りたいと望んでいる。日本は今日（満州国政府のお義理の笑いと揉み手、それに友好的な助けのもとで）モンゴルか新疆に向かうルート上のどこかで「砂漠の収集家」として挑戦しようと他を見回さなければならなくなっている。満州国が中国の構成要素であることは疑いの余地はない。この状況が、溥儀がいつか再び日本軍の助けを得て北京で皇帝に返り咲くことで強化されるかどうかは、この際、全くどうでもよい。中国は永遠に中国であり続ける。たとえ日本人が日本人の皇子を満州国の帝位に就けても、彼は生涯の半分も経てば当然のように中国の政策を行い、日本のそれを行わなくなる。そして息子達はすっかり中国人になっているだろう。

中国大陸は少なくともアジア人の揺り籠で、例えば南アメリカの共和国と違って、思いがけない、流れ出ないようにする力を人々に及ぼす。中国では「そこからの膨張」は問題にならない。人は思考と行動の中で中国人になる。

それは自国民の誇りある代理人であるヨーロッパ人自身、身を以って気付いたことだ。彼らが最初から防衛措置として対立的立場を取らない限りは（中国ではそれは容易だが）。いずれにしても真実は、日本は満州や北部中国において、ある運命を免れることはない、ということだ。運命とは、彼の前にも偉大な征服者がいて、その肌の色がどうあろうとも、中国は植民地にしようとして近付く全ての征服者を自身の一部にしてしまう。この運命は日本の悲劇であり、より大きな、際限のない中国の勝利だ。この運命は、満州国と「日本の失望」という事実の中に既に予告されている。モンゴルへの進出はここから促された。それは日本民族にとって必要とされた。それはロシアからは決して甘受されえない、なぜならロシアは既にツァーの時代からモンゴルで古い権益を持ち、現実的な利益を日本の進出によって脅かされると見るからだ。日本・中国・満州の三国ブロック構成の三つの条件は、日本の外務大臣広田《ひろた》（弘毅《こうき》）が書面にしたが、それは全くはっきりこの事態に関係している。即ち

一　中国は、第三国の干渉を排除するため、日本との協同関係の認識を一義的に改めなければならない。（それによると、日本は、中国の事態を自身のものとして、モンゴルは元々中国に属する地区なので、日本の進出に対するロシアの抵抗は中国の出来事への干渉になる）

二　中国は満州国を承認しなければならない。この承認は北部中国の自治認容を通じて準備されなければならない。（この承認が達成されれば、満州と中国の間の現在の秘密の関係は公のものとなり、両者の関係はより活発で親密となる。同じ血の、同じ思考をする民族の間ではそれが自然だ）

三　日中満三国は共産主義と戦うため力を合わせて三者連合を作らなければならない。連合はソビエト連合との釣り合いのため必要な土台で、ソ連は東部国境線の防備強化を通じて（相互）理解を阻害し危険を呼び起こしている。

この書面を含む国会演説[1]の第二の部分で、広田は海外交易と原料の問題に向きを変えた。広田が言うには、日本は海外交易を「不正で馬鹿げた制限」から解放するよう要求すべきだ。日本は更に原料の確保を国家の生存と国際的調整の基礎として要求している。

人はこう見る。

輪はゆっくりと島国帝国の周囲で閉じられる。帝国の攻撃的な政策は他国から悪意あるものと見られている。その人が言うには、国際的な通交には何の挑戦もないということを知るべきだ。ただ相互理解と協定があるだけだ。外でにわか雨に会った哀れな男は長いこと泣き叫ぶことができるだけだ。ドアは閉じられたままで、次第に鎧戸まで閉ざされていく。

威嚇的演説と見なされた広田の表明は実際、一つの訴えでそこから一つの理解の切迫度が、泣き叫ぶ声に聞こえる。その理解はしかし、中国人が言うように、中国を日々、困難に向かわせるだろう。三国連合が成立すれば、内部では二対一の対立になるだろう。中国・満州対日本だ。ソビエト・ロシアと「和解」が成立すれば、その後、日本は何も得る物はないだろう。というのは、日本は大変な犠牲を払った後、完成され統一された中国に直面し、その最も大変な諸省の秩序を守る責任があるからだ。

共同経営ではしばしば競争相手の方がパートナーより危険が少ない。この意味から今日、「小さな同情すべき日本」を主張する理由がある。次の質問が特に、あるいは単に我々の興味を引く。日本人は白人に対する黄禍と考えられるだろうか。答えはこうだ。「今日それはかつてよりそうではなく、次第にそうではなくなるだろう。日本の今日の政策がアジアの内陸に浸透するごとに、彼らは日本から、地理的にだけではなく、遠ざかるからだ」

（1）一九三六年一月二十二日の第六十八議会における広田外相の演説。国民政府を相手とする日中親善を目指した広田外交の立場を表明したものだが、この時点では既に状況は手詰まりとなっていた。この半年ほど前の、いわゆる広田三原則は、国民政府の対日親善方針に対応して行われた広田外相の日中親善工作で、一九三五年七月時点の外務省案の要点は①排日取り締まりと相互尊重・提携共助②事実上の満州国承認③防共合作、の三目標。その後、三か月以上にわたって検討が重ねられたが、中国側は、華北の日本陸軍軍人の言動が日中親善の最大の障害だと重ねて主張するなど、広田三原則は発足当初からつまずいた。結局、中国側の交渉責任者の汪兆銘が狙撃されたこともあって、他のテーマを含む日中交渉のなかに取り込まれて、一応、棚上げ状態となっていた。広田演説にやや先立って閣議決定した「第一次北支処理要綱」が、陸軍宿願の純然たる華北五省（河北・山東・山西・綏遠・チャハル各省）分治策だったことも、広田外交の基盤のもろさを露呈していた。翌月には二・二六事件が勃発、三月には広田内閣が発足するが、軍部の外交主導権もますます強まった。（『太平洋戦争への道　3　日中戦争〈上〉』＝朝日新聞社）

「無視できる量」

今こそ投光機は絶え間なく照射する日本と中国から転ずる時かもしれない。投光機はヨーロッパの活動と精神性の中心に立ち、眩い光線を絶え間なく極東に送り、その際、イスラム、インド、マライ諸国、北アフリカ、およびその他多くの地域を飛び越えた。あたかも何も照らすものがないかのように。これらの国々はヨーロッパ人から極めて低く評価されていた。もし誰かが尊敬すべきだが苦痛を伴った日本への興味から話題を変えるため、ヨーロッパ人に何かトルコやアラブ、あるいはインドについて話すと、彼は時にはあまり明確でなく、時には、十分明確に表現された答えと拒絶を受け取った。

ああ、あれはみんな気骨のない連中だ！

どうぞ腹を立てる前に、彼らの独特の物の見方を試してください。そして、貴方もまた、常にインド、マラヤ、トルコ、アラブ、更に類似のものを日本人と対照的に「気骨のない連中」と見なさなかったかどうか自問してください。民の声は神の声。民族の声は複数の民族の声、しかも、イスラムの歴史とムーア人、オスマンの征服は、イスラム世界が過小評価されるべきでないことを教える。ヨーロッパはかつてその半分がイスラムの支配下に入り、今日なお、その痕跡を見る。風習としてはアルプスの南からオリエントが始まる。イスラムは一つの宗教として決して正確に言い表すのは難しいが、制限や境界、偏狭な地域主義、世間知らずの傲慢、常に東洋人に火急の問題として作用した特質を教える。その力は否定的に規定される。今日はとりあえず受け身だ。ところがそれは大きな作用を示す。

イギリスの理解によれば、世界戦争でのドイツの敗北の原因は東洋での敗北、トルコとブルガリアの崩壊に帰する。これはまた、中欧諸国の「聖戦」を呼び掛ける作戦の失敗に帰する。(2)

聖戦とはつまり、受け身で、イギリスの政策で最後に活性化されたイスラム世界の抵抗に向けての究極目標だ。日本が地中海勢力と繋《つな》がるアビシニア紛争を自身の政策に利用している間、イスラム諸国、エジプト、トルコ、イラク、イラン、シリア、そしてアフガンは唯一、情勢から「アジア的」結論を引き出し、東側民族の確信的連帯と幸運な同時性を通じて、自身と有色民族に関わることのために利益を獲得したということを我々は忘れない。つまり、エジプトの憲法再導入（憲政復活）、トルコによるダーダネルス海峡の要塞化、相互間とソ連その他との援助協定だ。

ソ連は日本から見ると、西欧の帝国主義勢力で、トルコや中東の国から見ると、当然ながら東方の勢力で、それは西側に対して東洋民族を代表する。

西南アジアの地図を見たら分かる通り、すなわちユーラシア大陸の全ての油田はイスラム信仰の国々にあって、イスラム教徒によって維持されているという事実は考えさせられることだ。一つの油井を掘って、それを経営的に成り立たせるまでには年月がかかる。それを使用不能にするには三十秒もあれば足りる。だからイギリスはヨーロッパ政策と世界政策を十分なものにするために、中東・イスラム文化圏と平和を保つ必要がある。なぜなら、オリエントと極東が共感し、共同歩調を取ることは、油田の破壊、あるいは閉鎖を意味するからだ。インドや極東への航空、同ルートの貨物交通、更にそのどちらも近い将来、海上交通に取って代わり、イスラム諸国の支持と忍耐に頼らざるを得ない。

オリエントを極東から分かち、欧亜の境界に沿ってユーラシア大陸を引き裂こうと望んでいる楔《くさび》同様に、三億五千万の国民を持つ国インドが控えている。

ここにアジアにありながら、人種的にはアジアではない民族がある。この民族は人種、大陸にまたがる民族だ。

ヨーロッパ民族の家庭の心地よい客間には穏やかな格言の家訓の下に次のような言葉が掛っている。

イギリスはインドをイスラム教徒とヒンズー教徒の間の熾烈な戦いに基づいて統治している。

家訓はそこに何十年も掛っている。この先更に何十年も掛ったままだろう。それ故に真実にはならないだろう。ヒンズーのイスラムに対する戦いは単に危険な勝負であるだけではなく、むしろ全く不可能だろう。ヒンズー教とイスラム教は数が釣り合わない、と言うより、ヒンズー教徒二億四千万に対しイスラム教徒は八千万人で、イスラム教徒の偉大な活動力と攻撃性を以ってしても「ヒンズー教徒と均衡を保つ」には全く数が足らない。

もし多くの土着の諸侯相互の争いと敵対行動の中にイギリス行政の成功の秘密を見、インドネシアやマラガ、インドシナにおいて白人行政の背後に中国人を控えさせておくという同様の熟慮があったということを考えに入れるならば、より真理に近いと言える。いずれにしてもインドの状態は、漏れ聞こえる限りでは、それは一般に認めるところだが、至る所、余りに釣り合いが取れていないので、土着の諸侯（インド人にとって、彼らは何者でもない）を排除する運動はあすにもイギリスの支配からそのきっかけを奪うかもしれない。独立の、納税義務のないインドの可能性は予想できない。インド人は中国人の控え目な労働者で、偉大な手工芸技術を持ち、その上、精神的な力を持っていて、それは日本人も中国人もとてもまねできない。彼らは精神的に訓練された、言い換えれば精神に深く規定された民族だ。だから彼らは危険ではない、しかし尚さら危険でもある。

今日、人は国民の力を民族の精神的力に基づいて測るということをしない。しかし、国々の戦いの重点が軍事から政治、更に経済に移ったように、いつの日か、文化と精神が決定的なものになる可能性がある。そうなれば、インドの時代が来る。

彼らの哲学はヨーロッパ語流に翻訳すると、簡単に言えば、弱い神知学となる。しかしそれは現象界を制御する最も力強い教えだ。その力は、前時代の力強い、活気あるアニミズムを弱め、吸収するに十分である。それらはヨーロッパの国々にとって、まさに精神的なものに対するその特別な見方故にとても危険なものとなるだろう。

エドガー・アラン・ポー(3)は不当にも主として恐怖物語の著者として有名だが、かつて、ヨーロッパ人の行状を支配するものについてのエッセーを書いた。ドイツ語でそれは不幸にも「逆さの悪魔」と翻訳され、全く反対の意味を与えられた。「誤った悪魔」の方がより正確だっただろう。それはアジアでは知られていない注目すべき悪魔で、人間がそれを正しく認識するにも拘わらず、人間に一種の衝動から反対のことをさせる。その悪魔はもし布地が少し高価な時は長い上着を着るように女に命じ、もし安価なら短いそれを着るよう命じる。もし帽子職人がやむを得ない事情で休業すると、製造されたバスクの帽子を被るように命じる、冬は藁、夏にはフェルト、夏祭りには毛皮、という具合に。これはほんの一例で、顕著なものを選び出した。それは緊急の時に高価な特別版を、国民の強い結束が必要になったら、だらしない退廃文学を発行させるのと同じ小妖精だ。アジアとヨーロッパの衝突が彼らヨーロッパ人の本拠地に届き、「黄色い洪水」がどんな形であれ、白人種のあごの下まで届いた瞬間、白人種は倒錯の目まいに捕われ、西欧の構造用には作られていない開放され溶解したインド人の賢さをがぶがぶと流れごと呑み込むだろう、ということをアジア人はあり得ないこととは考えない。このアジア的ならざる賢明さはヨーロッパ人の胃袋では消化されず、残るに違いなく、戦いに直面する西欧人にとっては危険な内なる敵となり、アジア人にとっては貴重な同盟者となる。この意味でヨーロッパでも「インドの危険」が言われる。これはインドにおいても計り知れない精神性を示し、ヨーロッパ人の頭脳で把握できるけれども、ヨーロッパ人がその思考を取り入れるやいなや、西欧人を破壊し、彼から英雄的な戦いの考えを奪う。ドアと蝶番《ちょうつがい》の間にインドは生きている。両大陸と両方の人種がここで密接に結び付き、インドは実際、人種間、大陸間の来るべき衝突のカギとなる位置を占め、その出口は多分、インドの決断に掛っている。

インドの役割は特に興味を引く。ここでアジア人でない民族が問題になる。ムガール帝国の治世は一五二六年から一八〇三年まで続き、インドはモンゴルの支配下で生きた長い歴史を持つ。さらに、紀元前約三三〇〇年のモヘンジョダロ、ハラッパ文化の時代まで遡る長い歴史もある。モンゴロイドの支配下にあった当時、民族の生活は高度になり、都市は今日の都市と比べてそん色なく、穀物は我々と同じような品質だった。最近の発掘がそれを証明した。

インド問題、つまり「インド禍」も是非とも考えなければならない。それは疑いなく、中国禍に付随し、敢えて言えば日本禍のそばにある。そもそもなぜ西側あるいは白人にとって、「禍」は常にただ軍事的あるいは経済的なものでなければならないか、納得できない。人は「禍」「対立者」「敵」の選び方で夢想を証明するものだ。精神的に忙しい人間はまた、精神的、霊魂的、神話的「禍」に襲われやすい。

新しいドイツは、マルキストにとっては不都合なことだが、一つの民族内、少なくともドイツでは、あるいは民族社会内では全ての運動、努力が経済的、あるいは合理的な運動理由に基づくものではないということを証明した。また、神話に、それに相応しいポジションを与え、疑いもなく、脅威の性質に対するまったく特別の理解の仕方をする、人はそれを「インド禍」の概念のもとに要約することができる。

(1) ヘーゲルにとって、中国とインドが世界史の主体として映ることはなかった。ヘーゲルによれば、中国と共に歴史が始まる。中国は最古の国家ではあるが、ヨーロッパが「歴史」と名付けるものの代わりに、永遠に同じものが再現する、という。結論として、中国とインドはいまだ世界史の外にある、という見方だ。インドについては、「インドは空想と感情の国……インドの世界観はまったく一般的な汎神論で……想像力にもとづく汎神論です。感覚的なものを……拡大して途方もない怪物をつくりあげ」とし、インドのサンスクリットがヨーロッパ言語のもとになった点をわずかに肯定的に述べるだけだ(長谷川宏訳『歴史哲学講義』=岩波文庫)。

(2) 第一次大戦中のドイツとその同盟国。ドイツとオーストリア・ハンガリー帝国、後にトルコ、ブルガリア=「小学館・独和大辞典」。前世紀(十九世紀)末からゆっくり進行していた中欧の地殻変動は、第一次大戦後のハプスブルク帝国の解体によって決定的となり、第二次大戦後の東西欧州の分裂とともに中欧は崩壊した。ドイツは二分され、旧ハプスブルク帝国の大部分が、ソ連の衛星圏として「東欧」と呼びならわされるに及んで、「中欧」は概念としても急速に影がうすれた(加藤雅彦『中欧の崩壊 ウィーンとベルリン』=中公新書)。しかし、二十世紀末のソ連・東欧圏崩壊で再び、「中欧」の概念が復活しつつある。

(3) アメリカの詩人・小説家。短編『アッシャー家の没落』『黒猫』『モルグ街の殺人』など。一八〇九―四九年。

終　章
開かれた戸

表面的に見ればヨーロッパは不安定さと、精神的、倫理的荒廃の印象を与えるが、それは、ヨーロッパがまともなライバルもなく余りに長く世界を指導したという事実に原因がある。（ダンカン・サンディス）[1]

四年間の世界戦争と十四年間の戦後はヨーロッパの威信だけでなく、ヨーロッパの世界における現実的な地位も非常に傷つけた、ということはヨーロッパ人自身認識している。

誰がこの戦争に責任があるか、私はこれが大事だと思うが、あるいは誰がこの中で有害な役割を演じたか。しかし、それを探ることは今日、最早、意味がない。

より大事なのは、勝利した国が十四年間にわたって、格言の真実の一つを認めることを望まなかった、ということを確認することだ。すなわち、「戦うのは二つの軍隊、自殺するのはただ一つの軍隊」というものだ。

アジアの有色人種の傍観者的意識に関しては、多かれ少なかれ秘かに「様《ざま》を見ろ」という気持ちでアリーナを取り巻いている（中国人やインド人、インドネシア人は、彼らが見る戦いの崇拝者だ）のだが、この格言が恐るべき真理を得るのだ。勿論、戦争に勝たなかった国民にとって、この真理を理解するのは容易だ。

とにかくある日（現在でないとしても）、ドイツが一九三三年に戦後を最終的に終わりにしたと[2]いうことを白色人種に理解される日が来るだろう。

多分、将来のヨーロッパの歴史書は（いつもドイツの動きが論評するように）、一九三三年にドイツの指導の下に、ヨーロッパ民族の自決と結集が始まったのは真実だ、と確認するだろう。さもなければ、一九三三年以来、ヨーロッパ民族、特に英国とオランダの姿勢が、極東問題、つまり日本への対応で硬化したのは偶然だったのか。

英国が、ヨーロッパにおけるドイツ問題の解決に完全にかかりきりになるために予め設定していたまさにその時、日本に対しはっきりした措置を取るための時間と力を見つけたのは注目に値する。そんなことは過去十四年間、あるいは十八年間、決してなかったことだ。

この章は一人のヨーロッパ人によって書かれるべきだった。というのは、白人種による政治的な世界制覇は終わったというヨーロッパ人の認識が、地球の姿を決定する二つの大陸の人々の関係の新しい規則の第一歩だからである。東洋を植民地化しようと近づく者は、最初から負けた。彼を、中国や日本や至るところの「黄禍」が脅かした。東洋に対して、性急に簡単に取り引きし、何か経済的利益を得ようとした者も、最初から失敗した。

東洋が西洋を文化的に高いと考えているからという理由で、東洋から何も学ぼうとしない者は、来るべき十年間、百年間で不利になるだろう。我々アジア人が今日あるのは、偏に我々がヨーロッパに対し、決して植民地的意図を持たず、西洋の文化と文明が与えなければならなかった精神的なもの以外の何も求めなかったからだし、我々は他から何も学ぼうとしないほど誇りが高すぎることなく、学び直すことをしないほど無精ではないからなのだ。

我々日本人の何人かの最良の者は、初めはお使いのボーイ、あるいは小使いとして外国人の家や事務所で働いた。今日の外務大臣、広田はその最良の人間の一人だが、その人生をアメリカ大使館の召使いとして始めた。ヨーロッパ人は振り子が東洋に向いているのを残念に思うだろうか。本当のヨーロッパ人、強いヨーロッパ人はそれを残念に思わない。大きな、強い中国、世界の中心がチンギス・ハンとその後継者の指導の下で統治されたことを残念に思わなければならないだろうか。人は尚、高いレベルにある中国文明による支配、あるいは脅威を話しただろうか。既にチンギス・ハンの息子たちは最早モンゴル人ではなく中国人だった。彼のおじクビライはモンゴルの支配者としては最強力ではなかったが、中国の最大にして最重要な皇帝だった。

ヨーロッパ人には信じられないかもしれないが、アジア人は、クビライがヨーロッパを征服できたら、彼は最も重要にして、西洋の発展にとって最も重要なヨーロッパの支配者（つまりヨーロッパの初の皇帝）になっただろうということを疑わない。良く分かった。

我々は偉大なモンゴルの子孫の特性だけをそれほど高く評価しているのではなく、ヨーロッパの文化、文明の高さ、強さもまた、評価している。これらは勝利者をも凌《しの》いでしまうほどなのだから。

ヘレニズム文化とその娘であるローマ文化の不死性を証明するのはヨーロッパ人の読者には必要ないだろう。この文化は今日、ヨーロッパを支配する民族の殺到に抵抗しただけでなく、勝利者として残った。全ての白人種はその城も政府の建物も劇場もクラシックスタイルで建てる。

芸術と知識の宝物はギリシャ風の建物にしまわれ、西洋人の考えはヘレニズムの格言に導かれ、クラシック精神に担われ、高貴な美しさはヘレニズムの基準で測られる。西洋人に与えられる最高位の貴族の称号はクラシッシュ、という。

ここは前に述べたように、一人の白人によって書かれるべき章なので、私は最後に一人のヨーロッパ人に語らせようと思う。

彼は英国議会のメンバーのダンカン・サンディスで、チャーチルの娘婿にして英国政治界のホープの一人だ。彼が言うには、ヨーロッパはどんなに疲れて分裂していても、そんなにびくびくする必要はない。ヨーロッパの力はしっかりした地盤に立っている。ヨーロッパの人々は百年にわたる共同の努力とその成果を顧みることができる。それがキリスト教と自由の目印であろうと、人間性と社会の進歩のそれであろうと、ヨーロッパは常に独創的な考えに生気を吹きこまれてきた。ヨーロッパのライバルが自身固有の文化と固有の思想を作ることなく、その文明の表側だけ繕うことで満足する限り、ヨーロッパは世界の確実な指導者であり続けるだろうと。「確実な指導者」という表現が「ヨーロッパ文化」という意味であって、「英国帝国主義」ではないということを前提にすれば、我々アジア人もこの考えに与するものだ。それこそこの本の言わんとすることだ。

文化は、その名に値するものであるからには、政治的、経済的競争の下に立つものではない。ヨーロッパがアッチラ、チンギス・ハン、タメラン゠チムールによる三度の直接的脅威から救われたのは偶然ではない。それは気高さと文化が疑いの目で見られたり、危機に晒されたりしなかったからだ。ヨーロッパは四回目の危機も乗り越えるだろう。なぜならヨーロッパ文化は危機に瀕してはいないからだ。

（1）一九〇八―八七年。英国の政治家。一九六〇年代に外交官として植民地の独立問題の交渉を担当した。
（2）ナチス政権がこの年、誕生した。

解説＝「フォン・ノハラ」の遺したもの

高橋輝好

▽「黄禍」とは

野原によると、アジア系遊牧騎馬民族によるヨーロッパ侵略は「黄禍」の恐怖をヨーロッパ中に広げ、さらに中世ヨーロッパの長い精神的閉塞状況の中で、それは増殖、肥大化し、「黄禍」の亡霊が生まれた。こういう歴史的事実に加えて、日清戦争で日本が中国に勝ってから、ドイツ皇帝ウィルヘルム二世による「現代版黄禍」の主張があって日本が黄禍の主役として浮かび上がった。一九〇〇年に中国で義和団事件が起こると一時的に主役は中国に変わったが、一九〇四年からの日露戦争で日本が勝利してまた日本が槍玉に上がった。「黄禍」は事実上、「日本禍」を意味したのが、二十世紀前半の世界状況だった、という。

「黄禍論」の定義を探すと、「その底流には、非科学的ではあるが、少なくとも近代史を部分的には反映する白人の優越性と黄色人種の劣等性という考え方がある。軍事、政治、経済、社会のいずれかにおいて黄色人種の活躍が既成の白人支配体制に大きな影響を及ぼすとき、あるいは白人社会がそのように想像するときにおきやすい。遠い背景として一三世紀におけるモンゴル帝国のヨーロッパ侵略があるようである。一九世紀から二〇世紀初頭に及ぶアメリカ合衆国における中国人、ついで日本人に対する排斥、およびかつてのオーストラリアにおける黄色人排斥の白豪主義は黄禍論の一つの姿である」（鈴木二郎＝小学館『日本大百科全書』）とし、ウィルヘルム二世が主唱した政治論としての黄禍論と、「三国干渉」をその結果と指摘している。

平凡社『世界大百科事典』には「もっとも早いのはドイツ皇帝ウィルヘルム2世で、彼が画家クナックフスにいわゆる〈黄禍の図〉を描かせ、それをロシア皇帝ニコライ2世に送ってから、黄禍論はヨーロッパにおいて問題となった。それとともに日本と中国においても、三国干渉の結果として逆に〈白禍〉が叫ばれるようにもなった。ちょうど日清・日露戦争後のことで、それはあたかもJ・A・ゴビノーの《人種不平等論》やH・S・チェンバレンの《19世紀の基礎》[(1)]があらわれ、それが前述のウィルヘルム2世やヒトラーの《我が闘争》の思想にも影響した」（橋川文三）と、説明する。

（1）《十九世紀の基礎》によると、ヨーロッパの中核はキリスト教で、西暦はキリストの誕生年を起点とし、歴史もここから始まる。要するに、ヨーロッパ以外は歴史を持たなかった。ギリシャとローマもヨーロッパの母胎として重要。ユダヤ人は有害であり、キリストはユダヤ人でなかった、という十分な証拠がある。モンゴル人は破壊するだけで何も生まなかった、という。チェンバレンはヨーロッパ至上主義で、その裏返しとして、「黄禍」の考えはあったと思われるが、具体的には、モンゴル人への言及以外に目立ったものはない。チェンバレンの拠るヨーロッパ至上主義であるが、その内実としてのキリスト＝非ユダヤ人説は、今日の段階では説得力に欠ける。一般には、キリストはユダヤ人だった、と思われている。また、ヨーロッパ至上主義のもう一つの柱のアルファベットにしても、フェニキア文字なしには生まれなかった。フェニキア人はユダヤ人と同じセム系だ。要するに、チェンバレンの拠る「ヨーロッパ」の中核部分はヨーロッパの原産ではない。

▽「黄禍論」の非科学性

橋川文三の『黄禍物語』（筑摩書房）は、「白色人種の黄色人種に対する恐怖、嫌悪、不信、蔑視の感情を表現したもので……人類社会に伝承、形成されてきたさまざまな人間差別の心理的複合体のうち、もっともながい歴史をかけて作り出された厖大《ぼうだい》な『神話』が黄禍論といえそうである」と、説明する。橋川はさらに、「ヨーロッパは、有史前から幾度となくアジア人種の侵略に悩まされながら、かろうじてそのキリスト教と文明とを防衛し来たったのだということになる。近代にはいってからの黄禍論は、そうした歴史的回想の上に築かれた幻影というべきものにほかならないが、それはその論者が、これらの歴史的素材を任意にその論旨の中に織り込み、人々の心を悪魔的幻想の中に誘い込む材料として用いることができた」と、分かりやすい定義だ。

「黄禍論」の非科学性も覆うべくもない。問題は、これが為政者や人々を直接、間接に突き動かす動機の一つになったことが、まぎれもない歴史的事実だ、ということだ。事実は事実として直視しないわけにはいかない。

橋川によれば、黄禍論の提唱者の一人はロシアのバクーニン[1]で、「かつてモンゴルの抑圧のもとに苦吟《くぎん》[2]したロシア人の記憶が強烈にバクーニンにもよみがえったのだと想像してよいかもしれないが、それとともに、ここに日本・中国の同盟への恐怖心があらわれているのは注目すべきであろう。というのは、この両民族が結合したなら、全西欧はとうてい勝味はない……」（『黄禍物語』）。

黄色人種の中でも中国の存在感は圧倒的で、民族としての優秀性に加えて、人口の巨大さが物を言う。本来、「黄禍」の主役は中国だ。もっとも、歴史的には、本来、脇役たるべき「日本」が一時的に主役を演じた。バクーニンの言うとおり、その両者が同盟したら鬼に金棒だ。野原の考えもほとんど同じだ。最近の中国の経済力、存在感の増大を見ると、そこに日本の将来像も絡めると、欧米の目が「日中連合」という新たな「黄禍」を現出しないとは言えない。「黄禍」は優れて今日的テーマではないだろうか。野原は、「黄禍」論の背景を詳細に分析するとともに、日本人とその軍事力に対する「過大評価」の誤りを訴え、「日本脅威論」に反論している。彼の『黄禍論』にはまた、当時冷え込んでいた日独関係を修復、強化したい、という政治的メッセージが込められていた。

(1) ロシアの革命家。世界最初の国際的な労働者の大衆組織・第一インターナショナルの指導者の一人で、のち無政府主義の理論家として知られた。最終的にはマルクスと対立した。著書に『神と国家』。一八一四—七六年。

(2) 苦吟は「苦心して詩歌を作ること」だから、ここは「苦しみうなる」意味の「呻吟」とすべきだったと思われる。

▽義経がチンギス・ハンになった？

野原は、義経がチンギス・ハンになった、という説にかなりの信憑性を置いている。今日から見ると信じられない珍説だが、彼は大真面目に論じている。それによれば、「日本では義経とチンギス・ハンは同一人物とされている。義経と兄・頼朝の属する一族は源氏、あるいは源という。ゲンジはモンゴルでチンギスと発音される中国語の日本語読みで、あるいは英語では、モンゴル人の占領者の名前を今日なお、『ゲンジス』と書く」という。

「もし日本の情報源を信じるならば」と前置きして更に、「チンギス・ハンの現象にはアジアの三つの大きな民族が参加していた。まずモンゴル人は征服者の仕事に適した土地と民族を提供した。次に中国人はモンゴル人とそのリーダーに手工業者と戦略家、それにとりわけ政治を取り仕切った宰相を用意した。日本人は大事業に指導者を提供した」と述べ、「チンギス・ハンの素朴な十字架のような紋章は、敵には傾き度合いによって、卍、あるいは斜め十字と解釈されたが、日本人は源氏の紋章を作り直した、と解釈した。」とした。

▽「義経＝チンギス・ハン」説の歴史

「義経＝チンギス・ハン」説登場の前段階としてまず、十七世紀後半の江戸時代に、義経が平泉で死なずに北海道へ渡ったという説が出た。

代表的なものが、水戸光圀編纂《へんさん》の『大日本史』で、『訳注大日本史5　列伝』（建国記念事業協会蔵版）の義経の項に細字で「泰衡の使者首を斎して腰越に至り、漆函もて之を盛り、浸すに美酒を以てす。頼朝和田義盛・梶原景時をして之を検せしむと。己未より辛丑に至るまで、相距たること四十三日。天時に暑熱なり。函して酒に浸したりと雖も、焉ぞ壊爛腐敗せざることを得ん。孰か能く其の真偽を弁ぜんや。然らば即ち義経は偽り死して遁れ去りしか。」とあって、今に至るまで蝦夷が義経を崇拝し、神として祀るのはそのためだ、とある。

次の段階が十九世紀半ばで、義経は北海道から大陸に渡り、チンギス・ハンになったという説が現れる。非常に早い段階のそれはシーボルト『日本』第一巻・第一編「日本の地理とその発見史」の「原注」に「義経の蝦夷への脱出（一一八九年）、さらに引き続いて対岸のアジア大陸への脱出の年は、蒙古人の歴史ではかの蒙古遊牧民族の帝国創建という重要な時期にあたっている。……義経は当時三十一歳であり、白旗をたずさえる源の家の出身である。……純粋に古代日本語であるカミは、日本の豪族が天皇家の創建、つまり彼らの歴史の元年（西暦紀元前六六〇年）のときから用いている称号である。義経はカミであった。ところで汗は、われわれの知るところでは、鉄木真《テムジン》以前にはアジア大陸では知られていない称号であった。……ローマ教皇やフランスの使節……が大汗の宮廷で観察した風俗習慣と天皇の宮廷のそれとは一致している。」(1)と述べている。

やがて明治時代になって、世間の注目を集めたのが、内田弥八の『義経再興記』である。これは末松謙澄《すえまつけんちょう》(2)が英語で記したケンブリッジ大学の卒業論文の邦訳で、その後も小谷部全一郎の『成吉思汗ハ源義経也』が注目された。

鈴木健一は「おそらくは、明治時代に、中国大陸進出をもくろむ日本社会に理論的根拠を与えるため、というより、単に盛り上げるため、登場してきたものであろう。松山巌氏が『英雄生存伝説と日本起源論異説』で指摘しているように、太平洋戦争以前の日本人が、大陸に進出することを勢いづかせるためにも都合よく持ち出されている」（『義経伝説　判官びいき集大成』）と指摘している。小谷部の著書の特徴は、大陸の関係地を巡って、口碑の類など多数集め、蒙古の地に源氏の象徴とされる「笹竜胆《ささりんどう》」(3)を発見したりと、従来の論拠を補強しようとしていること。太平洋戦争前に出た説としては野原のそれが最新のものになると思われるが、基本的に上記指摘は彼の説にも当てはまる。彼の場合はただ、この説を「黄禍論」という大きなスケールの中に嵌め込みつつ、日本を中心とする世界史として描いているのが印象的だ。

（1）大陸・朝鮮半島系の北方騎馬民族が古代日本の支配階級として入ったと主張する「騎馬民族征服王朝説」があるが、この最後の文章は同説との関連性が思い合わされる部分だ。
（2）著述家・官僚。逓相・内相・枢密顧問官。『坊長回天史』などを編述。一八五五―一九二〇年。
（3）「笹竜胆」は村上源氏の定紋で、清和源氏の流れの頼朝、義経のそれではない。

▽チンギス・ハン弁護はなぜ？

ところで、野原はチンギス・ハンの征服行に伴う各種の非行をなぜか弁護する。チンギス・ハンの騎士連隊は略奪し、強姦し、焼き払った。しかしそれは、それが彼らの性向だったからではなく、その必要性があった、モンゴル流の戦略だったと主張する。彼ら騎士軍が略奪したのは、輜重隊などの存在で攻撃性、機動力が妨げられることがないように、後のナポレオンの兵士と同様に「大地の糧《かて》」で生きたから。大地というのは彼が占領し、通り過ぎた土地だ。彼らが強姦したのは、部分的には、妻や女奴隷を同伴することが禁止されたから。というのは、夫が不在の間も故郷の規則的な生活、つまり経済は運営されなければならないからだ。また、部分的には、状況により軍団の機動性と自由行動の必要性からもそのように要請された、という。彼らが放火した理由は、要塞化された都市を攻める時、壁を壊し、家を焼き払うことなく次に転進しようとすると、そこはまた敵の新たな防衛施設になってしまうからだ、という。そこから敵は出撃して背後を突き、作戦をかく乱するのだ。

結論として「一つの軍団が戦力の必要性に百％応えると反対陣営からは邪悪とみなされるかもしれないが、歴史はアレキサンダー大王の遠征から第一次大戦のフランスの作戦に至るまで、後になって正当性を証明したのだ」と、述べる。

チンギス・ハンの騎士連隊は「略奪し、強姦し、焼き払った」、という。場合によっては「殺し尽くす」ことが多かった。ところで野原はチンギス・ハンと義経を同一視する。だから、そのチンギス・ハン弁護はチンギス・ハンに事寄せて別の何かも弁護しようとしたように感じられる。原著が執筆された一九三〇年代、大陸で何があったか、歴史的事実として知っている後世の我々にとって、その「何か」を推定することは大して難しいことではない。

▽「黄禍論」に反論

彼はチンギス・ハンを弁護しただけではなく、黄色い肌を持つ侵略者の他の二者、アッチラ、チムールも弁護している。

アッチラについては、「ミラノとロンバルディアは占領され、略奪されたが、破壊はされなかった。そしてついに……エツェルは教皇レオ一世の願いを容れて、アルプスを越えて軍を引いた。……アジアの占領者は政治的な独裁者ではあっても、……決して精神の専制者ではなかった。」(1)「エツェルは……芸術に熟達し……芸術を政略上必要と見ていた」と、単なる野蛮人とはせず、芸術の理解者として擁護している。

チムールについても、「オリエントの同時代の歴史家(が)……一致して伝えるのは、チムールは捕虜を寛大に注意深く扱い」と述べ、ポツダム新宮殿にあったバジャセット一世を入れた檻《おり》の絵の「歴史的信憑性《しんぴょうせい》」を疑問視した。

要するにこの「黄禍論」は、旧来のヨーロッパ人のそれと本質的に違い、むしろ反「黄禍」の主張だ。「黄禍論」を乗り越えないと、日独和解の土台は作れないからだ。

（1）相良訳『ニーベルンゲンの歌』にはエツェル（＝アッチラ）の王国内のこととして「この王国には、めったにない話であろうが、キリスト教と異教とが、いつもならび行われていた」と、宗教的寛容を示す記述がある。

▽日本軍批判

彼の日本軍批判は論理的だ。それによれば、日本軍の兵器の大部分は老朽化し、音波探知機や高射砲、最新の光学装置などは輸入品だから、経済封鎖されるか、そういう機器を輸出するヨーロッパ勢力と戦争になれば、数週間で日本は孤立無援となる。日本の軍事力はせいぜいヨーロッパの二流国並みだという。さらに、資源小国日本は加工貿易に頼る「交易」の国だ。日本の強みは商売であり、決して軍事力ではない。日本の「戦争」は交易の中にある。日本の軍隊は第一次大戦で価値を証明していないのに、日露戦勝利という過去の「不敗の栄光」に惑わされて、アジアで強引に軍事力を行使した。だから日本はアジアで評判が悪く、アジア人に支持されていない。この意味で日本は「脅威」とはならない、という。

日本が太平洋戦争に負けてからは、日本の軍事力が二流だったことは、多くの人の知る所となった。しかし、『黄禍論』が書かれた一九三〇年代半ばは、軍の統制が厳しくて、そういう「真実」

は日本国内では決して世間には現れなかった。彼が半ばドイツ人の目で見て、ドイツ語で書いたからこそ、この時点での言説として世に残った、というわけだ。

野原は、日本人とその軍を特徴づける過剰な精神主義も俎上に乗せ、「将来の戦闘は、精神の高揚した、死を恐れぬ兵隊……によって戦われるのではない。将来の勝利は全くそういうものによっては達成されない」「たくさんの技術的補助手段によって武装された、高度に育成された特別な軍隊によってのみ、勝利は達成される」という。徹底的な物量、装備重視で、それがヨーロッパ流というものだろう。いずれにしても、日本のレベルはそれに遠く及んでいなかった、ということだ。

その日本軍部批判は徹底していて、例えば、「外務省は陸軍省が五省でやっていることを何も知らず、陸軍省は関東軍と、そのよく知られた代表者・土肥原賢二少将の意図を何も知らないという有様だ」とし、西側と東側の植民地主義の違いに触れて「例えばイギリスはまず最初に使節を送り、同時に精神的先駆者、信仰者、文化の代理人、商人を送り、最後にこれらの人々とその利益を守るため軍隊を送る。……日本のやり方は違う。日本は最初に軍隊、次に商人、最後に教師や役人、技術者、つまり文明の代理人を送る。信仰者は自国内に留める。日本人のやり方は分かりにくいのだろうか。それはあまりに分かり易くて時代遅れなのだ。日本の政策よりはっきりしているものがあるだろうか。あまりにはっきりしているので、野蛮だとされるのだ」という。ここではっきり「野蛮」の言葉が出てくる。批判は痛烈だ。

すごいのは、太平洋戦争突入前に、日本軍の致命的欠陥を知って、それを本にして残していた、ということだ。そのために、難解なドイツ語を隠れ蓑として使ったかのようである。あるいは、ドイツ人の目には、日本の軍事力はこの程度のものとはっきり見えていたのかもしれない。ドイツはこんな日本を相手に軍事同盟を結んで、何か得る所があったのだろうか。後年、日本が真珠湾を攻撃して、アメリカと戦争になって、多分、一番困ったのはドイツだ。そのおかげで、アメリカはヨーロッパの戦争に参加し、ドイツは東西でソ連、アメリカという二大強国を相手にする羽目になった。日本の真珠湾攻撃の愚は、味方さえもがっかりさせる所業だった、というわけだ。彼が熱心に説いたように、日本は平和主義、加工貿易立国に徹するべきだった。太平洋戦争敗北という辛い体験を経て、やっと本来の姿になった、ということだ。

▽諜報、防空思想

野原は「冷戦」を明確に情報戦として捉え、日露戦争で日本勝利に貢献した対露謀略の立役者、明石元二郎《あかしもとじろう》大佐をその理想と見て、中国での諜報戦の責任者の土肥原賢二を批判している。それによれば、日露戦争時も現在（＝一九三〇年代）も、日本本来の強さは前線における戦争ではなく、前線の背後にある諜報戦と見た。諜報戦こそが日本に大きな成功をもたらす、と考えていた。しかし、諜報活動は今や、「血の気の多い、余りに辛抱の足らない軍隊によって徹底的に壊されてしまった」と、嘆く。執筆時点で、日本軍の諜報に対する考え方はお粗末なものだったようだ。「諜報」については、近代的軍隊にとって不可欠の要素として重視し、「これがなくては今日、ブーツのない兵と同様、軍隊は進攻できない」と言い切っている。

軍批判は防空の基本的考え方にも表れている。彼によれば、そもそも日本軍は敵の航空部隊による本土襲来の可能性を無視している。日本本土の人口の三分の一は東京、横浜の大都市圏と、大阪、神戸、京都の大都市トリオの地域に集中し、しかも商売や産業にとって重要なもの全てと、軍や海運、空港、政府、官庁の全てがここにある。だから敵機の爆弾は全て直撃弾となり、わずかの時間で列島国の背骨を打ち砕くことができる。だから、日本は非常に不利で、ほとんどエチオピアと変わらないという。

そして、批判は防空演習にも及び、「市民と軍の防空演習が東京と大阪で行われたが、外国人観察者から惘れみのこもった笑いを買った」と述べている。この防空演習を「笑うべきもの」として取り上げている。ドイツ敗戦間近のベルリンで過ごした経験を持つ元外務省高官、吉野文六氏(1)によると、壁や屋根のコンクリートの厚みが三〜四メートルもある三、四階建で三百人も収容できるブンカーという防空壕がベルリン市内に何カ所もあって、屋根には高射砲があった、という。

彼が別の雑誌に書いた論文でも、ほぼ同趣旨の論を展開している。つまり日本は、空襲されたらどの爆弾もはずれがない、皆命中だ。ところで、彼と同レベルの感覚に立って、『関東防空大演習を嗤う』という軍部批判の社説を書いた信濃毎日新聞の主筆・桐生悠々は、軍関係者の反発が原因で新聞社を追われた。日本と諸外国の防空思想のレベルの違いは致命的ともいえるものだったことを示す例であろう。一事が万事、と考えた方が適切だろう。

（1）ドイツ敗戦当時、ベルリンの日本大使館の留守部隊として留まり、進駐したソ連軍と関わった。吉野氏は後、外務省のアメリカ局長として、沖縄返還交渉に携わり、その後、駐独大使などを歴任。二〇〇六年、「沖縄返還交渉で日米間に密約があった」と証言し、反響を呼んだ。訳者は、吉野氏の在独日本大使館勤務期間が野原のそれと一部重なるため、野原を知っているのではないかと見て問い合わせたが、残念ながら、吉野氏に心当たりはなかった。

▽中国人観

野原は、もし黄禍というものがあるとすればその主役は中国人だ、と考えている。中国人女性は日本人女性と同様に賢く、日本人女性よりも足が長く、すらっとしていて、見た目がいい。さらにその巨大な人口はそれ自体が武器のようなものだ。また、何に狙いを定めているかはかりしれないものがあり、潜在的なものが秘められている。だから、中国人女性がもし一度、鎖から解き放たれ、ヨーロッパ人に向かった時は、彼女たち自身がその母国の最強の武器となる。それこそ、最高度に現実的な黄禍となるであろう、という。

彼が指摘する日本人と中国人の「移住」に関する本質的な違いも興味深い。「日本人は中国人と違って国外に移住しない。あるいは好んでは移住しない。しかも、その故郷よりも北の気候の厳しい国には移住しない」が、これと対照的に、「中国人の移住は最早一つの民族移動と言って構わないだろう、浸透、侵入はいつの間にか起こり、止むことなく、効果的に進行する。日本人のとても目立つ浸透の技術と反対に、まず商人が来て、次にまた商人が来て、三度目もまた商人が来る。……彼は最初力の持ち主を伴わない。彼は本国においてそういう人々を信頼できない、ということを学んだ。彼はむしろ、移住先で見つけ、守り、経済的に支える権力者に自らを委ねる」という。

中国人が、移住したアジアの多くの国々で経済を実質的に牛耳り、その国の実権を握る技術の巧みさは、彼の力説するところだ。

▽中国・社会主義

中国の現代史の一方の主役となった軍閥は、残虐さと権勢欲で際立ったが、中にはキリスト教に帰依《きえ》したり、あるいはソビエト・ロシアと連携する者までいた。辺境にはソビエトを宣言するところまで現れた。

原著では、中国の共産党勢力にはほとんど言及していないが、中国の未来を的確に捉えていて、「中国人の生活の神聖不可侵の単位の中で、つまり家族の心の中で、人々の心の中で、恐ろしい精神的、心理的な革命が起こった。息子たちは親に反抗し、女は夫に、若者は老人とぶつかった。この転換が、日本と反対に最も深層にまで及んだから、最後の角、最も暗い奈落を掘り起こしたから、それは長く続く」「中国ではしかし、厳しい誕生に伴うあらゆる陣痛とともに、全く新しい、オリジナルな文化が開花し、私の考えでは、中国・社会主義とでも呼ぶほかないと思われる何かが生まれてくる。この目的に向かう道はとても遠く、また、多分、とても高いので、我々はここでそれに軽く触れる以上のことはできないが、それは中国の工業化と通じている」という。

中国の社会主義政権・中華人民共和国が成立するのは『黄禍論』が出てから十年以上後。その時点で中国の未来像として「社会主義」を見ていたとすれば、ただ者ではない。

一見変わらないが、深いところで変わっていく中国人。[1]これに対し、表面的には大きく変わっても、深い所では変わらない日本人。彼流の日中比較論の結論だ。

(1) 共和制を求める中国革命の思想は、中国人を「変えた」と思われる。石井米雄・桜井由躬雄編『新版 世界各国史5 東南アジア史①大陸部』(山川出版社)によると、華僑の中国民族意識の目覚めは、華僑のタイ同化を困難にした。タイに単身出稼ぎにきた華僑たちが、タイ人女性と結婚し、子供の世代はタイ人として育てられる、という従来の同化プロセスが働かなくなった。タイ国の六世王ワチラーウット王も、タイで得た利益を本国に持ち帰り、タイに利益を与えない経済定着性のない華僑と、あるいは半ばタイに定着するが、タイ国への忠誠心が薄い教育レベルの高い都市居住の華人の二タイプを批判している。

▽インド、イスラム世界

野原は、インド問題、つまり「インド禍」も日本禍、中国禍同様に問題になりうる、と考える。

それは軍事的、経済的次元に立つものではないが、「いつの日か、文化と精神が決定的なものになる可能性がある。そうなれば、インドの時代が来る」

彼はイスラム世界も視野に入れていた。中国奥地・新疆はイスラム圏で、西には広大なイスラム世界が広がっている。今でこそ世界史上で最も動きのある地域のひとつだが、当時は世界史の上ではほとんど「無視」されていた。それに正当な光を当ててみると、「イスラムの歴史とムーア人、オスマンの征服は、イスラム世界が過小評価されるべきでないということを教える。ヨーロッパはかつてその半分がイスラムの支配下に入り、今日なお、その痕跡を見る。風習としてはアルプスの南からオリエントが始まる」「地図を見たら分かる通り、すなわちユーラシア大陸の全ての油田はイスラム信仰の国々にあって、イスラム教徒によって維持されている」と、いう。

▽天皇イスラム教化計画

広大なイスラム世界を視野に入れた突拍子もない計画があったらしい。

野原は、天皇をイスラム教に改宗させ、全イスラム世界を、極東と日本に直結させようという、びっくりするような計画について伝えている。

それによれば、「日本の一定の政治グループは、アジアの一本化はイスラム教と極東世界の和解がないと不可能だという認識の下……大きく重要な政治ゲームを実行に移すという計画を受け入れた。計画の目的は、天皇をイスラム教に改宗させ、高僧ウル・イスラム、つまり全イスラム教徒の統治者として、アジアとヨーロッパの間にある全イスラム世界を、極東と日本の政治に直結させるという。多分、政治家の念頭には……『聖戦』があった、と思われる」という。

しかし、この計画は天皇の人格と地位を侮辱し、また、教主ウル・イスラムのそれも侮辱するものだったから、「計画がおかしなことにイスラム教徒に漏れ、彼らはくそ真面目な日本人と違って、はっきりとしたユーモアのセンスを持っていて、計画は忘却されてしまった」。

あたかもそれは、世界で一番古い王朝の子孫にして、日本古来の宗教・神道の最高司祭である天皇が、突然、外交的理由から、同じように大地に根付いた、同じように独立の誇り高い民族から尊《そん》崇《すう》される宗教の頭首になることができる、わけがない！　この計画はそれに相応しい終わり方をした、というわけだ。

こんな計画を立てたのはどんなグループだろうか。この時期、チベット方面では、ダライ・ラマはイギリス寄りで、日本はパンチェン・ラマに近付くなど、日本も中国辺境でそれなりの宗教工作をした。それにしても、天皇のイスラム教化は突飛過ぎる。失敗して当然だ。こんな計画があったことを初めて知って、驚くばかりだ。

▽ブラジル日本人社会

ブラジルの日本人社会は「日本人論」の観点から特に注目に値するようだ。

野原によれば、日本人は常に日本人であり続ける。彼がどこに住もうが、どこで生まれようが同じことで、グループを作り、そこで個々の家族は引き締まった細胞となって日本人性というものに一体化する。さらに、我々は、他の民族のように簡単には外国民族と同化しない、という。そして、ブラジルの有力な新聞の記事から引用して、ブラジルで生まれた日本人の子は早い時期からブラジルの国民学校に通うが、国民学校通学中から日本学校入学の準備を始め、日本学校での課程が修了すると、間もなくブラジルの国語、つまりかつて国民学校の四年間で身に付けたポルトガル語を忘れる。彼は生まれと法律上はブラジル人だとしても、最終的には日本人として自らを形作る、という。

「日本人はどこにいても日本人」、というのは彼の日本人論の中核で、ブラジル在住日本人もその例外ではない、というわけだ。

▽「日本人はもともと海賊」説

その人物像に触れる前に、私が彼に注目したそもそものきっかけを述べよう。私は日本人論に興味があって、アメリカの人類学者、ルース・ベネディクト女史の『菊と刀』(長谷川松治訳、社会思想社)を読んでいて、ある一節に目が止まった。それは「ロシア人を一皮むけばタタールが現れる[1]」という表現に続く「日本人をひっかき、漆を削り落すと生地の海賊が出て来る」という趣旨の部分だった。私は「日本人は本当に海賊だったのか」という驚きとともに、出典とされた野原駒吉のユニークな日本人論『日本の素顔』と、野原本人への興味を募らせた。

問題の「海賊説[2]」の論拠として、彼は、日本列島に流れ着いた多くの民族から説き起こす。列島に最初に住み着いたのはアイヌで、次いでモンゴロイドがアジア大陸から入った。次に南方から一群のマレー人が来た。彼らマレー人は勇敢で粗野な海賊で、湿地に砦などを作って入植した。日本人というものは「海を征服する」ことによって成り立っている。極東特有の山と海との戦い、日本列島固有の大災害である地震との戦いの中で、日本人の特性は形成された。そうして出来上がった日本人の中には、完全な芸術愛好家と海賊という、二つの魂が生きている。

要するに、列島に流入した多くの民族の中で、海賊＝マレー人に注目し、彼らが列島人の生地になった、とみなした。その生地と、それ以外の多くの民族の混合作用に加えて、仏教など外来の先進文化の影響を受ける中で、洗練された、神秘的な芸術愛好家の顔と、海賊の顔という、日本人の特異な二面性が育まれた、と結論付けた。

ところで、『黄禍論』にも一カ所だけ、「海賊」説に関わる部分が見つかった。それは次のような件だ。

中国人の考えでは、日本の文明、文化、文書、建築技術、絵画、文学は中国のみすぼらしい模倣だ。我々日本人の音楽は彼ら中国人には発情期の猫の鳴き声だし、我々の劇場は奇怪な陳列館だ。要するに、中国の影響と指導がなかったら我々は今日なお、言葉通りの意味の杭上生活者で、そこでは我々は杭の小屋に住み、文字を持たず、狩りと魚取りで生きていただろう。

この「杭上生活者」が「魚取りで生きていた」とすれば、それは東南アジアの海浜に立つ「杭の小屋に住む」海洋民族そのものだろう。「日本人は元々、海賊」の考えは、中国人のそれだった、とも言える。少なくとも彼は中国人の視野にある「日本人像」についてそういう理解をしていた、というわけだ。

「日本人の素地は海賊」という彼の仮説について、決定的な証拠を求めるなら、日本に「舟葬」があったかどうかという考古学上の議論と関わってくる。近年、この分野で動きがあった[3]。

(1) 二百年に及ぶモンゴル人の支配がロシアに注ぎ込んだ東洋的要素の強さを表すことわざ。一説にはナポレオン・ボナパルトが終焉の地・セント・ヘレナ島で語ったとも、また一説にはフランスの政治家、作家、哲学者で「反フランス革命」「カトリックの思想家」のジョセフ・ド・メーストルの言葉とも言われている。モンゴル軍に征服された中世ロシアの諸公国に対するキプチャク・ハン国の間接支配を表す「タタールのくびき」ということわざと関係する古い表現だった可能性もある。ドイツの代表的作家の一人、トーマス・マンの『魔の山』(関泰祐・望月市恵訳＝岩波文庫版)にも「アジアが私たちを呑み込もうとしています。どちらを見ても、ダッタン人の顔ばかり」「モスコー系のモンゴール人がうようよ」などと、ロシア人をタタールと同一視する表現がある。

(2) 野原の「日本人＝海賊」説は、日本軍の大陸方面における「所行」によって、歴史の中で巨大なスケールで証明されてしまった。

(3) バイキングのように船に遺骸を置いて沖に流したり、火を点けたり、あるいはその船を埋めるという「舟葬」があったとする説は戦前、後藤守一によって主張され、戦後間もなく、「舟葬はなかった」とする小林行雄と論争となった。小林の厳密な考古学的論拠が後藤説を圧倒した形で以来、「舟葬」説は聞かれなくなった。その後、銘文鉄剣で注目を浴びた埼玉稲荷山古墳の主体部の礫槨が船型であったことや、奈良県広陵町の巣山古墳で「葬送船」が見つかったことなどから「舟葬説」は再び浮上した。辰巳和弘『他界へ翔ける船』（神泉社）は、最近増えた船型木棺の発見例などに基づき、新たな「舟葬論」を提示し、古墳時代研究に一石を投じた。拙著『日独の闇に消えた男—「野原駒吉」探索ノート』（さんこう社）の補章「海賊説の行方」もほぼ同趣旨である。

▽ベルツ

明治時代に東京帝国大学で教鞭《きょうべん》を執ったドイツ人のお雇い医師、エルビン・フォン・ベルツが日本と日本人について多くの論文を著し、若林操子訳『ベルツ日本文化論集』（東海大学出版会）として日本語訳が出ている。それによると、ベルツは東アジアに分布する人種のマレー・モンゴル系と満州・朝鮮系、それにアイヌ系のうち、マレー・モンゴル系について「マレー・モンゴル系は好戦的。日本人の抜きん出た闘争心は、混血によって体内に流れるこの南アジア系の血によるところが大きい」「強調しておきたいのは、日本人はマレー系の影響が圧倒的に強く、好戦的な気性はそのせい」（「東アジアの人々」＝『ベルツ日本文化論集』所収）と述べる。マレー人は航海術に長けた民族で、しかも好戦的だとすれば、「海賊」と考えられなくもない。また、同論集所載の「朝鮮、その始まりから終焉まで」には「紀元前後から十六世紀まで、日本人は東アジアにおいてヨーロッパのノルマン人さながらの活動をしていた」と、日本人とノルマン人＝海賊をはっきり結びつける表現を残していた。野原の海賊説のネタ元はベルツと考えて間違いない。

▽『新しき土』

『黄禍論』に、「日独合作映画で一緒に働くことができた」という記述がみつかったことから、その仕事の輪郭《りんかく》が浮かび上がった。この映画は、往年の大女優、原節子をヒロインにした映画『新しき土』で、ナチの資金援助を受け、日独友好促進という国策推進のために製作された。(1) 山岳映画で有名なアーノルド・ファンク(2)を監督に迎え、原の他には小杉勇、早川雪洲ら当時の有名俳優を多数、出演させた。ファンク監督のドイツ版と、伊丹万作監督による日本版の二つが同時並行で作られ、一九三七年に日独同時に公開され、話題となった。野原がどのような形で関与したかについては、はっきりした記録は残っていなかった。しかし、明確に日独提携を目指した映画の筋立ては、日本の武士道と、ドイツ(ヨーロッパ)流の騎士道を関連付け、日独に共通する全体主義的傾向を強調する野原の『日本の素顔』と大筋において重なる。

また、男性主人公の輝雄(小杉勇)の「日本には二つの顔がある」という台詞《せりふ》は、『日本の素顔』の中の「彼(日本人)の心には二つの魂が宿っている」と瓜二つだ。『日本の素顔』では、「日本の全ての家族は、国家という体を構成する細胞で、天皇家を頂点とする単一の一族」と説明しているが、これは『新しき土』の中の説明と同じだ。

また、輝雄のドイツ留学期間の八年間は、後で説明するように野原自身のドイツ、スイスにおける修学期間とほとんど一致する。輝雄の造形に、彼の経歴が投影している、とも見られる。また、『日本の素顔』で特徴的な、日本人の心性と頻発する地震を強く関連付ける傾向は、映画においても唐突なほどに描写されている。また、ファンクが、この映画には明確なファシズム支持のメッセージがなければならないと主張して、自由主義者・伊丹万作監督から出された「ファンクの脚本」に対する修正要求を突っぱね、その結果、窮余の一策として、ファンクのドイツ版と伊丹の日本版が同時並行的に作られたという経緯にも注目する必要がある。なぜ、ファンクは伊丹の要求をはねつけることができたのか。それは、「ファンクの脚本」の背後に日本人・野原がいて、その原案があったからではないのか。それまで日本と縁もゆかりもなかったファンクが、自身だけの力でこの脚本を用意できたとは考えられない。さらに、決定的なのは、ファンク自身が、映画製作のエピソードを紹介した論述の中で、脚本が自身の作でないことをにおわせている。野原が「映画に関わった」という「自白」の信憑性については、その経歴に触れた部分がまさしく事実として追跡することができた（後の項で述べる）点から見ても、十分信用できる、と考える。以上、要するに、信用するに足る「自白」があって、これを補強する様々な状況証拠が揃ったわけで、総合的に判断して、『日本の素顔』が映画の原作、あるいは原案として使われた、とみていいと、考えられるわけだ。

また、この映画の製作をプロデュースしたドイツ人フリードリッヒ・ハックが、映画を隠れ蓑にして、日独防共協定[3]締結に向けて極秘の動きをしていた可能性も分かっている。野原の著作が映画の原案だとすれば、彼とハックの濃密な関係も想像され、また『黄禍論』にも、ハックと思しき人物も登場する。彼の周辺に何やら秘密活動の影がちらつき始めた。

(1)『新しき土』は、「日独協会」の設立者で、ベルリンの日本海軍事務所の酒井直衛と、同協会理事のドイツ人フリードリッヒ・ハックとの会談がそもそものきっかけ。ハックは山岳映画で有名なファンクを紹介するとともに、ナチスの宣伝大臣ゲッベルスとかけ合い、十万マルクの資金援助の約束を取り付けた。ハックはまた、東和商事の川喜多長政社長と接触、川喜多は一九三五年七月、ベルリンを訪問、『新しき土』は実現に向けて動き出した(『昭和二万日の全記録④日中戦争への道』=講談社)。酒井とハックのコンビは、ドイツの敗色濃厚となった一九四五年、スイスを舞台に、海軍士官・藤村善朗がアメリカの当時の国務長官ジョン・フォスター・ダレスの弟アレン・ダレスを相手に行った対米講和交渉の仲介役として再び登場する(藤村善朗「痛恨!ダレス第一電」=『「文藝春秋」にみる昭和史・第一巻』所収・文藝春秋社)。

(2) ファンクの監督作品に何作も主演し、後に映画監督になり、ナチス党大会やベルリン五輪を扱った映画を作ったレニ・リーフェンシュタールが、ファンクについて気になる証言を残している。レニによると、ファンクは「チューリヒ大学で勉強した。レーニンと同じ時期で、ふたりの間にはコンタクトがあった。……第一次大戦……終結まで防諜諜報機関に所属。そこでかの有名なドイツスパイ『マドモアゼル・ドクトル』と一緒に働いていた」(椛島則子訳『回想』=文藝春秋社)という。これは、レーニンらをスイスからロシアに送り返した「封印列車」工作にファンクも一枚嚙んだと暗示したとも考えられる。リチャード・パイプス著、西山克典訳『ロシア革命史』(成文社)によると、一九一六年秋、ドイツ皇帝ウィルヘルム二世(「黄禍論」の主唱者でもあった)は軍事的な観点から、分離講和により連合国から脱落する国を作ることが重要と考え、ロシアにおける急進左派の親ドイツ的、反戦的立場を利用しようとし、レーニンをその指導者と見ていた。「封印列車」工作の主唱者はパルブスで、レーニンが本国に帰るや、臨時政府を倒し、分離講和を結ぶと並外れた先見の明で予測した、という。歴史はパルブスの予測通りとなり、革命に成功したレーニンらはドイツと無賠償で講和した。ファンク自身はこの関係で何の証言も残しておらず、本当にこの工作と関係したのか、関与したとしてもどのような形だったかなど、真相は不明。しかし、諜報の世界のことは、特に成功したそれは、関係者は口をつぐみ、通常は世に出ないが、たまたま、ファンクが親しいレニにだけうっかり漏らし、レニの筆に留められた、とも考えられる。尾鍋輝彦『二十世紀6　ロシア革命』（中央公論社）によると、スイスにいるロシア人革命家の集まりでドイツ通過帰国のプランが持ち上がり、レーニンがこの案に飛びついた。ドイツの政府と軍部は、反戦運動によってロシア軍の後方攪乱をすると思われる、レーニンらを帰国させることを有利とみて、このドイツ通過案を承認した、という。レーニンらの帰国ルートは、「バルト海の海岸ザスニックで、客車から直接にスウェーデンの貨物船に乗り移り、スウェーデンのトレレボリに運ばれ、列車でストックホルムに着いた。……一泊後、船でフィンランドに渡りロシアに向かった」（同書）。

（3）　一九三六年、共産主義に対する共同防衛を名目として日本とドイツが結んだ協定。日本側の交渉責任者はドイツ駐在の陸軍武官（当時）だった大島浩で、大島は、ナチス党の実質的な外交部長格のリッベントロップと水面下で交渉した。交渉のお膳立てをしたのが、ハインケル航空機会社の日本陸海軍向けブローカーのハックだった。陸軍側が独自にドイツ側と話し合った上で、その案を外務省に押し付けた。ハックは、日独合作映画『新しき土』の製作準備を隠れ蓑にして、日独間を動いた。同協定の本文には直接、ソ連を名指してはいないが、秘密付属協定第一条には締約国の一方がソ連から攻撃あるいは脅威を受けた場合、他方はソ連の負担を軽減するような措置を一切取らないと定めており、事実上、ソ連を仮想敵国としていた。一年後にイタリアも参加、第二次大戦のいわゆる枢軸国が結成された。

▽ベルツ説の間接的投影

ベルツの影響は、『新しき土』にも見て取れる。ベルツは『ベルツ日本文化論集』所収の「日本人の家庭生活」という論文の中で「ヨーロッパに渡った日本人は、我々の文化の強烈な外貌に目がくらみ、技術や学問のとてつもない進歩に幻惑される。……さて、青年は帰国する。……ヨーロッパへの陶酔は消し飛び、青年は冷静になる。……そして、ふたたび日本人の目で物事を見始める。……いずれにせよ、件の青年はふたたび日本人になってしまうのだ」と述べているが、この青年の名前を「輝雄」と置き換えれば、『新しき土』の筋にそっくりだ。ベルツはまた、「日本人の闘争心と死を軽んずる心について」という論文の中で、当時流行した自殺の方法として、浅間山の火口に飛び込む例を挙げている。『新しき土』でも、ヒロイン光子（原節子）は火山の火口に飛び込もうとする。映画では、浅間山の実景も登場した。

以上、ベルツの影響はどう考えたらいいだろうか。映画そのものに、ベルツの著述の影響が見られるとしても、監督ファンクが直接、ベルツの論考から影響を受けた、とするよりも、野原を通じて、間接的に影響を受けた、と考える方が説得力がある。映画に見られるベルツの影の濃密な投影は、映画に対する野原の並々ならぬ関係の表れと見ればいいわけだ。訳者が、『日本の素顔』が『新しき土』の原作、あるいは原案と考える更なる状況証拠の一つとも言えるわけだ。

▽満州への失望

映画『新しき土』に描かれたように、希望の新天地として建国した満州国だったが、『黄禍論』執筆の時点（一九三六年ごろか）で既に「失望だった」という。

野原によれば、つまりそこの原材料の産出は期待したほどではなかった、という。また、「人は三年間でその国の可能性に失望したわけではない。その国について人々は一九〇四―〇五年の日露戦争以来知っていて、三十年にわたって他のどの国も研究されたことのないほど、厳密に研究された。真実はむしろ、日本が満州に失望したのではなくて、満州人、つまりは今日の満州国の指導者たちに失望した、ということだ」とも述べている。

ところで、彼が映画『新しき土』の原案提供者だったとして、映画の中での満州は「新しき土」、「希望の新天地」として描かれた。事実、『日本の素顔』でそのように描き、それが映画の下敷きになった。たった、二、三年の間に、満州への評価が大きく変わった事情は一体何だろうか。

私はこう解釈している。

『日本の素顔』が日独合作映画『新しき土』の原案だとして、それをもう一歩進めて、元々、国策映画の原案という運命を与えられた本だったと仮定すると、満州を美化し、理想化することは「国策として」要請されたものだった、と考えることができるのではないか。野原は満州が「期待外れ」と知りながら、その認識に反して敢えて理想的に描いたのではないか。この部分で意に染まない書き方をした、という思いが、彼をして次の著作の『黄禍論』を書かせる強い動機となったのではないか。『黄禍論』に国策の匂いがあまり感じられないのはそういう事情があったのではないか……。

▽大使館での秘密任務

東京裁判の記録に、彼の供述書があることが分かり、その経歴の概要が分かってきた。彼は一九三九年から一九四五年のドイツ敗北まで、ベルリンの日本大使館で臨時職員として勤務し、モスクワの日本大使館から入手したソ連の軍事、経済情報をドイツ側にリレーする極秘の任務に付いていた。[1] 表向きは「新聞、ラジオ担当」で、極秘の任務は、河原畯一郎《かわはらしゅんいちろう》[2]参事官の指示で動いた。野原によれば、この秘密の任務については他に大島浩《おおしまひろし》大使[3]しか知らなかった、という。ベルリン陥落に先立ち、住まいのあったシュトラウスベルクでソ連赤軍に拘束され、その際、大使館から持ち出していた自身の秘密任務に関係する資料の写しを提供した。[4] 彼はその後、モスクワに連れて行かれ、そこで、大島浩大使に対する裁判資料の提供者として、詳細な供述書を出し、それが東京裁判に提出された。[5] ところが、東京裁判の法廷には出廷せず、モスクワからベルリンにもどり、その後、西ドイツ側に出たと思われる。しかし、日本に戻った形跡はない。[6] 以下に示す経歴のある部分はこの供述書にあったもの。残りの大部分は、これも『黄禍論』の中にあった「バーゼルの高等実科学校」に通った、という記述を頼りに、スイス当局の協力を得て、バーゼルでの住所、滞在期間などを辿り、更にそこから、ドイツのデトモルト市での足跡を追跡した結果分かったことだ。

(1) 対ソ軍事情報の交換については、日独の軍部間に協定があった。
(2) ドイツ敗北時の日本大使館の留守部隊の責任者として、進駐してきたソ連軍当局と対応した。シベリア経由帰国後、佐世保の終戦連絡所の事務長になった。昭和二十一年、外務省退官。その後、最高裁の調査官をした。前出の吉野文六氏によると、河原氏との付き合いは公私ともに長いが、河原氏からも「野原駒吉」の話を聞いたことはなかった、という。
(3) 駐独大使館付武官、後、駐独大使。日独防共協定、日独伊三国軍事同盟の推進者として知られる。東京裁判で終身禁錮刑判決、後、減刑、出獄。
(4) 『日本の素顔』で、「軍国主義者」「ファシスト」「国家社会主義者」「ボルシェビキ」と、当時勢いを増した世界中の全体主義を列挙して、民主、自由主義陣営と対置し、一種の親近感を示している。特に、「ボルシェビキ」に対しても共感を示しているのが印象的で、ドイツ敗北に際して、ソ連赤軍に投じたのも、それなりの理由があった、とも言える。
(5) ソ連側は東京裁判で、野原が大使館から持ち出した文書の写しと野原の供述書を、大島大使に対する反ソ活動に関する証拠として提出したが、日本側弁護団は、証人が出廷しないなら反証の機会がない、として供述書の証明力を争った。弁護団は、「野原は日本語を十分理解できない、おまけに秘密情報を扱えるような高いポストにはいない、非常に軽い役職だ」、とも主張した。
(6) 一九五〇年代前半にアウグスブルクの出版社から子供向けの本を出して以降、その足跡は絶える。アウグスブルクは西側だから、多分、ベルリンの壁ができる前に西側に移ったものと推測される。

▽野原の素顔

略歴を整理してみよう。

一八九九年六月四日、横浜で生まれた。本籍地は東京・大田区山王で、父も同姓同名で一八六七年十月、東京（当時はまだ江戸か）生まれ。山王は父の生家と思われる。母カタリーナはドイツ人で、一八七六年四月、ドイツのケルン北方のラーティンゲン・リントオルフという町で生まれた。野原は日独の二重国籍だったと思われる。弟が二人いて、いずれも横浜生まれ。一家はその後、神戸に移り、一九一二年九月付けでドイツ・ハノーバーの南西約百キロのデトモルト市に転入届を出している。一家はシュトラーセ、シュタインシュトスという町名の閑静な三階建ての一階に住んだという記録が残っている。父は翌一九一三年七月付けでデトモルト市から転出、神戸に戻っている。デトモルトで通った学校については分かっていない。バーゼルで高等実科学校に通ったことから類推して、デトモルトでは初級実科学校に通った可能性はある。残された妻子四人は一九一五年一月付けで転出届を出さずに日本へと旅立ったことになっている。しかし妻子は実際にはスイス・バーゼルに移り住んでいる。第一次世界大戦は一九一四年に勃発した。しかし、デトモルトは西部戦線からは隔たっている。だから、戦火を避けての移住とは考えにくい。それよりも、日本がドイツに宣戦布告し、日独両国が敵国同士になった、という事情が影響した、と考える方が自然だ。母子は敵国となった日本に直接行けなくなったため、戦火の及ばない中立国で、しかも事実上のドイツ文化圏にあるスイス・バーゼルに落ち着いた、と思われる。ここなら、夫と会うこともできる。母子はバーゼル郊外のフリーデンスガッセ、次いでパルメンシュトラーセという街区に住んでいる。いずれも落ち着いた住宅街で、一家が住んだアパートは百年後の現在もそのまま住人が住んでいる。

第一次世界大戦をきっかけにドイツを出て、スイスに落ち着くまでに若干の期間があるところから見て、父親不在のまま母子だけが落ち着き場所を求めてさまよう心許なさが、駒吉の心に深い影を落とした可能性はある。何よりも、自身に流れる日独二つの血を分かち持つ民族同士が敵国となった、という事実は心に引っ掛かる大きなものを残した、と思われる。後年、日独間の友好、提携に動くことになる決定的な動機になった、と考えられる。

バーゼルで高等実科学校に通い、一九一九年三月末までに四年の課程を修了した。高等実科学校入学に際して「美術史をやりたい」と志望動機を述べたという記録が、同市のアーカイブに残っていた。彼はここで建築学でも優秀な成績を収めた。バーゼルの高等実科学校は一八八〇年創立で、現在のギムナジウム・キルシュガルテンになった、と思われる。私は二〇〇八年十二月、バーゼルを訪ね、関係地を回り、この学校にも足を運んだ。野原が通ったと思われる石作りの立派な校舎も残っていた。ちょうど下校時間と見えて、少年、少女が校門から出てきた。少年たちはまだ子供っぽいのに、少女はちょっとませていて、つんと澄ました感じがあった。私はしばし立ち止まって、野原少年の姿を思い描き、百年という歳月の流れに思いを馳せた。

彼は同校を卒業後、バーゼル大学に進学、ここでも美術史を専攻した。ちなみに、バーゼルにはヨーロッパで最も古く、一般に公開された市立美術館があった。私はバーゼル旅行中、ここも訪れた。クレー、シャガール、ゴッホと、ヨーロッパ絵画の有名どころが揃っていた。その時代と収蔵品は違うとしても、当時から充実したコレクションがあったことが想像された。美術史志向の彼には打ってつけの環境だったことは間違いない。

一九二〇年の夏学期の半年間を過ごした後、十月にベルリンに向かった。在学は正味一年半だった。一九一九年締結のベルサイユ条約でドイツにも平和が戻った。一家もやっとドイツに戻ることができた。

そもそも一家がなぜ、幼い子供連れでドイツに戻ったかについては『日本の素顔』の中に「ドイツ人の父親は第一次大戦前までは、子女に外国で教育を受けさせる習慣があった」という趣旨の表現がある。彼を「日本人」とするならば、父は「ドイツ人の父にならって」、子供たちをドイツ(避難先のスイスを含めてドイツ語圏)で教育を受けさせようとしたから、と考えることができる。彼のドイツ、スイスでの修学期間は「八年」だった。

▽松方コレクション

ところで、野原は松方コレクションにも関わっている。『日本の素顔』の中で「松方がドイツとフランスの絵画を購入する際、助言した」旨告白しているのだ。松方幸次郎は一九一六年から一九一九年、さらに一九二一年の二回渡欧して、絵画を買い漁っている。大半は一回目に購入したらしい。彼はこのころはまだ、バーゼルの高等実科学校に通っている。とすれば、二回目の渡欧に際して何らかの協力をしたと見られる。ここで「美術史専攻」の経歴が生きた。当時、彼はまだ二十二歳前後。大物実業家・松方との縁は、父親を経由してのものと考えるのが自然だ。『日本の素顔』には松方の優れた経営者としての姿勢を述べた個所もある。松方一族が有力な薩摩閥の一つで、彼の一家もそこに連なる可能性はあるが、はっきりしない。

松方コレクションについては、絵画の購入は目くらましで、本当の目的はドイツの潜水艦の図面を秘かに入手することだった、という真相が第二次大戦後、暴露された。野原が協力したと見られる、まさにこの二回目の訪欧で、問題の図面入手という「スパイ作戦」が行われた。松方は海軍との約束通り、極秘のうちにUボートの図面を入手した。この図面が、伊号潜水艦誕生の決め手になった、と思われる。伊号潜水艦の第一号は、松方が社長をつとめる川崎造船で完成している。

石田修大『幻の美術館』（丸善ライブラリー）によると、図面入手のために、どんな工作がなされたかについて、スイスの造船技術者、謎の日本人、あるいは商社員の介在など諸説が伝えられている。また、ドイツがダミー会社を作って潜水艦を建造していたオランダで図面入手の工作が行われた、との説も紹介されている。また、設計図入手のために、海軍の機密費が使われた可能性もあるという。私は、野原が関係したのは単純な絵画購入だけではなかった、それがその後の野原の「秘密活動」の始まりになったのではないか、という疑いを持っている。

彼は、戦前の日独関係史で特異の存在感を示すドイツ人、フリードリッヒ・ハック博士とも親しい関係にあった、と見られる。

松方に協力した後、一九二二年から一九三九年にかけては、ヨーロッパ、日本、米国、南米などに旅行、あるいは滞在した。一九二三年九月の関東大震災後の日本でも取材したと思われる。これら世界中を股にかけた長期間の取材の結果が、「日本人自身による」初めての本格的な日本人論となる『日本の素顔』と『黄禍論』に結実した、とみられる。筆者は以前、長期間かつスケールの大きな旅行の目的についてはっきりした考えを持てなかったが、今回、『黄禍論』を訳出して、「この本を書くためには、余程、長期間、緻密な取材が必要だっただろう」と納得した。長期間、世界中を飛び回れるだけの私財がある一族の人物だった可能性もある。彼の本籍地は東京都内の高台にある閑静な住宅地で、勿論、現在は当時の建物はなくて、これがヨーロッパと違うところだ。ヨーロッパだったら、百年前の家がそっくり残っていて、人が住んでいる！　地番を頼りに当時の敷地を見たら、広大な面積だった。しかも、近所の商店街の人の中に「半端じゃない敷地と建物があったようだ」と話す人がいた。一家が相当な資産家だったと推定される所以だ。

▽「上海クラブ」

彼はまた、遅くとも一九三〇年代までに、アジアにおける情報の一大センターとも言える上海で、イギリス人を中心に構成された社交クラブ「上海クラブ」のメンバーになり、情報収集と情報人脈の構築に役立てた、と思われる。

また、『日本の素顔』『黄禍論』のほかに、ドイツの雑誌に日本について時事的な記事を二、三発表している。その記事の併用写真の説明に「主婦之友（野原）」とあり、一時的にもせよ、「主婦の友」社と特約契約などの関係があったことがうかがえる。日独合作映画『新しき土』の製作は日独防共協定締結への動きと足並みを揃えて進んだ点にも問題がある。ハックは同協定の生みの親ともいうべき陰の主役で、一説には、映画の製作準備の名目でハックが日独間を動いた、ともいう。映画がそういう極秘の動きの隠れ蓑になったとすれば、松方コレクションが潜水艦図面の極秘入手の方便に利用されたのと似ている。両方とも野原が絡んでいる。穿《うが》って考えれば、『日本の素顔』が元々、映画の原案として性格付けされていた、とも考えられる。『日本の素顔』が純粋な日本人論の資料としてだけに留まらない、複雑な性格のものだったことだけは確かだ。

▽ナチの野獣的行為

当初、親ナチだったハックは後に反ナチに転じた。それがどういうきっかけだったかという問題に関連して、ハックがヒトラー暗殺計画に関係したとしてナチに捕まった事件が影響した可能性がある。暗殺計画は結局失敗し、ドイツ国防軍の多くの将官が捕まり、残虐な方法で処刑されたことが知られている。ハックはしかし大の親日家として、特に日本の海軍関係者に多くの知り合いがいた。この関係で日本海軍がハック救出に動き、大島大使の尽力もあって、最終的にスイスに逃れた。ここで日本海軍の関係者と連携して、対米和平工作に尽力したことが戦後、明らかになった。

日独合作映画の製作で共に動いたハックと野原の間には密接な連絡があった、と考えるのが自然だろう。ハックがナチに捕まり、危うく逃れたという情報は彼にも伝わったことだろう。更に、ヒトラー暗殺計画に関係した者たちが残虐な「仕返し」を受けたことも分かったことだろう。彼もハック同様、ナチの本性に気付いた、と思われる。その証拠に、ソ連側に出した供述書の中にナチの「野獣的行為」という一言が残っている。「ナチの本性に気付いた」状況について訳者はこれまで、大使館での表向きの職務上、西側のラジオを聞き、そこで強制収容所などの情報を知ったから、と考えていたが、ヒトラー暗殺計画の失敗と、それに伴う残虐な報復の方がはるかに可能性が高い、と気付くに至った。

彼の消息が消える一九五〇年代前半は、米ソ冷戦の真っ只中。ドイツ敗戦に際して、ソ連側に下った以上、ソ連側が簡単に手を切ってくれた、とは考えにくい。彼は情報活動の前歴が豊富だった。二度の世界大戦を生き延びたところで、今度は冷戦に巻き込まれたのではないか。それとも生き延びることができただろうか。

▽消された経歴？

外務省関係の資料にも彼のデータはほとんどない。昭和十五年二月、一旦日本に引き揚げた妻が再びドイツに戻るに際して、ソ連及びラトビア通過のためのビザの発給を申請し、それに関連して彼が本当に在独大使館に勤務しているかどうか東京の外務省からベルリンの大使館宛に問い合わせた公電のやり取りが東京・六本木の外交史料館に残っているのが、ほとんど唯一と思われる。タイプされる前の公電原稿の「野原」の名前の上に斜線が引かれていたのはどういう意味だろう。それと関連して、館の運転手など現地雇いのドイツ人などは採用時の資料と思しき顔写真、略歴などがあるのに、なぜか彼のそれはなかった。公電のやり取りは、彼の雇い入れが東京に把握されていなかったことを示しているし、人事資料の欠如は彼の存在が可能な限り隠蔽したい対象だったことをうかがわせる。妻がビザを申請しなかったら、全く痕跡が残らなかっただろう。偶然というのは面白いものだ。

▽謎を解く鍵——結語に代えて

謎の何割かは分かったとしても、まだ未解明の部分は大きい。ナゾを解く鍵は多分、ハックだ。私は、彼とハックの出会いは一九二一年、松方幸次郎が二度目の訪欧をして、ドイツの潜水艦の図面入手に動いた時と考えている。この時点で松方とハックの関係を示す資料は知らないが、ハックのデータの中にドイツの巨大武器メーカー・クルップとの関係を暗示するものがあった。ハックはドイツ製の武器を日本海軍に調達する武器商人である。幕末の混乱期に、秘かに薩長勢と通じて、武器調達に協力した武器商人グラバーのことを想像すればいいのではないか。松方が薩摩閥で、その関係で日本海軍と縁が深く、自然とハックと連絡してもおかしくはない。一九二一年に、ハックと松方、それに野原が出会ったとして、彼が日独のハーフと分かり、日独提携に動こうとしていたハックの興味を引いた可能性は強い、と考えられる。「この青年は使えるのではないか」。天才的とも言えるハックの脳裏にこう閃いたのではないか。この時点で彼はハックの手駒の一つとなった、と思われる。いずれにしてもこれが、彼のその後の人生を決めるものとなったと思われる。彼が一九二二年ごろから第二次大戦勃発まで世界中を旅行、あるいは滞在したのは、ハックの助手として、各種の情報収集に動いたため、と考えた方がいいのではないか。『黄禍論』における日独の軍備、軍事力の詳細な比較、分析は、有能な武器商人ハックの知見の反映と見るべきだろう。ハックは日米開戦に当初から強く反対していた。日本の軍事的実力を十分知っていたからだろう。それがそのまま『黄禍論』に反映しているのだろう。こう考えれば、『日本の素顔』が最初から、映画『新しき土』の原案（あるいは原作）として予定して書かれたもので、それは取りも直さず、日独防共協定締結の動きをカモフラージュするためのものだっただろう。防共協定も映画もプロデューサーはハックだ。両者は多分、一体不可分のものだ。映画も『日本の素顔』も、日独両国の全体主義を結びつけるという国策に強く限定されたものだった。

ところで、彼が在ベルリンの日本大使館に臨時雇いとして採用されたのも、ハックの関与があった可能性があるのではないか。その証拠の一つとして、後年、ハックがナチと対立して、捕われた時、その救出に動いたのが日本海軍で、最後には大島浩大使も力を貸している。大使館にいた野原が連絡役となり、あるいは中継役となった可能性はある。そもそも彼は、そんな時のためにも働くようにと、ハックが配置していた駒の一つではなかったのか。こう考えて来ると、彼が供述書で表明した「反ナチ」という真意は、ハックのそれを反映したものと言えるだろう。

彼が一九五〇年前後を境に消息不明になるのも、ハックが一九四九年にスイスで客死する事情と関係しているのだろうか。取りあえずは単に時期的な一致、というだけの理由しかない。このころから米ソの冷戦構造が本格化した、という事情とも関連しているかもしれない。この時代に詳しいノンフィクション作家、中田整一《なかたせいいち》氏によると、ハックは晩年、暗殺を恐れていたが、その死因に特に不審な点はなかった、という。同氏はまた、ハックがどのようにして、日本海軍に太いパイプを持つに至ったかは分からないとしつつ、一九二一年時点でのハックと野原の出会いについては否定的だ。私は、ハック関係の未発見データの中に手掛かりがあるのではないかと秘かに期待している。

逆もまた真なり。こうも考えられるのではないか。ハックの未解明の部分を解く鍵の一つは野原である、と。秘密の世界に生きた人物としては、ハックの生涯は比較的によく知られている。しかし、水面下の動きのある部分は依然、ナゾのままだ。その世界のことは元々、資料として残らない。しかし、野原の著書にハックの影響があるとすれば、それはハックの知見を知る重要な手掛りとなるだろう。スケールの大きな世界観はそのままハックのそれと見ていいかもしれない。野原という存在が、ハックの謎、ひいてはこの時代のナゾ解明に幾ばくかでも寄与するところがあるのではないか。もしそうだとすれば、私のささやかな研究、訳出も報われる、というものだ。未解明部分の究明は将来に託さなければならないだろう。

最後に出た本 ***Das Geheimnis der Piraten Insel*** は、スティーブンソンの『宝島』に似た子供向けの他愛ない宝探しの冒険小説で、「海賊の宝」探しという形に、かつての「日本人海賊説」の痕跡を見るばかりだ。野原の中の日本人はどこに消えたのか……。

（参考文献）

Das Nibelungenlied（独レクラム文庫）、カタリン・エッシャー他著、新保良明訳『アッティラ大王とフン族』（講談社）、『世界の名著　ランケ』（中央公論社）、『西域探検紀行全集9　大谷探検隊シルクロード探検』（白水社）、増田精一著『沈黙の世界史7　西域　砂に埋もれたシルクロード』（新潮社）、ヘディン著『シルクロード（下）』（岩波文庫）、貝塚茂樹『中国の歴史　下』（岩波新書）、『世界考古学事典』（平凡社）、『ドキュメント昭和　世界への登場　9　ヒトラーのシグナル』（角川書店）、W・L・シャイラー著、井上勇訳『第三帝国の興亡』（東京創元社）、『川崎重工社史』、『源義経　その生涯と伝説』（河出書房新社）、『日本古典文学大系　義経記』（岩波書店）、『古典文学全集　義経記』（ポプラ社）、山崎豊子著『運命の人』（文春文庫）

あとがき

見てきたように、原著はいわゆる「黄禍論」ではなく、むしろ「反・黄禍論」である。一方で、世界史の正統からも外れている。「黄禍」を切り口に世界史的スケールで展開した東西関係史とでも言おうか。また、この時代に勢いを増した日独の全体主義的観点に立って初めて可能となった特殊な仮説と言うべきかもしれない。そのせいかどうか、原著が、英語圏の出版・言論界で当初から警戒されたことは間違いない。「中国の資源を求めて、大陸の奥地へと入り込む日本帝国主義の論理の代弁者」という同書への位置付けも多分、正論だ。私は、前書きにも述べた通り、同書がネガティブな史料であることは認識している。それを差し引いてもなお「興味深い」との思いは変わらない。

この『黄禍論』が世界を相手にしているとはいえ、核心的なテーマは日中比較論だ。日本人と中国人という、この似て非なる強い民族が東アジアに隣あって存在しているということの意味は重大だ。『日本の素顔』で日本人論を書いた野原が、次のステップとして中国人の分析と、日中関係の解明に重点を置いた大きな著作に挑んだのはそれなりに論理的だった。七十年以上前、彼が、まだ覚醒途中の中国に対して行った分析が的を外していなかったことは、完全に覚醒した中国を目の当たりにしている我々の目には明らかだ。

大谷大学文学部名誉教授・友田孝興氏には翻訳技術上の助言をいただいた。友田氏を紹介してくれた友人、神谷正弘氏ともどども感謝申し上げたい。有益な提言をしてくれた国書刊行会の中川原徹さんと編集協力してくれた萩尾行孝氏、助力してくれた我が二女・友佳理にも感謝しています。

ヘルマン・クナックフスの『黄禍の図』

ポツダムのサンスーシ宮殿から
新宮殿に向かう道

かつて「上海クラブ」のあった上海・外灘のビル。
現在は「東風飯店」。

野原駒吉が少年時代に家族と住んだドイツ・デトモルトの家。
百年後の今も変わらぬ佇まい。

日独間で暗躍したドイツ人、フリードリッヒ・
ハック。野原との深い関わりも推定される。

ケルン大聖堂

（訳者・略歴）

高橋輝好（たかはし　てるよし）　一九五〇年六月、東京生まれ。早稲田大学法学部卒業。元共同通信社記者。著書＝『日本の遺跡発掘物語　古墳時代II（近畿）』（社会思想社、共著）、『日・独の闇に消えた男―「野原駒吉」探索ノート』（さんこう社）、『竜蛇神探訪―「もののふ」の系譜』（同社）、『〝黄禍論〟の系譜―「野原駒吉」の世界（史）観』（同社）

『黄禍論《こうかろん》―日本・中国の覚醒《めざめ》』

平成二十四年十一月十五日　初版第一刷発行

著　者　W・K・フォン・ノハラ
訳　者　高橋輝好
発行者　佐藤今朝夫
発行所　株式会社国書刊行会
〒一七四―〇〇五六
東京都板橋区志村一―一三―一五
TEL〇三（五九七〇）七四二一
FAX〇三（五九七〇）七四二七
http://www.kokusho.co.jp
印刷所　株式会社シナノ パブリッシング プレス
製本所　株式会社ブックアート
ISBN978-4-336-05550-7